河南警察学院中原警务文库
2022 年度河南省高校人文社会科学研究一般项目“社会治理视角下的新型警察角色研究”（2022-ZZJH-373）的阶段性成果

培根铸魂

——新时代大学生文化品格培养研究

郭秋娟　张玉凤　王　琦　王倩哲　著

中国人民公安大学出版社
·北　京·

图书在版编目（CIP）数据

培根铸魂：新时代大学生文化品格培养研究/郭秋娟等著.—北京：中国人民公安大学出版社，2021.9

河南警察学院中原警务文库

ISBN 978-7-5653-4249-3

Ⅰ.①培…　Ⅱ.①郭…　Ⅲ.①大学生—品德教育—研究—中国

Ⅳ.①G641.6

中国版本图书馆 CIP 数据核字（2021）第 126739 号

培根铸魂——新时代大学生文化品格培养研究

郭秋娟　张玉凤　王　琦　王倩哲　著

出版发行：中国人民公安大学出版社
地　　址：北京市西城区木樨地南里
邮政编码：100038
经　　销：新华书店
印　　刷：北京市泰锐印刷有限责任公司

版　　次：2021 年 9 月第 1 版
印　　次：2021 年 9 月第 1 次
印　　张：16.5
开　　本：787 毫米×1092 毫米　1/16
字　　数：328 千字

书　　号：ISBN 978-7-5653-4249-3
定　　价：65.00 元

网　　址：www.cppsup.com.cn　www.porclub.com.cn
电子邮箱：zbs@cppsup.com　zbs@cppsu.edu.cn

营销中心电话：010-83903991
读者服务部电话（门市）：010-83903257
警官读者俱乐部电话（网购、邮购）：010-83901775
公安业务分社电话：010-83906108

总　序

习近平总书记在全国高校思想政治工作会议上指出，教师不能只做传授书本知识的教书匠，而要成为塑造学生品格、品行、品味的“大先生”。他以其简约而深刻的表达为人民教师树立了崇高的职业目标。“大先生”要有高尚品格和家国情怀，还要有渊博的学识，才能胜任授业解惑、教书育人的光荣使命。作为大学教师，要成为“大先生”，需要在认真教学的同时，还要在科研上倾注精力，多出科研成果。没有扎实的科研功底，不可能成为教好书、育好人的“大先生”。与之同时，高校也负有为教师科研创造宽松环境，激励教师深入钻研的使命担当，高校要努力培养更多学术造诣深厚的“大先生”。

近年来，河南警察学院党委坚持政治建警，强化以教学科研为中心，深入推动教育教学改革，大力推进“教、学、练、战、研”一体化教学模式，校局合作有声有色，实战化教学水平不断提升。同时，围绕服务公安工作，组建科研团队，设立河南公安智库，涌现出一大批具有前瞻性和实用性的科研创新成果。高质量的科研与高水平的教育教学、高水平的社会服务实现了相辅相成、相互促进，学院正处在内涵式发展的新阶段。在“十四五”开局之年，学院推出“河南警察学院中原警务文库”系列丛书，目的在于进一步为学院教师创造良好的学术空间，为学院教师潜心治学搭建一个长期持续性的支持平台，打造公安理论研究的学术品牌，推动学院科研工作深入全面开展。

这套丛书以学院高学历、高职称优秀骨干教师为创作主体，以学院各科研团队及省部级以上课题研究成果为基础，集中展现学院紧贴前沿的科研成果。丛书将收录学院教师在公安学基础理论、警察法治、警务战略、公安思想政治工作、治安学、侦查学、网络安全执法与技术、刑事科学技术、交通工程与安全管理、警务指挥与战术、安全风险管理、河南警务改革理论与实践、县域社会治理创新理论与实践等方面的最新学术研究成果，积极为公安实践提供智力支持。相信丛书的陆续出版，必将为河南乃至全国公安理论研究贡献出应有的智慧和力量。

“一花独放不是春，百花齐放春满园”。这套丛书是学院教师不断积累警务实战经验，深入钻研公安理论，潜心思考、厚积薄发，推出的具有前瞻性、实用性的科研成果，希望从事公安理论研究的专家学者、公安实务工作者以及社会各界不吝赐教，共同关心支持这套丛书的出版，共同推动公安理论研究的深入发展。

河南警察学院党委副书记、院长

田　凯

二〇二一年三月

序　言

习近平总书记在党的十九大报告中指出，“青年兴则国家兴，青年强则国家强”。青年人的发展、成长直接关系着国家、民族的未来，大学生作为青年的主要力量，是走在时代前沿的社会群体，作为有知识、有激情和最富有创造活力的青年大学生，更要担负起重要的历史使命。中国梦是中华民族近代以来最伟大的梦想，中国梦是民族的梦，也是每个中国人的梦，更是当代青年大学生的“青春梦”的升华。青年大学生是社会主义事业的接班人和国家的未来，实现伟大的中华民族复兴梦，必须从青年大学生抓起。因此对大学生品格的培养是青年大学生全面发展的题中应有之义，更是实现中国梦的必有之义。

习近平总书记在庆祝中国共产党成立100周年大会上提出我们已经实现了第一个百年奋斗目标，全面建成了小康社会，强调了新时代的中国青年要以实现中华民族伟大复兴为己任，增强做中国人的志气、骨气和底气，不负时代，不负韶华，不负党和人民的殷切期望。

经过鸦片战争以来的持续奋斗，中华民族伟大复兴展现出光明的前景，深藏于中国人民心中的民族复兴梦想，就要梦想成真，正如习近平总书记所讲，“现在我们比历史上任何时期都更接近中华民族伟大复兴的目标，比历史上任何时期都更有信心、有能力实现这个目标”。习近平总书记曾引用《礼记》中“博学之，审问之，慎思之，明辨之，笃行之”来激励青年大学生砥砺前行，对青年大学生提出殷切期望。作为国家未来与希望的青年大学生，作为圆梦人，应该牢固确立为实现中国梦而努力奋斗的人生信念，成为适应社会发展需要的人，将自己的理想、信念植根于中国梦这个伟大的新时代背景下，把自己的人生理想融入国家和民族的伟大梦想之中，脚踏实地、志存高远，培育高尚的品格，将个人的事业与中国特色社会主义的伟大事业和共产主义的远大理想结合起来，将自我价值的实现与为人民、为人类奉献一切的责任感结合起来，以“天下兴亡，匹夫有责”的爱国情怀，勇敢肩负起实现中国梦的重任。

本书由河南警察学院教师郭秋娟、张玉凤、王琦、王倩哲共同著作，分别从社会学、文学、文化、法律方面对新时代背景下的大学生应该培养什么样的品格，如何培养这些优秀品格展开研究。本书的具体写作分工如下：

郭秋娟：第二章，第四章，第五章。

王琦：第三章，第六章，第九章。

王倩哲：第一章，第七章，第八章。

张玉凤：第十章。

由于撰写时间紧张加之作者水平有限，书中不妥之处，望广大读者批评指正。

郭秋娟于河南警察学院

2021 年 9 月 10 日

目　录

第一章　大学生文化品格之爱国守法

爱国守法是文明社会的一项基本准则，是每个公民的神圣职责和义务，也是各高等院校学生思想品格培养最基本的要求。大学作为社会精神价值的传承之地，教师和学生在教学相长的过程中要传递爱国守法情感，深刻认识爱国守法的内涵和表现，把握爱国守法的要求，从而内修外化达到培根铸魂的目的。

中共中央、国务院2019年10月印发实施的《新时代公民道德建设实施纲要》（以下简称《纲要》）是为了加强公民道德建设、提高全社会道德水平、促进全面建成小康社会、全面建设社会主义现代化强国。其中对爱国和守法都有明确的要求。如："推动践行以爱国奉献、明礼遵规、勤劳善良、宽厚正直、自强自律为主要内容的个人品德，鼓励人们在日常生活中养成好品行""坚持发挥社会主义法治的促进和保障作用，以法治承载道德理念、鲜明道德导向、弘扬美德义行，把社会主义道德要求体现到立法、执法、司法、守法之中，以法治的力量引导人们向上向善"。

第一节　爱国守法的内涵

爱国，是一个汉语词语，意思是热爱自己的国家。守法，是指一切国家机关及其工作人员、政党、社会团体、企事业单位和全体公民，自觉遵守法律的规定，将法律的要求转化为自己的行为，从而使法律得以实现的活动。爱国守法有着丰富的内涵。

《中华人民共和国宪法》（以下简称《宪法》）开宗明义中国是世界上历史最悠久的国家之一。中国各族人民共同创造了光辉灿烂的文化，具有光荣的革命传统。1949年，以毛泽东同志为领袖的中国共产党，领导中国各族人民，在经历了长期的艰难曲折的武装斗争和其他形式的斗争以后，终于推翻了帝国主义、封建主义和官僚资本主义的统治，取得了新民主主义革命的伟大胜利，建立了中华人民共和国。从此，中国人民掌握了国家的权力，成为国家的主人。中华人民共和国是全国各族人民共同缔造的统一的多民族国家。《宪法》以法律的形式确认了中国各族人民奋斗的成果，规定了国家的根本制度和根本任务，是国家的根本法，具有最高的法律效力。全国各族人民、一切国家机关和武装力量、各政党和各社会团体、各企业事业组织，都必须以宪法为根本的活动准则，并且负有维护宪法尊严、保证宪法实施的职责。

爱国的对象是宪法意义上的国家，守法以遵守宪法为前提，爱国就是守法，守法的必然要求就是爱国，爱国守法统一于宪法层面。

一、宪法意义上的国家

历史研究表明，国家不是从来就有的，而是社会发展到一定历史阶段的产物。我国宪法意义上的国家，包括国家的性质、国家的结构形式等内容。

在原始社会后期，国家随着私有制和阶级的产生而出现。恩格斯在《家庭、私有制和国家的起源》中深刻论述了国家产生的原因："国家是承认：这个社会陷入了不可解决的自我矛盾，分裂为不可调和的对立面，而又无力摆脱这些对立面，而为了使这些对立面，这些经济利益互相冲突的阶级，不致在无谓的斗争中把自己和社会消灭，就需要有一种表面上凌驾于社会之上的力量。这种力量应当缓和冲突，把冲突保持在秩序的范围之内。这种从社会中产生但又自居于社会之上，并且日益同社会相异化的力量，就是国家。"根据马克思主义国家观，人类历史上先后出现过四种类型的国家，即奴隶制国家、封建制国家、资本主义国家和社会主义国家。前三种类型的国家都是少数人掌握国家政权，对社会中绝大多数的劳动者进行统治的国家，本质上都是剥削阶级专政的国家。社会主义国家则是广大劳动人民掌握政权，对少数敌视和破坏社会主义事业的敌对分子实行无产阶级专政的国家。

可见，国家是社会发展到一定历史阶段的产物，是阶级矛盾不可调和的产物。国家性质集中反映了社会各阶级、阶层在社会中的不同地位。国家性质决定国家的形式。国家性质发生了变化，国家形式也必然发生变化。一般来说，国家形式包括政权组织形式和国家结构形式。国家标志则是国家的一种符号化的表现形式。

（一）宪法文本中的国体

《宪法》第一条明确规定："中华人民共和国是工人阶级领导的、以工农联盟为基础的人民民主专政的社会主义国家。社会主义制度是中华人民共和国的根本制度。中国共产党领导是中国特色社会主义最本质的特征。禁止任何组织或者个人破坏社会主义制度。"人民民主专政作为我国的国体，是当代中国社会发展进步的根本政治前提和制度基础。既具有无产阶级专政的本质特征，又具有鲜明的中国特色，是对马克思主义无产阶级专政理论的丰富和发展。建立和坚持人民民主专政，是中国社会主义民主政治建设的一项基本理论和基本实践。

当前国内国际局势正经历前所未有的大变革，我国经济社会发展进入一个新的历史时期。坚持人民民主专政的国家性质，对于促进国家发展、保障人民利益、提高人民物质文化生活水平、维护社会和谐稳定、维护国家主权和安全具有重要意义。要坚持中国共产党的领导、人民当家做主和依法治国的有机统一，坚持国家的一切权力属于人民，不断发展有中国特色的社会主义民主，保证人民依照宪法和法律规定，通过各种法定途径和形式管理国家和社会事务，管理经济和文化事业，充分发挥人民群众的积极性、主动性和创造性，保证人民当家做主。

（二）宪法文本中的政体

政体又称政权组织形式，是指特定社会的统治阶级采取一定原则建立的行使国家权力。实现国家统治和管理职能的政权机关的组织与活动体制。人民代表大会制度是我国人民民主专政的政权，组织形式是人民当家做主的根本途径和最高实现形式，是我国的根本政治制度。现行宪法规定，全国人民代表大会是最高国家权力机关。全国人民代表大会制度是我国国家政治制度的重要组成部分。实践证明，全国人民代表大会制度既体现了我国的性质又符合我国国情，具有实现人民民主的强大生命力和巨大优越性。

（三）宪法文本中的国家结构形式

国家结构形式是指特定国家的统治阶级所采取的，按照一定原则划分国家内部区域，调整国家整体与组成部分、中央与地方之间相互关系的总体形式。国家结构形式所要解决的是统治阶级对国家的领土如何划分，以及划分后如何规范国家整体与组成部分、中央与地方之间权限的问题。

马克思主义认为，社会主义国家建立政权后，采取何种国家结构形式，首先要考虑的是无产阶级的利益，同时还要考虑到国内的民族关系。所以在一般条件下，无产阶级应坚持建立集中统一的国家，即单一制国家。我国为统一的、多民族的单一制国家，确定这样的国家结构形式，主要根据的是我国的历史传统、具体国情以及多民族国家的特点和我国的社会主义性质。

首先，我国具有统一的历史传统和实行单一制的渊源。早在公元前 3 世纪的秦朝，我国就建立起统一的单一制多民族国家，统一理念深入人心，直至今日这一悠久的历史传统仍然在延续，这决定了我国必须建立单一制中央集权国家结构形式。历史发展向我们昭示，只有国家统一才能带来各民族的团结、繁荣和发展。其次，我国各民族人民之间历来拥有和睦相处，友好往来的优良传统。从我国民族关系和各民族的居住现状来看，我国56个民族中，绝大多数少数民族在分族聚居的同时又与其他兄弟民族，主要是汉族相互杂居，各民族互通有无、相互帮助、相互依存，建立起不可分离的关系。经过历史上多次民族大融合，我国形成了以汉族人口占绝大多数，汉族与各少数民族共同组成的中华民族，构成了统一的单一制国家的民族基础。特别是近代以来，在中国共产党的领导下，各民族为建立起新中国作出过巨大的贡献。再次，建立单一制国家有助于维护国家统一和民族团结。祖国的统一和各民族的团结是我国各族人民共同繁荣发展的基本保障。特别是近代以来，我国各族人民，为抵御外来侵略者，摆脱帝国主义的压迫，同仇敌忾，前赴后继，终于实现国家独立和各民族的解放，建立了中华人民共和国。为了保卫各族人民的革命成果，建立并维护单一制国家结构形式有助于促进各民族共同团结和维护祖国统一。最后，建立单一制国家有助于实现各民族共同繁荣发展。我国各族人民之间是平等团结，互助和谐的社会主义新型民族关系。各民族在长期历史发展中形成了休戚与共，互助合作的紧密联系，在发展中各有优势、互补共济，采取单一制国家形式，有利于充分发挥汉族地区和少数民族地区各自优势和长处，使之相互结合，取长补短，实现各民族共同繁荣发展。因此，我国历史发展和民族关系的现实情况，具备了建立单一制国家的政治和经济基础。在中国共产党的领导下，建立统一的单一制多民族国家是我国的历史发展的必然选择，也是各族人民的共同愿望。在我国建立以人民为中心的单一制多民族国家也是中国特色社会主义事业发展的基本保证。

（四）宪法文本中的国家标志

国家标志一般是指由宪法和法律规定的，代表国家的主权、独立和尊严的象征和标志，主要包括国旗、国歌、国徽和首都等。作为国际交往中的国家识别标志，世界各国几乎都有自己的国家标志。它反映了一个国家的历史传统、民族精神，甚至反映了国家性质与政权组织形式的特点，有利于增强国民的民族自豪感和爱国热情。

《宪法》第一百四十一条规定："中华人民共和国国旗是五星红旗。中华人民共和国国歌是《义勇军进行曲》。"第一百四十二条规定："中华人民共和国国徽，中间是五星照耀下的天安门，周围是谷穗和齿轮。"第一百四十三条规定："中华人民共和国首都是北京。"

二、守法的性质

在法律运行的各个环节中，每一个环节都有特定的执行者或者承受者，而守法却是普遍的，是针对法律效力范围内的政府、社会和个体而言的。全民守法有着丰富的内涵，并不单单是一个法律事实、一种结果，还包含了观念和意识层面的维度，以及行为选择与日常实践的维度。因此有学者主张，全民守法是一种社会行动的逻辑，是一种守法的高级状态，代表着社会法治建设的高级阶段。事实上，对于一个国家来说，无论社会性质、经济发展、文明水平如何，其实都不可能指望全体社会成员能够完全自觉地遵守法律。实现全民守法这一法治目标，其实是一种理想追求，强调的是一个不断取得发展和进步的渐进过程。

法律体系通常是指一个国家全部现行法律规范分类组合为不同的法律部门而形成的有机联系的统一整体。简单地说，法律体系就是部门法体系。部门法，又称法律部门，是根据一定标准、原则所制定的同类规范的总称。中国特色社会主义法律体系，是中国特色社会主义伟大事业的重要组成部分，是全面实施依法治国基本方略、建设社会主义法治国家的基础，是新中国成立 70 多年特别是改革开放 40 多年来经济社会发展实践经验制度化、法律化的集中体现，具有十分鲜明的特征。在我国法律体系中，《宪法》为根本法，所以守法的基本内涵是遵守我国法律体系中的各种法律法规，根本上是遵守《宪法》所确立的国家基本制度、公民的基本权利和义务、国家机构的运行所依据的法律和法规。

中国特色的社会主义法律体系是立足中国国情和实际、适应改革开放和社会主义现代化建设需要、集中体现党和人民意志的，以宪法为统帅，以宪法相关法、民商法、行政法、经济法等多个法律部门的法律为主干，由法律、行政法规、地方性法规与自治条例、单行条例等多个层次的法律规范构成的中国特色社会主义法律体系。中国特色社会主义法律体系是中国特色社会主义永葆本色的法制根基，是中国特色社会主义创新实践的法制体现，是中国特色社会主义兴旺发达的保障。

因此，爱国守法品格的核心应该立足我国的国情，热爱以宪法意义上的国家为基础的祖国，自觉维护以宪法为核心，以宪法相关法、民商法、行政法、经济法等多个法律部门组成的中国特色社会主义法律体系。

第二节　爱国守法品格培养的意义

从理论体系上来讲，爱国主义教育是当前大学生思政教育体系中的分支，同时，也是强化大学生爱国情感的重要引导力量。结合新时期的国家发展趋势以及大学生的社会责任来看，在思政教育的过程中进一步深化爱国主义的价值，能够全面提升学生的思想境界，增强其爱国情感，对于学生未来的社会发展以及综合价值的体现有着极强的促进作用。因此，分析爱国主义教育在思政教育中的现实意义，并且解析融合教学的重要措施，是进一步提升大学生核心素养的关键任务。

其一，法定的守法主体。按照我国宪法的规定，我国的守法主体包括中华人民共和国公民、一切国家机关、武装力量、政党、社会团体、企业事业等社会组织，以及在我国领域内的外国人和外国组织。法律面前没有特殊公民，也没有法外特权。在守法问题上，不仅要从思想上清醒认识到在我国任何组织和个人都必须尊重宪法和法律的权威，都必须在宪法和法律规定的范围内活动，都必须从行动上严格落实任何人无论职务和地位高低、权力和功过大小、财富和技能多寡，都无差别地平等行使权利、平等履行义务，任何人不能以任何借口、任何形式以言代法、以权压法或者徇私枉法。

其二，法定的守法内容。“法”是以国家强制力为后盾的一系列行为规范的总称，包括我国的宪法、部门法、行政法规、部门规章、地方法规、地方政府规章、民族自治地方的自治条例和单行条例、特别行政区法、经济特区的规范性法律文件等。违反以上这些由国家通过成文的形式向全社会加以公布的法的行为就被视为违法行为，因此我们一般所说的守法就是指遵守以上这些“显性之法”。然而，结合党和国家相关文件对于建设法治社会的总目标的描述，笔者认为遵守“隐性之法”也是全民守法的题中应有之义。全民守法作为一种标准更高、内涵更广的守法，要求人们不仅要遵守正式的法律法规，也要遵守以非正式形式存在却具有相当程度社会约束力的一系列行为规范，包括法律原则与良好的风俗习惯等。

其三，如何守的问题。守法具有遵守法律和守护法律的双重含义，而遵守法律又分为履行消极的法律义务和履行积极的法律义务两种形式。履行消极的法律义务是一种“不作为”义务，指人们不做出违反法律规定的行为，与此相对的履行积极的法律义务是一种“作为”义务，指人们需要依法做出法律要求的行为才能构成守法。全民守法要求人们全面地履行法律义务，使自身的行动与法律所倡导的行为相一致，同时能够合理运用法律手段维护法律所保护的一切合法权益，主动维护法律尊严和秩序，实现真正完整意义上的守法。

一、激发人才自身价值

党的十九大会议再次提出了利用青年兴国的重要发展理念，建立起一支有理想、有担当、有本领的青少年队伍是国家发展的重要希望。而培养大学生的爱国主义意识，可以增强其使命感和责任感，从而在学习过程中积极获取多方面的知识，丰富自身的知识体系，才可以促使青年的价值得以发挥。

二、凸显思政教学的时代性

大学生思政教育的主要内容是随着不同时期国家发展趋势及未来发展目标而制订的人才强国计划，这体现了思政教育本身便具有极强的时代性，而爱国主义理念是中华民族发展过程中自成体系的可持续发展意识，融合在不同时代的历史背景中，最终集中汇聚在思政教学体系中，而将爱国主义意识的重要地位挖掘出来，并且坚持以爱国主义为核心，落实思政教育创新。这是体现时代性和前瞻性的重要方式，同时也是激发时代精神，贯彻落实新时代高等教育指导思想的重要表现。

三、提升社会稳定性

在文化和经济全球化发展趋势的影响下，我国当前社会的稳定性会受到多种因素的冲击，这就需要人才能够肩负起自身的责任，明确民族发展的使命，坚持以爱国主义为核心来发挥自身的价值。在这个过程中，岗位责任和岗位价值便体现出来，在不同领域中，人才都可以积极地获取新的知识，从而创新领域内的知识体系和技术体系，这可以稳定社会发展状态，提升社会良性竞争，坚持以完善整体国家发展趋势为目标，以个体带动整体，以整体带动国家实现综合化稳定发展。

法治认同作为社会认同的一种，需要社会公众在社会交往和社会实践中形成对于法治的理性认知和情感，并把这种理性认知和情感转化为自身的行为选择和具体行动。法治认同对于守法而言尤其重要，因为社会公众一般价值判断通常呈现出松散的、弹性的状态，集个性与共性、理性与非理性因素于一身。因此，对于不同的法律是否具有道德正当性，人们的看法可能会有所不同，进而选择性遵守。众多复杂因素交互作用下的多元价值将会对守法价值共识的形成产生阻力，亟须以法治认同凝聚共识。守法不是静态的，守法过程将守法主体和守法客体贯穿起来了，形成立法者—普通民众—司法、执法者的三层结构，由于知识技能、思维方式的差别，法律职业群体能够根据专业的法律知识开展工作，而普通民众大多凭借日常生活经验和对法律的直觉行事。这种对法律的理解和运作能力的差距，导致对普通民众进行单方面守法灌输往往收效甚微。为此，必须以过程论的视角结合守法主体的守法体验来重新审视。美国学者泰勒通过一系列实证研究表明，在人们评价法律当局时，程序是否公正的问题产生了举足轻重的影响。所以，如果人们对法律和法律当局的总体看法是他们通过总结自己的某一次具体的个人经历而得出的，程序正义就会产生决定性的影响。基于此，守法理论在强调价值目标认同时，需要从实质和程序两个方面强化其根基，既要努力制定良法，也要保障立法、司法、执法遵循确定、公开的程序，使得普通民众能够参与其中，以广泛听取和吸纳公众意见，强化认同的基础。更为重要的是，在守法过程中，立法、执法、司法也要接受人们对其合法性的评价，即在守法互动中允许人们根据自己的道德价值观进行相应的解读和评判。完善守法社会的理论构建。全民守法要求在建设法治社会的整体视野中把握守法，守法社会的建设应当成为全民守法的“高级目标”。虽然既有研究已经涉及影响和塑造守法社会建设的许多关键要素，如守法主体、守法客体、守法运行、守法状态、守法精神等，但尚未形成一套有机整合各个要素的守法社会构建理论。当前，无论是以法治社会和社会治理为核心范畴的理论研究的兴起，还是全民守法和社会治理创新实践的展开，都绕不开守法社会建设这一主题。从法治社会建设的整体性视角来看，守法并非孤立的社会现象或形态，而是渗透于立法、执法、司法、护法等各个环节。各环节之间既具有独立职能又相互联系，统一于法治社会建设的系统工程之中。如果将守法社会建设看作一个有机整体，守法不仅要求守法主体独善其身，而且要以积极作为、自觉守法的态度和建设主体的角色积极参与到建设守法社会的进程中。因此，有必要将关于守法问题的探讨从守法本身拓展到法律实施甚至法律实现的全过程，结合不断变化发展的社会实际对守法理论自身做出调整，系统地发展出有关守法社会建设的法学理论。可见，守法社会的建设将是一个系统工程，需要把守法主体、守法客体、守法环境等分散的要素结合起来进行分析，贯穿于法律制定、法律实施、法律实现的全过程之中，进而发展出关于守法社会建设的综合性、整体性理论。当然，守法社会的建设需要从理论和实践两个层面予以推进，理论的发展不能脱离实践而存在，如果在理论上首先假设了个别法规的正确性，同时又假设大部分人都可以理解其正确性而守法，因而忽略了法律实践层次的问题，将是不切实际的。

回顾新中国守法理论的发展历程，其发展脉络及其与制度实践相互动的图景得以展现：新中国成立初期，伴随着“废旧立新”的法律变革，守法理论逐渐开始起步，在巩固新生政权及保障社会主义事业建设的时代背景中，呈现出以强调守法义务为核心的消极守法形态；改革开放新时期，守法理论逐渐复苏，与经济社会恢复发展及立法供给快速增加的实践相对应，在守法权利观的影响下，以法律主体性为基点的积极守法图景逐渐明晰；法治建设新时代，在全面依法治国、建设法治中国的时代主旋律中，全民守法的提出为守法理论创新发展注入了新的活力，价值目标导向下的遵法守法成为新的追求。这种演进发展既是个体守法境界的提升，又反映了整个社会的守法状态的变迁。个体守法境界的提升虽然深受客观物质条件的影响，但人的主体性在其发展过程中起着非常重要的作用，社会整体守法状态的改变则受制于经济社会发展状况、文明进步程度及法治的实现程度等。

当前，我国改革已经进入攻坚期和深水区，进一步深化改革，需要处理好改革与法治的关系，坚持重大改革于法有据；面对价值多元的冲击，需要从实质和程序两个方面强化法治认同的根基；推进守法社会建设，需要将影响和塑造守法社会的要素进行有机整合，并从社会系统运行层面综合考察不同要素之间的联系，进而获得体现守法社会运行机理的整体性理论。面向未来，随着全面依法治国的不断深入，在理论与实践的交织中将会产生更多的发展契机，助推守法理论持续完善。

第三节　大学生爱国守法品格的塑造

爱国主义是中华民族的精神基因和优良传统，它在任何情况下都不能被弱化。在当代中国，我们更需要弘扬爱国主义精神，不断加强新时代爱国主义教育。新时代弘扬伟大的爱国主义精神，既是时代向我们提出的迫切要求，也是实现中华民族伟大复兴中国梦的现实选择。加强新时代爱国主义教育，需要我们提高政治站位，积极探索加强新时代爱国主义教育的优化路径，不断增强爱国主义教育的吸引力和感召力，提升爱国主义教育的实际效果。

一、爱国守法的表现

爱国守法中的“爱国”与爱国主义是统一的，爱国主义是指个人或集体对“祖国”的一种积极和支持的态度，而爱国守法却是宪法对每个公民的基本要求，爱国守法是爱国主义情感的具体表现。宪法是国家的根本法，是治国安邦的总章程，适用于国家全体公民，是特定社会政治经济和思想文化条件综合作用的产物，集中反映各种政治力量的实际对比关系，确认革命胜利成果和现实的民主政治，规定国家的根本任务和根本制度，即社会制度、国家制度的原则和国家政权的组织以及公民的基本权利义务等内容。但宪法规定的原则和国家社会基本制度并不是对公民的基本要求，而是有着丰富内涵的。而且爱国主义中的“国”即祖国，也是不能脱离宪法意义上的国家去理解。宪法、法律和道德都是社会规范，对公民的思想和行为都有重要的影响，爱国守法和爱国主义一样也有其具体的表现。爱国主义是二者的最大公约数，爱国守法是基本要求。爱国守法的深刻内涵，必须以宪法理解为基础，以道德规范层面的爱国主义教育去升华。

有人谈及爱国主义精神指出，爱国主义就是千百年来巩固起来的对自己祖国的一种最深厚的感情，热爱祖国、热爱家乡，不但表现为对其河山、民族、历史、文化难割难舍的依恋之情，还表现为对祖国、对家乡的解放和建设事业抛洒热血的献身精神。那么，培养爱国守法品格也可以从其表现出三个方面去理解，即坚信、建设和保护。坚信是主观认同，建设体现在日常行为，保护表现为关键时刻的选择。

(一）海归战略科学家黄大年

人的一生充满了选择，去留之间，取舍之中。考验着智慧，体现着情怀。

经常有人问海归战略科学家黄大年："为什么回国?"对于一个在国外生活多年、事业骄人的"海漂"来说，要舍弃这来之不易的一切并不容易。是什么样的召唤，让黄大年义无反顾地回国效力？是什么样的牵挂，让他念念不忘祖国之情？"祖国高于一切"——这是黄大年用生命作出的回答。

回顾黄大年 58 岁的生命历程，对祖国的爱始终是他最深沉的情结。大学毕业，他以"振兴中华，乃我辈之责"书写爱国报国之志；在海外的 18 年里，他密切关注祖国科技事业的发展，在情感上"从未和祖国分开过"；回国后的 7 年，他更是夜以继日、忘我工作，成为众人眼中的"拼命黄郎"，拼搏至生命最后一息。"只要祖国需要，我必全力以赴"，这是他人生的写照，更是他不变的初心。

在黄大年身上，人们可以深刻感知一个知识分子浓厚的家国情怀。作为一个享誉世界的科学家，黄大年深知自己的根之所在——"我是国家培养出来的，我的归宿在中国"。在他心里，祖国需要就是最高追求，"为国担当"就是人生信条。从响应国家"千人计划"的召唤毅然归来，到带领几百名科学家奋力创造多项国际领先的科研成果，再到潜心为祖国培养后继创新人才……黄大年以身许国、无怨无悔，用实际行动诠释了爱国之心、强国之志、报国之情，为广大知识分子树立了光辉的榜样。

黄大年用尽生命最后一丝气息，诠释他的报国志、报国心、报国情、报国力。这是一颗为中国梦澎湃的奋斗之心。从"海漂"到"海归"，不只是黄大年个体命运的转折，也是实现中国梦伟大时代进程的一个折射。"得其大者可以兼其小"，黄大年自觉把人生理想与国家发展融为一体，"只有在祖国把同样的事做成了，才是最大的满足"。他洞察中国从科技大国向科技强国迈进的发展大势，想国家之所想、急国家之所急，勇于攀登创新高峰，为建设世界科技强国倾尽全部心力，作出了突出贡献。“只要大家努力和坚持，一定能实现强国梦”。黄大年短暂而精彩的一生启示我们，把个人梦与中国梦紧密联系在一起，个体奋斗的价值才能得到升华，人生才能具有超越小我、成就大我的非凡意义。

无论身在何处，黄大年都会从心底涌出热爱祖国、思念祖国的声音，遥望祖国的眼神表露出海外赤子对归国的期盼，也诉说着中华儿女的衷肠。历史不会忘记，从李四光、钱学森、邓稼先等，到今天像黄大年这样的留学归国人员，或冲破层层阻力回到祖国怀抱，或摆脱利益羁绊甘愿为国奉献，他们延续着爱我中华的精神血脉，为了振兴中华而矢志奋斗。今天，当中华民族从未如此接近实现复兴的梦想之时，当新中国成立以来最大规模海归潮方兴未艾之时，祖国更加呼唤千万个黄大年式的优秀人才，人民更加呼唤为梦想顽强拼搏的时代骄子。

“做一朵小小的浪花奔腾，呼啸加入献身者的滚滚洪流中推动历史向前发展”。在历史的长河中，无数个黄大年一般的民族脊梁燃烧自己、照亮未来。他们的英名永在，他们的事业长存，他们的精神将永远激励我们不忘初心、继续前进，为实现中国梦书写无愧于祖国和人民的辉煌篇章。

（二）宪法先锋许崇德

在许多人的记忆里，许崇德为人随和，生活俭朴，喜欢看书、练字、写诗。他的客厅堆满了一层层书。

作为新中国第一代宪法学者，许崇德见证了我国第一部宪法诞生并不断发展的历程。他参与了 1954 年宪法起草、1982 年宪法修订，还参与起草了香港和澳门特别行政区基本法，为我国宪法制度及宪法学的创立、发展和完善作出了重要贡献。

1954 年，在中国人民大学任教的许崇德被借调至宪法起草委员会秘书处，负责整理材料。“新中国第一部宪法”诞生的“热烈气氛”，让他难以忘怀，并称之为“一生中最激动的一刻”。

20 世纪 80 年代初，作为宪法草案主要起草人之一，许崇德全程参与我国现行宪法的修改工作。两年多时间里，他与其他专家一起，夜以继日，起草了上百个宪法条文，“翻来覆去征求了很多人意见”，数易其稿，最终使“八二宪法”通过并颁布。此后，他还参与了现行宪法的 4 次修订。

参加香港和澳门特别行政区基本法的起草并推动基本法落实，更成为他学术生涯的高光时刻。1985 年后的 8 年里，他和同事忙碌于基本法的起草工作，深入各行各业听取意见，为基本法的贯彻落实做了大量工作。

许崇德一生笔耕不辍，论著颇丰，在宪法学等多领域成果丰硕。他历时 5

年完成 70 万字的《中华人民共和国宪法史》，以大量史料系统阐述新中国宪法的发展历史，填补了国内宪法学研究的空白。

尽管头衔、荣誉众多，但许崇德总谦逊直言“我就是个教书的”。从教 60 年，他培养了一批优秀的宪法学者和法律实务专家，不少人已成为当今法学界的骨干力量。

他常常告诫学生：研究法学一定要立足于中国现实，多研究中国的实际问题；做学问必须要下苦功，“要有为了报答人民、报答党的赤诚的心和甘愿吃苦的精神”。

许崇德于 1929 年 1 月生于江苏省青浦县（现上海市青浦区），1953 年中国人民大学国家法研究生毕业后留校任教。1954 年，许崇德参与了起草新中国第一部宪法的工作。1980 年，中国启动了修宪计划，许崇德再度被借调到宪法修改委员会秘书处起草宪法条文。在京西玉泉山，许崇德与其他 11 位学者一起，在两年多的时间里起草了 130 多个条文，易稿数次，其中大多数被采纳。1985 年、1988 年，许崇德又受全国人大常委会两度任命，担任中华人民共和国香港特别行政区基本法起草委员会委员与澳门特别行政区基本法起草委员会委员，参与完成了两部基本法的起草工作。

许崇德较早提出了“依法治国首先是依宪治国”的观点，多次在全国人大常委会法制讲座、中央政治局集体学习会等场合，向党和国家领导人讲授宪法知识、阐述自己的观点。他一生发表文章 300 余篇，出版著作包括参写的学术性书籍 70 余部，培养了中国人民大学法学院院长韩大元、清华大学法学院院长王振民等大量优秀法学学者，为中国宪法和宪法学的发展产生了极大的推动作用。

许崇德既是法学界的泰斗，也是法学家的典范。作为中国宪法学科的奠基者之一，许崇德见证了新中国宪法从无到有、不断发展的整个历程。许崇德提出的“依法治国首先是依宪治国”的观点影响了一代法学家。他教书育人，著书立说，让宪法的精神通过学科建设和万千桃李薪火相传。直至晚年，他仍然在为树立宪法权威和建立以宪法为统帅的法律监督机制奔走努力。

2014 年，许崇德因病逝世，享年 85 岁。生前，这位见证并推动中国宪法制度、宪法学发展的老人说：“把一生献给新中国的宪法和民主法治事业，深感荣幸。”他用毕生的精力投身于守法护法，建设法治国家的进程中。

爱国守法在许崇德老先生身上体现得淋漓尽致，毕其一生努力建设，矢志不渝坚决守护，竭尽一生推进中国法治进程才是最高的爱国守法境界。

（三）诺贝尔奖获得者屠呦呦

屠呦呦出生于浙江宁波，1951 年考入北京大学医学院药学系生药专业。

1955 年毕业于北京医学院（今北京大学医学部）。毕业后接受中医培训两年半，并一直在中国中医研究院（2005 年更名为中国中医科学院）工作，其间晋升为硕士生导师、博士生导师。现为中国中医科学院首席科学家，终身研究员兼首席研究员，青蒿素研究开发中心主任，博士生导师，共和国勋章获得者。多年从事中药和中西药结合研究，突出贡献是创制新型抗疟药青蒿素和双氢青蒿素。1972 年成功提取分子式为 C15H22O5 的无色结晶体，被命名为青蒿素。2011 年 9 月，因发现青蒿素，挽救了全球特别是发展中国家数百万人的生命，获得拉斯克奖和葛兰素史克中国研发中心"生命科学杰出成就奖"。2015 年 10 月获得诺贝尔生理学或医学奖，理由是她发现了青蒿素，该药品可以有效降低疟疾患者的死亡率。她成为首获科学类诺贝尔奖的中国人。

屠呦呦成为第一位获诺贝尔科学奖项的中国本土科学家，诺贝尔科学奖项是中国医学界迄今为止获得的最高奖项，也是中医药成果获得的最高奖项。2017 年 1 月 9 日获 2016 年国家最高科学技术奖。2018 年 12 月 18 日，党中央、国务院授予屠呦呦同志改革先锋称号，颁授改革先锋奖章。2019 年 5 月，入选福布斯中国科技 50 位女性榜单。2020 年 3 月入选《时代周刊》100 位最具影响力女性人物榜。

屠呦呦是优秀科学家的代表，她用实际行动诠释了爱国的内涵，她在自己的岗位上默默耕耘，为国家和人民赢得荣誉。

二、爱国守法的要求

爱国主义是具体的、历史的，它在不同时期与之相应地被赋予了不同的理论内涵。在当代中国，爱国主义就是要以实现中华民族伟大复兴中国梦为时代主题；从本质上深刻认识到爱国、爱党、爱社会主义的内在统一性；克服狭隘的民族主义和封闭的民粹主义，坚持既立足于民族又面向世界的爱国主义价值立场。把握新时代爱国主义教育的主要内容，有助于我们加深对爱国主义教育的全面理解，传承和发扬好伟大的爱国主义精神，自觉爱国守法。

（一）爱国守法的时代要求是契合中华民族的时代主题

"实现中华民族伟大复兴的中国梦，是当代中国爱国主义的鲜明主题"。中华民族伟大复兴中国梦是当代中国人民和中华民族团结奋斗的最大公约数，它凝聚着几代中国人的夙愿，承载着人民群众对美好生活的现实期待，是中华儿女的共同期盼，代表中华民族和中国人民的整体利益。爱国的最高境界就是要把实现国家富强、民族复兴、人民幸福作为亘古不变的价值追求。"实现中华民族伟大复兴的中国梦，是爱国主义在奋斗目标上的体现，对于当代中国人的爱国情感、爱国精神和爱国力量具有突出的凝聚和引领作用"。

需要指出的是，“爱国是立身之本，聚民之魂，强国之基，没有爱国主义，就培养不出国家需要的人才，不能增强民族凝聚力，也不能推动中华民族的伟大复兴”。近代以来，由于封建专制统治的腐朽和封建社会的衰落，曾经处在世界发展前列的中国面对西方列强的野蛮入侵，深陷民族危机，甚至走向亡国灭种的危险境地。从那时开始，无数的仁人志士奋勇抗战，提出了“救亡图存、振兴中华”的口号，实现民族复兴成为全体中国人民的普遍愿望。2012 年 11 月 18 日，习近平总书记在带领中央政治局常委同志参观复兴之路展览时，首次提出了中国梦，引发了广泛的社会关注，产生了强烈的社会共鸣。中国梦是指引全体中华儿女不懈奋进的根本动力和精神力量。当前，中华民族已经实现了强起来的伟大飞跃，正处在实现民族复兴的关键隘口，历史的接力棒已经传递到我们手上，我们对革命先烈最大的告慰、对爱国主义精神最好的传承就是肩负时代和历史赋予的重任，积极投身到我国社会主义现代化建设的历史洪流中，为实现中华民族伟大复兴的中国梦作出应有的贡献，努力创造无愧于时代、无愧于人民的光辉业绩。

（二）爱国守法的本质要求是坚持爱国与爱党、爱社会主义相统一

新时代弘扬爱国主义精神就是要坚持爱国和爱党、爱社会主义三者的有机统一。我国是中国共产党领导的社会主义国家，中国特色社会主义最本质的特征和最大优势在于坚持中国共产党的领导。中国共产党自成立以来，就把实现人民幸福和民族复兴的重任作为其庄严的使命和神圣职责，在中国共产党的坚强领导下，经过长达 28 年的浴血奋战，终于推翻压在中国人民头上的“三座大山”，彻底结束了半殖民地半封建旧政权的专制统治和中华民族一盘散沙的局面，开创了中国特色社会主义道路，建立了人民当家作主的新中国，为中华民族的全面复兴奠定了坚实基础。新中国成立后，我们党又团结带领中国人民积极开展社会主义建设，坚定不移地推进改革开放，使科学社会主义焕发出光明的前景。毋庸置疑，中国共产党在中国革命、建设和改革的过程中发挥了中流砥柱的关键作用。没有中国共产党的领导，我们就不会取得这些骄人的成就，也不会有国家今天这样繁荣富强的良好局面。可以说，“在当今时代，离开先进政党的领导，离开先进制度的依托，就不会有强大的祖国”。如果脱离了中国共产党的领导，没有中国特色社会主义制度的强大优势，在国际风云变幻莫测的全球化时代，国家就会遭遇被肢解和被削弱的风险。正如习近平总书记所指出：“只有坚持爱国和爱党、爱社会主义相统一，爱国主义才是鲜活的、真实的，这是当代中国爱国主义精神最重要的体现。”事实证明，国家的命运、党的命运和社会主义的命运从来都是密不可分的。因此，爱国就理所应当地要求我们必须坚持爱中国共产党和中国特色社会主

义，在任何时候都不能将它们割裂开来。

（三）爱国守法的价值要求坚持立足民族又面向世界的爱国情怀

在当代中国，爱国主义不是狭隘的民族主义和封闭主义，而是立足于民族面向世界的。“中国人是讲爱国主义的，同时我们也是具有国际视野和国际胸怀的”。在对待爱国这个民族大义问题上，我们要有正确的认知和准确的判断，任何妄自尊大、妄自菲薄的狂妄心态和民族自大主义、民族虚无主义的思想都是错误的。我们要注意到，在经济全球化时代，中国的命运与世界的命运息息相关，各国是命运休戚与共的利益共同体。国家的进步、民族的发展离不开对外开放。事实向我们充分证明，开放带来的是人类文明的进步，封闭带来的只能是人类文明的落后。新时代弘扬爱国主义精神就是要同对外开放结合起来，尊重不同国家之间的历史文化和政治制度等方面的差异，尊重不同国家的自主选择权，支持各个国家走与其自身国情相适应的发展道路，要善于借鉴和吸收不同的文明形态，使中华文明在交流互鉴、求同存异的过程中获得不断的进步和发展。“真正的爱国者拥有的是一种敞亮而不是狭隘，明亮而不是刺眼的健康心态，是全球视野与意识”。在人类命运与共的今天，我们不仅要深爱自己的祖国和民族，更要树立一种全球意识和世界情怀，以更加开放包容的态度对待不同国家的历史文化、价值观念和政治制度。“文明因交流而多彩，文明因互鉴而丰富”。对待人类不同文明，开放包容、求同存异、交流互鉴才是唯一正确的选择，只有在互学互鉴中，才能促进人类文明的共同发展与进步。

（四）爱国守法的要求是全民守法

立法在国，守法在民，全民守法要依靠人民群众把宪法、法律付诸实践。在我国，一切组织和个人都是守法的主体，全民守法的主体具有广泛性。每个人在社会中承担不同的社会角色时，会被赋予多样的守法责任，守法行为具有一定的复杂性。法治社会建设背景下所倡导的全民守法提出了哪些新的要求和挑战，是我们研究全民守法必须回答的问题。笔者认为，法治社会建设背景下所倡导的全民守法至少包括五个层次的要求：

第一，坚持法治自信。认为法律是正义的，相信法律能够正确地调整社会关系，个人愿意服从法律的规范。全民守法需要建立在一种崇重法律、信仰法治的态度和信念之上，特别是对有中国特色的社会主义法律体系的法治自信。

第二，学习法律知识。学法是守法用法的前提，也是全民守法的基本要求，只有不断学法才会对法律的价值、精神、原则有更深刻的理解。当前社会，法治教育已经进入到义务教育阶段，法律知识素养成为公民的一种基本素养。具体来说，知法学法要对宪法、民法、刑法、行政法等基本常识有所了解，并且积极主动学习自己工作领域相关的法律、规章和制度。

第三，遵守法律规范。要能够在社会生活的方方面面作出正确的价值判断和选择，主动避免侵犯他人权益，这是全民守法的题中应有之义。其核心在于一个人主张自己拥有何种权利，就必须允许其他人也拥有同样的权利，在自己与他人的权利有冲突时，能够正确界定彼此利益的法律界限，并且能够允许自己的利益受损，作出正确的价值判断。

第四，正确运用法律。积极采用法律手段，维护自己及他人的合法权益不受侵害。全民守法要求每一个公民都能够正确地运用法律，遇到问题能够依照法律公平处理和看待，积极寻求法律途径解决纠纷和争议，维护自身和他人的合法权益，主动抵制破坏法律和秩序的行为。当人们既依法履行了义务，又依法行使了权利，就构成了真正完整意义上的守法，实现了社会关系的法律化。

第五，维护法律尊严。在社会活动中要能够纠正他人的违法行为，积极传播法治观念，营造良好的守法氛围。长期以来，我们过度关注遵守法律，也就是消极守法，而对积极守法有所忽略。所谓积极守法就是公民以法律的主体自居，充分认识并认同法律蕴含的价值，从而主动自觉地去履行有利于实现法律秩序的一切行为，包括遵守服从法律、积极运用法律批评、评价法律以及为法的巩固发展和完善而努力等。完善的法治社会要求公民成为法的主人，推进全民守法进程，关键就在于使人成为积极而主动的守法主体。

三、爱国守法品格的塑造

（一）铸魂强基持续开展理想信念教育

理想信念是共产党人可靠的精神支柱，是我们前进道路上的指路明灯，也是加强新时代爱国主义教育的题中应有之义。“爱国，是一个人对国家的基本认知和朴素情感，但爱国不能仅仅是认知和情感，更应该是意志和信念”。小到一个人、一个集体，大到一个政党、一个民族、一个国家，只要有信仰、信念、信心，就会愈挫愈奋、愈战愈勇，否则就会不战自败、不打自垮。近代以来，中国人民为了实现民族复兴的理想进行了艰辛的探索，终于找到了适合自己的正确道路。中国共产党一经成立，就选择了马克思主义作为我们党的根本指导思想，始终坚定对马克思主义的信仰，积极探索中国的革命道路，新中国成立后又积极探索和建设中国特色社会主义，担负起实现中华民族伟大复兴的历史重任。也正是凭靠这种坚定的理想信念，中华民族彻底改变了自己穷苦落后的悲惨命运，终于实现了强起来的伟大飞跃。但是，在实现中华民族复兴的伟大征程中，还有许多关隘要闯，需要我们有坚如磐石的理想信念，把个人理想信念融入到新时代伟大中国梦的实践中，才能够经受各种风险和考验，继续走好新时代的长征路。概言之，无论在何时，我们都要坚定对马克思主义的信仰不动摇，坚定不移地坚持走中国特色社会主义道路，坚定对实现中华民族伟大复兴中国梦必胜的信心。所以，加强新时代爱国主义教育，必须要把理想信念教育同爱国主义教育紧密结合起来，把中国特色社会主义理想和共产主义远大理想融入到爱国主义教育的生动实践中，从而使爱国主义真正转化成为我们共同的理想信念和强大的精神力量。

（二）立足现实积极开展国情和形势政策教育

新中国成立以来特别是改革开放以来，我国发展取得了举世瞩目的辉煌成就。经过长期不懈的艰苦努力和持续奋斗，中国人民终于主宰了自己的前途和命运，实现从站起来到富起来再到强起来的伟大飞跃。党的十九大郑重宣告中国特色社会主义进入了新时代。我国社会主要矛盾发生了深刻转变，但我国仍处于社会主义初级阶段的基本国情没有发生改变，我国是当今世界上最大发展中国家的国际地位没有发生改变。我们要意识到，新时代所面临的形势、挑战、使命比以往任何时候都更加严峻，要把蓝图变成现实需要我们付出更加艰辛的努力。开展国情教育有助于深化对当前中国所处历史方位以及社会主要矛盾变化的深刻认识，牢牢把握我国仍处于社会主义初级阶段这一最大实际，引领亿万中华儿女投身于实现中国梦的生动实践中。与此同时，我们还要开展形势政策教育，认清当今时代世界格局发生的深刻变化。我国正在前所未有地走近世界舞台的中央，处于重要的战略机遇期。但是，我国仍面临着国内外错综复杂的时代背景。要积极引导人们正确看待和认识国内国际发生的形势变化，深刻认识到我国实现社会主义现代化战略目标是一个漫长而艰巨的历史过程，前进道路上将会遇到更多的困难和挑战，需要我们不断增强忧患意识、危机意识和风险意识，做好长期奋斗的思想准备，继续发扬艰苦奋斗的精神，争做新时代的爱国奋斗者，持续推进中华民族复兴的进程。

（三）着眼历史深入开展“四史”教育

铭记历史，不忘本来，方能开辟未来。历史是最好的教科书，开展“四史”教育主要是指开展党史、国史、改革开放史和社会主义发展史教育。学习党史、国史，是坚持和发展中国特色社会主义、把党和国家各项事业继续推向前进的必修课。要深刻了解社会主义 500 多年的风云动荡发展史，鸦片战争以来中国的近现代发展史，中国共产党诞生以来近 100 年的发展史，新中国成立以来 70 多年的辉煌发展史，改革开放以来 40 多年的波澜壮阔发展史，不断加深对人类社会发展规律、我国社会发展规律、中国当前所处的国情、共产党执政规律的认识。通过对这些历史的学习和对这些规律的把握，明白历史和人民选择中国共产党的历史必然性；马克思主义何以成为我们党的根本指导思想，何以能够成功解决好中国革命、建设、改革过程中遇到的实际问题；中国坚定不移地选择走社会主义道路的深刻原因；中国特色社会主义到底好在哪里；为什么改革开放是决定当代中国命运的关键抉择；我们的国家和民族从何处而来，最终要归向哪里。了解鸦片战争以来中华民族饱受的历史屈辱和巨大灾难，牢记落后就要挨打的惨痛教训，增强历史使命感和时代责任感。了解近代以来中国共产党为挽救中华民族所付出的巨大牺牲，在中国共产党的团结带领下，我国发展取得的伟大成就。特别是了解在改革开放 40 多年的时间里我国取得的惊人奇迹，认识改革开放是实现我国社会主义现代化发展的必由之路和制胜法宝，是决定当代中国命运和实现中华民族伟大复兴的关键一招。只有通过深入系统地学习这段历史，才能够对历史有更加清晰的认识，坚定道路自信、理论自信、制度自信、文化自信。因此，加强新时代爱国主义教育，必须要不断强化党史、国史和改革开放史教育，引导人们树立正确的历史观。

(四) 研究全民守法的具体路径

公民的守法理由问题一直是法哲学界的一个重要理论命题，在社会契约论、功利主义论、暴力威慑论、法律正当论、规范主义论等的指导下，各国不断发展完善促使公民守法的各种制度和环境。在当前中国的法治实践中，立法、司法与执法不断加强和规范，但还需研究影响人们自愿遵守法律的内在力量和动机，实现全民守法的社会秩序和机制的完善。

事实上影响人们是否守法的因素十分复杂和多元，对于我们熟悉的如盗窃、抢劫等明显呈现出“恶”的犯罪，人们守法的原因可能是基于自身伦理和道德的判断。在一些大众认为没有明显恶性，普遍比较宽容的违法行为上，如开车超速，人们可能更多是基于威慑理论或是成本收益理论，去计算违法被发现的可能性有多大以及违法被发现的后果有多严重，从而去决定是否行动。而偷税漏税一类的经济行为，人们会倾向于受到整个行业风气的影响而行动，并且可能会带有对法律正当性的判断。建筑领域的守法倾向于受到来自监管的压力或对个人安全的追求才作出守法行为。

由此可见，限制自己的行为从而实现守法，一部分人追求的是个体利益，一部分人追求是社会认同，还有一部分人追求的是内心道德和伦理的舒适。在不同的社会领域中，具有不同的受教育程度、不同的经济条件和不同社会地位的群体，在不同的违法后果的严重性干预下，影响人们守法的因素是无法一概而论的。

但现实向我们昭示在现代社会受经济、文化条件的影响，公民守法的主体性原因越来越凸显。有学者认为，守法精神是现代社会固有的特殊法意识形态，近代法的实施必须以公民的守法精神为前提。通过塑造影响个人行为和选择的内在动因来促进守法，比政府由上而下的法律规制更为低成本、易操作，并且效果更加稳固和长久。

具体到实践层面，推进全民守法首先要加强普法教育，培育法治思维，健全普法宣传教育机制。坚持把全民普法和守法作为全面依法治国的长期基础性工作，推动全社会共同培育法治意识、法治思维。其次要树立法治信仰，尊重法律权威。引导全社会敬畏法律、信仰法治，使守法成为全民的共同追求，使严格依法办事成为一种常态、一种习惯。

除此之外，整个社会要为公民守法、用法创造一切有利条件。首先要完善法律服务，降低用法成本。司法行政部门应继续推进公共法律服务体系相关建设，在重点民生领域加大公益法律服务的力度，引导相关社会组织和团体积极参与到法律帮扶活动中来，由此降低用法成本，使法律真正成为人民群众维护自身合法权益的有力武器。其次要加强机制保障，解决社会纠纷。建设完备的社会纠纷解决机制，使法律的保障落实到社会生活的方方面面。对于社会转型时期产生的新矛盾、新争议，要提前研究部署、充分准备，用妥善的社会机制化解矛盾和纠纷。最后要注重建设诚信机制，提高违法成本。大力推进信用体系建设，实现覆盖全社会的征信系统，使奖励与惩罚落到实处，促进全社会形成良好的法治风尚。全民守法是法治社会建设的应有内涵和高级目标，是党和政府推进依法治国的重要职责，也是每个公民的义务。推进全民守法是一个长期复杂的社会系统工程，既要注重充分培育和发挥守法主体的主观能动性，使守法成为一种自觉文化，也要注重完善社会制度的各项保障，提高现代治理能力和水平，使守法成为一种行之有效的社会行为模式。

总之，爱国守法是社会主义核心价值观的重要组成内容，是中华民族宝贵的精神财富，它陶冶和哺育了无数的华夏儿女。加强新时代爱国守法教育，需要我们讲好中国的爱国守法故事、赓续爱国守法的光荣传统。让爱国守法的热情转化为我们中华儿女同心共筑中国梦的磅礴力量，共同谱写新时代爱国守法的崭新篇章。

第二章　大学生文化品格之勇担责任

第一节　中国梦与大学生社会责任内涵

2012年11月29日，习近平率中央政治局常委和中央书记处的同志来到国家博物馆，参观《复兴之路》展览。习近平深情地指出："现在，大家都在讨论中国梦，我以为，实现中华民族伟大复兴，就是中华民族近代以来最伟大的梦想。"① 习近平总书记正式提出的中国梦的概念，即中国的富强梦、民族的振兴梦和人民的幸福梦，这是每个中华儿女的共同心愿和崇高理想。只有创造过辉煌的民族，才懂得复兴的意义；只有历经过苦难的民族，才对复兴有如此深切的渴望。我们的习近平总书记引用了三句名诗对我们中华民族的昨天、今天和明天进行了生动叙说，"中华民族的昨天，'雄关漫道真如铁'；中华民族的今天，'人间正道是沧桑'；中华民族的明天，'长风破浪会有时'"。在这个伟大的时代，青年大学生更应该志存高远，劈波斩浪，勇担社会责任，以中华民族复兴为己任，为中国这艘巨轮的行稳致远作出贡献。

一、中华民族伟大复兴的中国梦

习总书记在纪念五四运动100周年讲话中指出："100年来，中国青年满怀对祖国和人民的赤子之心，积极投身党领导的革命、建设、改革伟大事业，为人民战斗、为祖国献身、为幸福生活奋斗，把最美好的青春献给祖国和人民，谱写了一曲又一曲壮丽的青春之歌。实践充分证明，中国青年是有远大理想抱负的青年！中国青年是有深厚家国情怀的青年！中国青年是有伟大创造力的青年！无论过去、现在还是未来，中国青年始终是实现中华民族伟大复兴的先锋力量！"

经过鸦片战争以来的持续奋斗，中华民族伟大复兴展现出光明的前景，

---

① 习近平．习近平谈治国理政（第1卷）［M］．北京：外文出版社，2018：36.

深藏于中国人民心中的民族复兴梦想，就要梦想成真，正如习总书记所讲，“现在我们比历史上任何时期都更接近中华民族伟大复兴的目标，比历史上任何时期都更有信心、有能力实现这个目标”。中国梦是中华民族近代以来最伟大的梦想，中国梦是民族的梦，也是每个中国人的梦，更是当代青年大学生的“青春梦”的升华。社会责任是社会主义核心价值观的重要体现，代表了当代文化的前进方向，是实现中国梦的深厚文化底蕴和思想根基。“青年强则国强、青年富则国富”，中国特色社会主义事业是面向未来的事业，需要一代又一代有志青年勇敢地、自觉地担负起继往开来的历史责任。青年一代有理想、有担当、有本领，我们的国家和民族就有前途和希望，大学生群体是青年中有知识、有文化的先进代表，更应该以自己的“青春梦”来捍卫中国梦。

我国正处于社会转型的关键时期，各种矛盾突发的凸显时期，一方面，我国社会主义初级阶段的基本国情并没有改变；另一方面，我国出现了一些新的时代特征，是一个既有巨大发展动力和潜力，又有各种困难和风险，既有难得的机遇又有严峻挑战的时期。在这个大时代背景下，中国梦关系着整个中华民族的命运，是中华民族近代以来最伟大的梦想，是全体中国人民通过不懈努力可以实现的伟大梦想，这就需要大力弘扬中国精神，凝聚中国力量，坚持中国特色社会主义道路才能实现我们伟大的中国梦。

（一）国家的富强梦

自古以来中国人就有追求“大同社会”幸福生活的梦想，一个国家的人民能否实现幸福美好的生活，不仅仅取决于他们自身的富强与否，更取决于他们所在的国家的富强与否。如果没有强大的国家作为保障，就不会存在幸福的“小家”和“个人”，由此国家的富强梦更是符合社会主义现代化建设和人民追求幸福生活的要求，代表了我们社会的不断进步和发展。从实质上来看，国家的富强梦有两层含义：一是国家的富裕；二是国家的强大。不可否认的是，在某些关键领域和核心领域，中国与西方发达国家之间仍有差距，这就需要我们在今后相当长的时期内，不断地提升国民的“创新素质”，用知识创新科技和自主创新来带动社会的快速发展，不断地把知识转化为高科技，提升我国高科技产品的竞争力，带动并形成新的产业，努力迈入“创新型国家”行列，不断增强我国的经济实力，实现国家的富强梦。

（二）民族的振兴梦

一个民族如果没有坚定的民族精神和民族志向，就不可能立于世界民族之列。中国梦承载着我们中华民族的希望和未来，作为中国梦的重要组成部分，民族振兴主要是指不断地提高我们的国际地位和增强我们的国际影响力，让我们国家在发展道路上拥有独立自主的选择权，中华民族的软实力不断提高，民族的自尊心、自信心和自豪感不断增强。实现民族振兴必须弘扬“中国精神”，发扬以爱国主义为核心的民族精神和以改革创新为核心的时代精神。

（三）人民的幸福梦

中国梦是中华民族的梦，也是每个中国人的梦，实现国家的富强、民族的振兴以及社会的发展归根到底是实现人的全面发展，一切发展是为了人民，最终的目的是实现人民的幸福，使生活在我们这个伟大时代的中国人民，共同享有同祖国和时代一起成长与进步的机会，共同享有梦想成真的机会，这也是中国梦的题中应有之义。实现人民的幸福梦是我们党和国家努力奋斗的方向，是全体中国人民共同追求美好幸福生活的期望和梦想，是中国梦的落脚点和归宿。但要真正实现人民幸福梦，需要个人、社会和国家齐头并进，共同努力奋斗，一起谱写实现人民幸福梦的美好篇章。

二、中国梦下的大学生社会责任内涵

习近平主席在多次讲话中都明确指出，为实现中华民族伟大复兴的中国梦而奋斗，是中国青年运动的时代主题，青年是国家和世界的未来，青年是实现中国梦的希望。“青年兴则国家兴”，中国梦是我国各族人民的共同理想，也是青年一代应该牢固树立的远大理想。一个国家的发展在于青年，“青年兴则国家兴”，而作为有知识、有激情和最富有活力和创造力的青年大学生，直接关系着中华民族的未来，更要担负起重要的历史和时代使命。中华民族几千年的传统文化中蕴含着深厚的社会责任观念，尤其在我国全民共建中国梦的大时代背景下，作为实现中国梦的青年主力军——大学生，需要担当更多的社会责任。正确引导大学生履行新时期下社会所赋予他们的社会责任，培养有社会责任感的大学生，一直是家庭、学校乃至社会的永恒主题。

什么是大学生的社会责任？人的责任和义务并不是先赋的，不是人生而有之的自然属性，而是社会赋予每个人的社会属性。社会不仅要求其成员要履行自己的责任，而且能保证其成员具有相应的经济、政治、文化方面的权利，所以每个人在社会中都有一定的责任要去承担，并且在承担责任的同时也获得了权利。“修身、齐家、治国、平天下”，习主席在对青年大学生提希望时，引用了《礼记》中说的“博学之，审问之，慎思之，明辨之，笃行之”。只要是社会成员，都会扮演某种社会角色，每个人都有与其社会地位、身份相一致的权利、义务的规范与行为模式，也就是社会学意义上的“社会角色”的扮演，这是社会化人的基本特征，就像舞台上的演员一样，社会中的人在扮演某一角色时并不能随心所欲，每个人都要遵循一定的规则，并且社会上的其他人对其所扮演的社会角色有特定的行为期望，青年大学生更是如此，社会对大学生群体有着更多的社会期望。青年的社会责任应包括对国家和民族的责任，青年群体需要承担起传承中华民族优秀传统文化的责任，“广大青年要秉持‘先天下之忧而忧，后天下之乐而乐’的社会责任感，始终把国家富强、民族振兴、人民幸福作为努力志向，自觉使个人成功的果实结在爱国主义这棵常青树上”。社会责任是青年大学生在正常社会化的过程中，对自己在社会中应承担的社会责任的自觉意识，以及对与其相关责任的行为选择、行为过程与后果的情感体验。从社会学的意义来理解青年大学生的社会责任，就是要对大学生的责任角色进行定位，按照社会对大学生的期望和要求所应该采取的行动，应为社会所作的贡献和应尽的义务，也就是大学生对民族、对祖国、对人类的繁荣和进步，对他人的生存和发展所应承担的职责和使命。正如古人所说，“为天地立心、为生民立命、为往圣继绝学、为万世开太平”。青年大学生更应在实现中华民族伟大复兴的实践中，坚定中国特色社会主义道路的理想信念，担当起社会责任，实现自己的人生价值。

当代大学生的社会责任同时又具有鲜明的时代特色。人的本质是一切社会关系的总和，社会人的行为是作为社会关系的反映而存在的，一个人的价值并不能超然于社会关系而独立存在，只有在与他人、集体和现实社会的关系中才能实现，离开社会责任，大学生的自我价值和社会价值就毫无意义。能力越大，其担当的责任就应该越大，这种本质决定了一个经过充分社会化的个体必然拥有一份不可推卸的责任，这是由人的社会性本质所决定的。大学生价值的体现也离不开其对所处社会的责任担当，在实现中国梦的特定时期，建设富强、民主、文明、和谐的社会主义现代化国家，是我们对中华民族的责任。作为有知识、有激情、有能量，最富有活力和创造力的社会主力军和生力军，大学生群体还肩负着特殊的社会责任，要正确地认识自己的历史使命，实现自己的价值，为建设和谐的中国和实现中华民族伟大复兴而担负起责任和义务。强化角色责任意识、认知、情感和行为，切实履行社会义务，勇于担当社会责任。

大学生担当社会责任的行为有着一个递进式的发展过程，它与大学生的价值观、自我意识、自我同一性的确立与发展密切相关。如果履行了社会责任，行为符合社会规范和要求，大学生就会获得愉悦、美好的情感体验；如果行为不符合社会的规范，就会产生羞愧、内疚和自责等负面的情感体验，经过反复的强化，大学生就会从最初仅仅是对社会责任观念的认同，到把社会责任感深深内化到价值观、人生观，自愿地在社会生活中担当起与其角色相对应的社会责任，成为一种自觉的角色责任，这是社会责任的升华。笔者在这里把大学生的社会责任分为“他律责任”与“自律责任”两个层次。他律责任是低级层次，需要他人督促，而一旦大学生主体形成了一种自觉角色，就进入了自律的高级层次阶段，即意味着大学生社会责任从他律层次转化为自律层次。

三、社会主义核心价值观中的社会责任之意

社会主义核心价值观传承着中国几千年优秀文化的根本，寄托着中国人民美好的信念和理想，也承载着每个中国人的美好愿望，同时也指出了国家未来的发展方向，关系着社会和国家培育什么样的公民的重大问题。这就需要当代青年大学生把社会现实和价值观念结合起来，与时俱进、立足现实、面向未来，树立正确的社会主义核心价值观。

从国家层面的基本价值观来讲，大学生个人价值要服从于国家层面的基本价值。为了实现中华民族伟大复兴，建立“富强、民主、文明、和谐”的国家，大学生要自觉弘扬“中国精神”，顺应时代和国家的发展要求，用中国精神凝聚“中国力量”，体现新时期的时代精神，继承中华民族优秀文化传统，用社会主义核心价值观统一大学生的思想，让大学生明确自身的定位和历史使命，把中国梦内化于心外化于形，转化为其自身的精神信仰和现实行为追求，让大学生成为坚定中国梦的信仰群体，把国家、社会、个体的价值要求整合为一体，把国家、民族和大学生个人的命运紧密结合起来，培养大学生的爱国主义精神和国家责任感，共筑中国梦。

从社会层面的基本价值观来讲，我们正处于全面建设小康社会的决胜阶段，对于大学生而言，社会主义核心价值观既是个体意识的社会意识形态，也是大学生群体意识的社会意识形态，社会主义核心价值观是价值体系的深度精炼和深层次表达，社会主义核心价值是以集体主义思想为核心的。为了实现社会的自由、平等、公正、法制，要培养大学生的平等和坚强意志，青年大学生始终要用中国特色社会主义理论体系武装自己，以一往无前的精神状态和绝不懈怠的奋斗姿态严格要求自己。

从个人层面的基本价值观来看，要以“爱国、敬业、诚信、友善”为个人的道德标准，提高大学生的个人素质，做到“勤学、修德、明辨、笃实”。社会主义核心价值观指导着大学生的梦想与信念，帮助他们建立正确的人生观、世界观和价值观，通过学习先进的科学文化知识承担起更大的社会和历史责任，勇于创造创新，练就过硬本领，锤炼高尚品格，以“青春梦”捍卫中国梦。大学生需要有“苟日新，日日新，又日新”的先进思想和勇于创新的锐气，坚持面向现代化、面向未来、面向世界，刻苦钻研理论知识和技能，

不断提高与社会相适应的能力和素养，用坚定的中国梦理想信念指引自己人生的方向，承担起复兴中华民族的重任，明大德、守公德、严私德，学会扎扎实实干事，通过踏实苦干做到知行合一，从小事做起，不仅要做到勤学、修德、明辨，还要做到笃实。

第二节　大学生勇担社会责任的意义

近年来，我们看到了一些不和谐的画面，大学生攻击行为频频发生。从2004年云南大学大四学生马加爵连杀4名同班同学、西安音乐学院药家鑫故意杀人案，至2013年复旦大学医学院在校研究生林森浩投毒导致同学黄洋死亡、2014年郴州职业技术学院一名大学生由于沉迷网络游戏失去理智将室友捅死、2015年7月北大学子吴谢宇以极其缜密的手段弑母案，大学生因不如意而打架斗殴、伤害他人、杀害他人的攻击行为和犯罪行为频频发生，既给家庭带来了不可弥补的灾难，又严重影响了社会秩序，已经给我们社会敲响了警钟。

一、大学生社会责任缺失的后果

大学生犯罪行为有愈演愈烈之势，一连串血淋淋的事件让我们感到不可思议，为什么“象牙塔”里接受了高等教育的、有知识、有文化的大学生能做出如此残忍的攻击行为呢？从年龄阶段来说，大学生正处于品格发展的关键时期，是家庭、民族、社会和国家的希望，我们要探究大学生攻击行为的成因：扭曲的道德认知观和脆弱的自尊心，没有了做人的基本标准和道德底线，轻视生命，没有社会责任感。

不可否认的是，当代大学生也出现了价值观扭曲，诚信意识淡薄，社会责任感缺失的现象。小到因为爱慕虚荣而偷窃，大到因为失恋而轻生，一起起、一桩桩在校大学生的负面案例也反映了部分大学生的社会责任缺失。我们应该反思原因到底在哪里？大学生正处于易冲动的阶段，情绪和情感不稳定，自我同一性较差，易怒、莽撞、冲动和反复无常。冲动性其实是一种不稳定的人格特质，即大学生个体容易受到外界环境的影响与干扰，往往会因微不足道的刺激而爆发出难以自控的负性情绪。缺乏长远打算，只关注眼前的利益与得失，不考虑行为的负面结果，且容易受暗示和误导，对社会情境中的刺激没有经过认真思考，便迅速作出了无计划反应，不会在意有没有对他人造成伤害或负面影响。高冲动性的大学生极易出现具有破坏性和暴力性的攻击行为，因冲动而产生的犯罪也称为激情犯罪，在激情情形下，大学生的理性认识会受到压制，被强烈而短暂性的情绪状态所左右，自我控制和自律意识减弱，在遇到紧急情况时可能会出现不当的行为反应。如果不善于求助社会支持网络，或者没有得到应有的帮助，便会增加其发生攻击行为的可能性，导致出现不可挽回的恶性事件。比如，我们所痛心的“药家鑫杀人案”便是因其一念之差而产生了冲动性犯罪。

二、大学生社会责任缺失的原因

（一）社会环境的不利影响

在社会市场经济体制下，一切以经济利益为导向，青年大学生群体很容易受“经济至上”所衍生的“唯利是图、金钱至上、损人利己以及享乐主义”的影响，形成强烈的物质占有欲，在价值观、世界观和人生观方面出现了偏差，形成狭隘的“个人利益观”，物质享受和拜金主义倾向明显，在消极观念的影响下，大学生过于关注自己的利益，过分看重眼前利益和物质利益，没有社会责任感。在传统的计划经济体制下，人们的价值观念是以“集体主义”为本位的，体现了“集体和国家至上”的绝对性，但随着向市场经济的转型，传统的价值观念被打破，新的价值观还没有及时建立，价值观、道德观因为滞后而产生“失范”。与此同时，大学生的自我意识过度发展，青年大学生更加关注自我价值的实现，迫切需要确认自我价值的主体地位，虽然能够认识到集体、社会对于个人发展的重要性，但更强调社会对于个人的满足与尊重，价值取向由“社会本位”向“个人本位”转换，只想索取和得到，不愿付出和贡献，甚至可以为了“自我实现”牺牲他人、集体乃至社会的利益，没有正确的自我意识和价值观，也就不会产生合作、尊重、奉献的理念，更谈不上社会责任感了。

传统人与人之间亲密情感交流的缺失。大家也经常看到这样的场景：不论是家人聚会还是同学、同事聚餐，大家不是交心，不是叙旧，而是各自看着手机，拼命地刷微信、微博，“我们好像在一起”，面对面的存在，却让人感受不到情感的真实交流，每个人都活在自己的世界中，不间断地联系，却似乎很孤独，这种亲密关系的缺失，把个体从真实的社会关系中孤立出来，人与人之间缺乏现实世界彼此的亲密感，人们之间的心理距离拉大了，更是形成了“唯我独尊”的心态，活在虚拟世界中，形成了社会责任感的“惰性”定式，不再愿意去担当社会责任。道德水准出现滑坡，出现了信任危机。当代大学生生活在多种价值观并存的宽松环境中，他们的道德准则有了双重或多重标准，于是，在价值观判标准上出现了困惑与矛盾。再加上某些成年人没有起到很好的示范作用，比如类似彭宇案的版本在各地频频出现，让全社会唏嘘不已，“助人为乐、尊老爱幼”等道德观正在受到质疑和挑战，社会的不信任感日益增强，社会正义感和责任感正在缺失，对当代大学生青年群体的价值观也产生了强烈的冲击和影响。

（二）家庭教育中的问题

当今的大学生正好是独生子女这一代，中国父母的最大问题之一是过于强势，为孩子包办成长中的一切事务，代替孩子成长，很多父母都在“剥夺”孩子在自己的角色上必须承担的责任。父母把孩子该做的事情全做了，孩子从小到大都分不清楚自己在不同的年龄段应该扮演什么角色，应该担负哪些责任，甚至有些大学生毕业后都没有能力养活自己，变成啃老族，更不用说对社会承担责任了。换言之，是父母对孩子过于溺爱。“溺”者，淹也。过度地疼爱子女等于淹没他们，溺爱是家庭教育中的洪灾。古人说，“虽曰爱之，其实害之；虽曰爱之，其实仇之”。生活在众星捧月的环境下，溺爱中长大的孩子往往规则意识淡漠、骄纵、任性、喜怒无常，经常“以自我为中心”，由于被过度保护而形成胆小、懦弱的性格，缺乏对他人、集体和社会的责任感。齐家、治国才能平天下。习近平主席讲到要以“孝悌”为基础，拓展到对他人、对社会和对国家的博爱，2016 年 4 月 5 日，习主席在讲话中提到：“家是最小国，国是千万家。”古语说，“一屋不扫，何以扫天下”。青年大学生的家庭责任是最基本的责任，在家庭中要强化大学生的感恩意识和责任意识，家长要学会把孩子的责任还给他们，做一个需要孩子关爱、需要孩子照顾的父母，让大学生懂得感谢父母，能够发自内心地体谅父母的艰辛。通过这种方式，才能将最初源于血缘关系而建立起来的家庭责任，升华到一种基于亲情而又高于亲情，对他人、集体和社会的责任，从内心深处意识到自己担负的使命和社会责任。

（三）学校社会化功能出现偏差

随着全球经济、政治一体化的进程和中西方文化观念的不断碰撞，多元价值观交错在一起、同时并存，呈现出越来越多样化的倾向，尤其是西方国家不断地对我国大学生进行文化、价值观等方面的渗透，在某种程度上消解了核心价值观的主流地位，当代大学生正是在这样的环境中成长起来的，导致某些大学生的价值观意识模糊化，出现某种困惑和迷茫。大学生群体作为青年群体中的一个重要组成部分，是中国社会主义事业的主要建设者，他们的价值观将直接影响到社会的主流价值观，直接关系到国家的未来与命运。社会主义核心价值观本质上是一种意识形态，是一种对价值观的认知态度的内化。当前，部分高校对社会主义核心价值观的教育从数量上看较为丰富，但教育模式还存在着单一、陈旧等方面的不足，且对社会主义核心价值观的宣传还流于表面，导致一些大学生对社会主义核心价值观的接受也只是一种表面现象，并未深入到他们的内心，传统式的思想政治教育模式经常会陷入片面化的教育困境，已经远远不能适用于对大学生核心价值观的教育与培养，尤其是个别教师在课堂上照本宣科“填鸭式”的灌输，或者以邀请知名专家和学者以作“分享会”“报告会”等形式灌输给大学生，且不能因人施教，只是功利性地为了保证场面和上座率，这种陈旧的和单一的传统方式，其实效果较为一般，对青年大学生的价值观形成影响并不太大。很多大学生对核心价值观只是在认知上有了一定的了解，侧重于感性认识层面和字面形式的熟记，这种理解缺乏深刻的理性认识和情感认同，没有意识到“三个倡导”其实既是一种行为准则，又是一种价值理念。部分大学生的社会行为虽然表现为某种程度的服从，但也没有把社会主义核心价值观以情感成分的形式内化为内心的体验；有些地方出现价值观容易波动和反复的情况。另外，在运用校报、广播台、宣传栏等形式时，多以自上而下的方式只进行宣传，没有对大学生的意见进行反馈和调整，没有引起大学生的兴趣，很难产生价值观的同化和内化，导致部分大学生对社会主义核心价值观的认知停留在浅谈的层面，传统的思想政治教育培养模式已经远远不能适应新时代大学生的需要。

学校社会化主体功能的偏差也是造成大学生社会责任感不强的重要原因之一。学校教育是一个学生性格和社会责任感发展的重要时期，学生在学校如果仅仅是学习科学文化知识，而没有接受积极价值观的教育和社会道德准则的约束，社会责任意识便会淡薄。首先，急功近利的教育体制目的弱化了社会责任感。从小学到高中，学校教育的重心都在学业成绩上，很多学校和老师只注重学生的学习和升学率，自然导致学生的学习动机也是如此，“学而优则仕”，取得好成绩是为了上重点中学、重点高中和名牌大学，名牌大学毕业就是为了找个好工作，一切的目的都是“以自我为中心”，所以在早期学校教育里，学校忽视对学生世界观、人生观和价值观的塑造，过分强调成长与个人利益的关系，没有培养学生对集体和社会的责任意识。过度功利化过分地凸显了个人利益，从道义导向转向利益导向，更多地关注自己的得失，过去长期信奉的“君子喻于义，小人喻于利”的传统思想在部分大学生身上已不复存在，把人与人之间的关系视为等价交换，时时从利己主义出发，对同学漠不关心，对集体活动毫无热情。就连大学生的入党动机也呈现出多元化、功利化的倾向，为了个人“自我实现”的目的，可以忽视其他一切，产生重书本轻实践、重知识轻品德、重实用缺乏责任心的错误观念，“利益高于一切”成为部分青年大学生的价值取向，这也说明当代大学生在“三观”树立方面存在重大问题。其次，传统的德育模式是以老师为主导，以理论灌输为手段，以知识考核为目标，学生完全按照既定的模式学习，忽视了大学生的个体差异，忽视了大学生与老师交往的平等性和学习的主体性，忽视了大学生自身道德能力的转化和道德行为的实践，这在客观上导致大学生在思想观念方面因为缺乏选择而没有活力，大学生总是处于消极被动的状态，主体性受到压抑，对社会现象和社会事件缺乏主动的思考、鉴别与比较的能力，社会责任感也只是“纸上谈兵”“叶公好龙”而已。最后，校园文化引导不利。学校在担负教育大学生的同时，还要担负着引导功能，如果学校没有形成良好的文化氛围，学风和校风没有摆正，忽视对校园文化社会功能的关注，没有为大学生提供正确的价值观、人生观，或任凭功利化、世俗化、庸俗化的人生准则在大学校园蔓延，如：功利主义、道德迷失、享受主义、拜金主义盛行，青少年大学生则会失去正确的指导方向，形成不了正确的认知体系，社会主义主流的价值观很难得到学生的普遍认可和接受，行为日趋功利化，甚至还会做出越轨行为，更谈不上自觉担负社会责任了。

（四）大众传媒的不良引导

当今大学生处在一个大众传媒高度发达的时代，广播、电视、互联网等大众传媒已经发展成为一股重要的社会力量，然而它是一把“双刃剑”，在发挥巨大正功能的同时，也呈现出很多负效应。首先，与传统的媒介不同，过去信息量单薄、传播渠道少、传播手段比较落后，而且大学生接受到的大多是“过滤”后的有限信息，而新环境下的大众媒介呈多元化和网络化的特点，迅速、广泛地传播各种信息，当代的大学生具有强烈的好奇心和求知欲，捕捉信息灵敏，又处在一个全球化的语境中，世界各国的思想文化和意识能够快速地被大学生所接受。多元的文化环境有助于拓展大学生的视野，但同时也会导致大学生的价值取向多元化，相互之间甚至出现冲突，大学生的价值选择更加困难，尤其是层出不穷的新观念与传统的旧观念不断地发生矛盾，使大学生陷入迷茫的境地。多重性的道德标准与价值观念也会影响大学生自我意识同一性的发展，如果大学生是非观不强，再加之受到消极价值观的冲击较大，就容易形成有缺陷的人格，造成社会责任意识淡薄或不明晰。其次，从目前的媒介传播现状看，存在传播失范的现象，由此也产生了一些新问题。媒体的传播方式个性化、大众化、便捷化，但是在法律上缺少相应的监管手段，许多媒体个人和机构为了追求点击率、收视率和利润最大化，过度宣扬享乐主义、拜金主义，对一些不健康内容过分渲染和报道，如：充满了暴力和色情的报道和节目。不良媒体大力渲染的错误观念和价值观，弱化了大学生的道德意识、责任意识，导致个人主义思想泛滥，甚至还会对他人冷漠，缺乏同情心，对违反道德的行为和越轨行为见怪不怪，造成大学生心理需求的畸形发展和道德观、社会责任感的缺失。

（五）错误的归因模式，践行力度不够

如果大学生在其成长过程中，将错误的认知储存起来，不正确的认知模式和滞后的心理发展，会导致大学生认知和人格发展失衡，易产生挫折心理从而引发攻击性行为。当大学生面对社会刺激和事件时会借鉴之前的错误认知经验，并对当前信息进行错误的加工和解释，继而对此作出不当的反应。大学生认知加工过程的开始就是注意心理活动，并且注意贯穿于大学生认知加工的整个过程。从心理学来讲，注意是指主体对输入大脑的社会信息进行选择性加工的心理过程，而注意偏向则是指大学生在注意过程中有意识地选择加工线索。尤其是具有高攻击性行为的大学生，偏向关注刺激的负面效应，对事件优先做负向的解释，倾向于对线索和刺激进行敌意性的加工。这其实就是一种消极的归因。社会归因是我们人类社会的一种普遍性的行为，每个人都会有意识或无意识地对自己和他人的社会行为寻找自认为合理的原因。人的归因思维和行为会逐渐地形成一定的归因模式或归因风格，并内化为自我意识的一部分，从而对大学生的社会责任等产生积极的影响。当代大学生具有鲜明的时代特征，个性化意识、主体化意识和自我意识都较强，但这种特征也导致某些大学生缺乏大局意识的归因，当个人利益与集体利益相冲突时，往往会出现个人主义倾向。大学生社会责任不仅需要理论指导，还需要在实践中强化和升华，在自我的体验中不断地内化。但是实际中我们可以看到，部分大学生愿意参与到实践活动中的积极性还不太强，参与到实践活动中的只是学生干部和一些积极分子；部分大学生的实践活动，形式化现象比较严重，往往注重活动的设计而缺乏实质内容的充实；一些学生在行动践行中畏手畏脚，爱国之情和社会责任感也有但却在生活中没有付诸行动。这些都容易演变成实践活动的形式主义，即“走过场”。

三、大学生勇担社会责任的意义

社会主义核心价值观重要之义便是实现国家和人民的全面发展，既为大学生思想政治教育指明了方向，也直接决定了高校思想政治教育的精华所在。高校思想政治教育要以社会主义核心价值观为中心，实施“理论引领”工程，高度重视高校思想政治教育理论教育工作，不断提升思想政治教育的实效性、辐射力和吸引力，深入学生的内心，培养社会主义事业的接班人，担负起社会责任。大学生社会责任的缺失，将直接影响祖国未来的发展，大学生社会责任意义在中国梦的背景下意义尤为突出，作为国家的未来与希望的青年大学生，更应该牢固确立中国梦的人生信念，将自己的理想、信念置于实现中国梦这个大的时代背景下，脚踏实地、志存高远，将自己的个人理想与中国特色社会主义的共同理想和共产主义的远大理想结合起来，将实现自我的价值与为人民、为人类奉献的责任感结合起来，“天下兴亡，匹夫有责”，勇敢肩负起这个时代赋予大学生的社会责任。

青年大学生是社会主义事业的接班人和国家的未来，作为国家未来与希望的青年大学生，实现伟大的中华民族复兴梦，必须从青年大学生抓起。作为圆梦人，应该牢固确立为实现中国梦而努力奋斗的人生信念，成为适应社会发展需要的人，将自己的理想、信念植根于中国梦这个伟大的新时代背景下，把自己的人生理想融入国家和民族的伟大梦想之中，脚踏实地、志存高远，培育高尚的品格，将个人的事业与中国特色社会主义的伟大事业和共产主义的远大理想结合起来，将自我价值的实现与为人民、为人类奉献一切的责任感结合起来，以“天下兴亡，匹夫有责”的勇气，以爱国主义为核心的民族精神，以改革创新为核心的时代精神勇敢肩负起实现中国梦的重任。因此培养“中国精神”是青年大学生全面发展的题中应有之义，更是实现中国梦的必有之义。

大学生社会主义核心价值观内涵社会责任之义，意味着要对大学生群体展开爱国主义教育和责任感教育，中国梦是马克思主义大众化、时代化和中国化的产物，中国梦的实现必须要汇集广大大学生群体的磅礴之力。青年强则国家强，青年是实现中华民族伟大复兴美好愿景的主要力量，而大学生又是青年群体中的重要力量，青年大学生代表了民族的希望和国家的未来，他们的核心价值观关系着我国社会未来的发展趋势，也是决定着伟大中国梦和全面小康社会是否能顺利实现的主要因素。正如习近平主席所指出的，“青年大学生的价值取向决定了整个社会的价值取向，而且青年正好是处在价值观形成和确立的时期，这一时期的价值观养成至关重要”。大学生在中国特色社会主义事业建设中要主动贡献自己的力量，大学生要把中国梦与“青春梦”结合起来，在实现中国梦的同时，也实现个人的青春梦，热爱国家、热爱党和人民，努力为中国梦的实现贡献自己的力量。大学生社会责任意识就是要深入学生内心，激发大学生热爱祖国，热爱中国共产党的强烈情感，把大学生的梦想与国家发展需要结合起来，开展责任感教育，让大学生增强对国家、对民族的自豪感和责任感，勇于承担实现中国梦的重任。青年大学生的社会责任感不仅体现了其思想道德水平和自身的精神面貌，还体现出我们社会未来的主流思想道德水平，大学生强烈的社会责任意识是实现中国梦的重要保障。

第三节　大学生勇担社会责任的品格培养

社会责任不是一句口号，更是一份沉甸甸的责任。而现实情况是很多大学生把自己置身于社会之外，在主观上就没有责任意识，或者理想主义色彩很浓厚，只停留在空想，行为却很滞后。大学生如何才能自觉主动地承担起社会责任，由社会责任的他律层次转化为自律层次。

一、培养正确的核心价值观

社会主义核心价值观，是马克思主义与社会主义现代化建设相结合的产物，是我们党凝聚全党全社会价值基础共识作出的重要论断。高校是对大学生个体进行价值观教育和理想信念教育的最佳阵地，要以社会主义核心价值观的塑造为中心，建立符合社会主义现代化建设所需要的核心价值观体系，把大学生培养成为适应社会发展需要的人，为实现伟大的中国梦而努力。“少年强则国强，少年富则国富”。历史演进到 21 世纪的今天，祖国复兴的火炬交到了我们新一代大学生的手上。伟大祖国不但要在政治上，而且要在经济、科学文化上真正昂首挺立于世界民族之林。作为新时代的大学生，我们责无旁贷，而要实现这一伟大的目标，就必须建立起符合社会主义现代化建设所需要的核心价值观体系，以实际行动践行社会主义核心价值体系。

一是社会主义核心价值体系是社会主义意识形态的本质体现。价值观是人们心中深层的信念系统，核心价值观能否与时俱进，直接影响到一个国家的凝聚力和影响力。党的十八大提出的“三个倡导”，就是倡导富强、民主、文明、和谐，倡导自由、平等、公正、法治，倡导爱国、敬业、诚信、友善。这 24 个字是社会主义核心价值观的基本内容。

习近平总书记多次对社会主义核心价值观作出重要论述，明确提出以“三个倡导”为主的 24 字的核心价值观，是我们核心价值体系的内核、高度凝练和集中表达。社会主义核心价值观，是马克思主义和中国梦的有机融合，也是几千年来中国优秀的传统文化的继承和发扬，是我们中华民族不断发展壮大的精神力量。从大学生个体层面来说，他们是未来的中坚力量，只有真正做到了爱国、敬业、诚信、友善，才能够担当起我们民族伟大复兴的历史责任，把我国建设成为富强、民主、文明、和谐的国家。根据《中共中央办公厅国务院办公厅关于深化新时代学校思想政治理论课改革创新的若干意见》精神，全国各大高校全面落实立德树人的根本任务，全面贯彻党的教育方针，以习近平新时代中国特色社会主义思想为指导，把当代大学生培养成具有坚定的社会主义核心价值观的社会主义建设者和接班人。

当前，在我国社会转型的发展期需要正确理解社会主义核心价值观，社会主义核心价值观主要从国家、社会、个人三个层面来解读其内在的含义，大到国家和社会层面的价值追求，小到个人层次的价值准则，三个部分彼此相互联系、相互影响。从国家层面上来讲，其价值目标是“富强、民主、文明、和谐”；从社会层面上来讲，其价值取向是“自由、平等、公正、法治”；从公民个人层面上来讲，其价值准则是“爱国、敬业、诚信、友善”。社会主义核心价值观指导着我们中国梦进程中的价值方向，也是中国优秀文化的软实力，是引领全体中国人民，也包括大学生在内的思想道德共识的正确路标。中国矿业大学思想政治教育专业博士研究生郭朝晖曾经做过当代大学生社会主义核心价值观认同感的实证研究。他对 15 所大学进行了调查，发放调查问卷 3300 多份，对每所高校采取了概率抽样的方法，抽取了 4 个学院中的 4 个年级，每个年级整群抽样两个班，回收有效问卷 3124 份。通过实证调查发现，青年大学生对国家层面的价值目标的认同度均值得分为 82. 4，对社会层面的核心价值观的认同度均值得分为 81. 32，对公民个人层面的核心价值观的认同度均值得分为 82. 61。通过实证调查研究发现，青年大学生社会主义核心价值观三个层面的认同感均处于良好水平，但还未达到优秀层次。习近平总书记强调，“青年的价值取向决定了未来社会的价值取向，抓好这一时期的价值观养成十分重要”。只有全面兼顾了三者，才能充分把握中国梦新时代的脉络和社会发展的正确方向，青年大学生要通过青春梦来推动中国梦，把个人的价值、追求与发展上升到对中国梦的情感认同和内化，以爱国主义和民族精神来推进和实现中国梦，打造富有新时代特色的梦想与时代精神。大学生的认知结构处于一种不断变化、发展的状态，包括世界观、人生观、价值观等，而正确的核心价值观，则是培养大学生社会责任感的思想基础，如果没有科学、积极的核心价值观，社会责任感就会流于形式，充其量只是做做表面文章。人活着的意义究竟是什么？人应该怎样度过自己的一生？家庭、学校和社会要给予正确的引导，充分发挥榜样的示范性作用，青年大学生在学习和生活中要发挥自己的能动性，树立正确的世界观和远大的理想，如：古人所说的“先天下之忧而忧，后天下之乐而乐”的政治抱负，“位卑未敢忘忧国”“苟利国家生死以，岂因祸福避趋之”的报国情怀，“富贵不能淫，贫贱不能移，威武不能屈”的浩然正气等，这些均体现了中华民族优秀传统文化和民族精神的价值观，都应该被大学生所继承和发扬。

二是社会要大力倡导核心价值观，使之大众化、普遍化，成为国家、社会乃至个人的行为取向和价值诉求，充分发挥社会主义核心价值观的作用，引领社会风尚、规范社会行为。中华民族近代以来最伟大的梦想即中国梦，是中国特色社会主义的共同理想，是在中国共产党的领导下，走中国特色社会主义道路，建设中国特色社会主义事业，实现中华民族的伟大复兴，其凝聚了几代中国人的夙愿。中国梦的实现离不开全国人民的共同行动和主动参与，在全民努力实现中国梦的社会大背景下，社会和学校要通过传统文化和校园文化来潜移默化地影响大学生核心价值观的确立，正确引导大学生对社会生活中是非、善恶的正确理解，提高和完善大学生的道德水准，引导大学生在面对各种困难与利益诱惑的时候，不违背自己的理想信念和道德原则；社会媒体也要用生动活泼的形式将政治理论性很强的社会主义核心价值体系内容渗透到传播载体中，用社会主义核心价值体系引导、规范和完善大学生的“三观”教育，鼓励大学生立足于现实忠于理想，有坚定的共产主义信念，使大学生自觉地承担起自己的社会责任，从社会责任感的他律层次上升到自律层次，在我国社会转型的今天，以中国梦理想信念为核心，用“三观”武装自己，努力实现我们中华民族的伟大梦想。

二、学校要高度重视大学生的社会责任教育

一方面，把大学生的社会责任教育纳入思想政治教育体系中，在高校的大学生思想政治教育实践中实现“全贯穿”，在思想政治理论教学、课外活动及社会实践的领域中都要覆盖社会责任教育，依托马克思主义学院课堂资源，不断整合思想政治教育资源，提升思想政治教育质量，不断提升大学生对中国梦的理论认同和情感认同，立足于把大学生核心价值观中的个人梦和中国梦有机地结合在一起，把具体而微的个人梦融入进宏大叙事的国家梦中，把社会责任意识嵌入至理想信念和教育的各个环节中，充分尊重大学生的成长规律和主体地位，变单向灌输为良好的双向互动对话，在互动中进行社会主义核心价值观的教育，将“社会主义核心价值观”理论纳入课堂教学，不断提升大学生的国家荣誉感、社会责任感，把“青春梦”融入中国梦，把中国梦融入大学生责任意识中，提高大学生的政治理论水平和思想政治修养，帮助大学生找准人生坐标和航向。

另一方面，在教育形式上要采用为大学生们所喜欢和接受的教育形式，生动活泼地展开思想政治教育，不把思想政治教育工作只停留在表面上，充分发挥思想政治理论课的主导作用，思政老师也要进行创新，针对大学生的个性特点、思想状况，不断改革教学方法和教学内容，提高教学手段，把大学生勇担社会责任的案例引进课堂和教材之中，在内容上设计专题讲解、重

点讲授和系列讨论等内容，充分发挥思想政治课程的育人功能。

三、以网络平台为媒介，传递社会主义核心价值观

随着信息化社会的到来，社会网络也在迅猛发展，微信、微博、自媒体等新的虚拟互动方式快速兴起。自媒体是新时代下的新媒体形态，是相对于传统的广播、电视、通信而言的，主要有微博、微信、各种网上论坛等。随着全球经济、政治一体化的推进，多元文化不断碰撞与融合，尤其是随着互联网技术的发展和数字信息技术的快速传播，自媒体已经逐渐取代了传统的大众媒体影响着青年大学生群体。新时代下的大学生对当代价值观的认知也更多地融入了多种元素，各种信息资源和社会文化良莠不齐，对于社会思想意识形态还未完全定型的大学生来说，本身缺乏必要的是非判断能力，他们往往在多种价值观之间进行判断和选择，如果引导不利，在海量的信息面前不能准确地辨别出正面信息和负面信息，很容易被负面的非主流文化和信息所误导，就会在对主流核心价值观的认知上出现偏差和错误，形成错误的价值观体系。

各种社会网络平台已经成为各种社会思潮的聚集地，高校及思政老师要充分利用信息化社会快捷和及时传播信息的特点，摒弃传统的灌输方式，不断地主动出击，学习网络新技能，熟练运用好网络的平台，探索全方位的新格局，不断进行网络资源整合，利用论坛、博客、BBS、微信等组成的现代化信息平台向学生传递社会主义核心价值观。师生都可以通过网络平台将自己的思想动态及感受发布在平台之上，教师要通过学生的网络平台了解学生的所思所想，从而拉近师生之间的距离，增强学生对教师的信任度，更有利于教师有针对性地开展思想政治工作。教师要掌握网络舆论的主动性，引导学生能正确对待各种良莠不齐的网络信息，巧妙地运用网络平台引导大学生，不断地弘扬社会主旋律和主流价值观，向学生传递正能量，形成师生双向互动的格局。

自媒体是双向的传播与互动，是一把“双刃剑”，高校的思政工作要充分利用自媒体平台，帮助大学生明辨是非，采取“现实”与“虚拟”互动相结合的方式，将线上引导与线下教育有效结合，对大学生群体进行社会主义核心价值观的引导，构建自媒体的立体化宣传格局，通过QQ、微博、微信、掌上党课、手机校报等自媒体形式，及时关注大学生的思想动态，与大学生进行有效的沟通交流，巧妙地运用自媒体将社会主义核心价值观、中华民族命运共同体、“三个离不开”“五个认同”等中国特色社会主义信念教育内化到大学生群体中；在自媒体平台上，还要对大学生开展爱国主义和责任感教育，

让大学生在新时代下同样能充分感受到强烈的爱国主义热情，激发他们热爱祖国的强烈情感。

四、形成健康的自我意识结构

首先，自我意识结构是指以自我意识为核心的，人对自己的心理与行为进行研究、自我调节与控制的内在功能系统。对大学生来说，健全有力的自我意识结构能有效地约束其心理要素与行为，反之，不良的自我意识结构则使大学生处于放纵状态，心理和行为走向恶性发展阶段。自我意识结构包括自我意识、自我体验和自我调控三个部分。大学生如果不具备自我意识、自我体验和自我调节的能力，就不可能产生和发展高级理性的情感——社会责任感。

大学生自身也是自我社会化的主体，要学会自我控制、自我管理、自我调整和自我发展。生活中会充满各种诱惑和暗示，大学生要具有较高的道德认知水平、较强的道德情感、正确的道德判断、坚定的意志力，能够及时纠正错误的认知，调节和控制本能冲动、抑制诱惑，正确对待困难和挫折，及时地调整自己的心理状态，有失望但不能绝望，也不会因此而丧失社会价值感，更不会实施攻击、违法犯罪等不负责任的行为。

想要在社会舞台上扮演好“大学生”这个角色，就要有一个确定的过程，即回答“我是谁”的问题，确定自己在社会中的实际地位，与别人的关系，才能更好地扮演“当代大学生”角色，“唯我为尊”“以我为中心”等都是错误的自我意识。自我意识就是能够认识到自我，没有自我意识的觉醒，就不会有自我责任感，更谈不上对他人和社会负责。大学生只有在意识到自己是谁、应该做什么的时候，才会自觉自律地采取行动。大学生的责任意识是其自我意识中最基本的内容，是大学生在社会生活中通过与他人、群体和社会的接触，明确了社会规范和社会价值标准，认清自己在社会中的地位和责任而逐渐形成的，能使其产生自尊、自爱、自强、自力、自律的自我体验和自我调控，更好地按照社会期望去遵循社会规范，主动担负起对社会、集体和他人的责任。同时，大学生把自己应承担的社会责任又通过自律、意志等调控手段转化为自我意识，自我意识结构的三个部分互相促进、循环反复，不断内化大学生的社会责任感，培养积极向上的信仰观念，让大学生个体从内心产生担负社会责任的强烈意愿，促使大学生从他律层次的责任担当上升到自律层次的责任担当。正所谓“正心、诚意、格物、致知、修身、齐家、治国、平天下”，清晰而积极的自我意识可以引导大学生进行正确的自我认知，并在此基础上构筑积极的价值观、人生观和世界观。

其次，自尊、自爱、自信是一种肯定的自我体验，世界上没有一个人是完美无缺的，每个人都有自己的优点和长处，都能在社会中找到适合自己的位置，实现自己的价值，既不能过度自卑，也不能过度自傲和自私。当代大学生大多是独生子女，在过度的关怀和呵护下长大，容易养成以自我为中心的个性，产生自卑或自傲的消极体验，自卑会使人懦弱、不自信，不能建立“自我责任”感，而自傲和自私会把个人主义信奉为一切行为处事的出发点，表现为短期化、功利化和自我化，过于强调“以自我为中心”，就会出现不当的情绪体验，影响大学生人格的正常发展，严重时还会产生畸形的心理问题，消极的自我体验会逐渐吞噬大学生的使命感和社会责任感，这时就需要自我调控系统如自律、坚强意志等调控因素充分发挥作用，合理地进行自我调控。

大学生主体对其自身心理和行为的主动掌控就是自我调控，塑造健康的自我意识，大学生的社会责任是在其自我责任的基础上建立起来的，即是从对自己负责任的基础上产生的，如果大学生连自尊自爱的自我责任都没有，那么何谈社会责任？然后从“小我”走向“大我”，正如弗洛伊德的人格系统理论所讲：人格中的本我就好像是一大锅沸腾汹涌的兴奋，它不遵守道德规范，是完全非理性的，遵循着快乐、享乐原则，完全按自己意愿行事，不考虑道德等外界因素，原始、潜意识的本我冲动是人格系统的能量来源。大学生也是社会化的个体，需要控制自己的非理性，要按照社会规范来行动，这时从本我分化出来的调节者“自我”就起到了这样的功能，自我遵循着现实原则，抑制本我的不合理想法和行为，使大学生的行为符合社会的标准和要求。这就要求青年大学生要客观地认识自己、他人和社会，愉快地接纳自己，自尊、自爱，不随便自我否定，正确看待自己和他人，既注重自我价值实现，又不局限于追求个体自我价值实现，而是把自我价值实现过程与社会发展相联系，才能承担起应担当的社会责任，同时又实现了自我的价值。因此在大学生社会化的过程中，要着重培养其适度的自我体验，培养其自尊、自爱、自强意识和责任感，使其符合社会规范的要求，如：“天行健，君子以自强不息”。把社会责任感深深植入到自我责任意识中，融入到日常行为中去，而当大学生真正达到了自律的责任高度，就可以自觉约束和控制与社会责任不相符的行为，社会责任就从他律层次上升到自律层次。

五、实干兴邦，努力践行社会责任

习近平在与北大师生座谈会上特别强调：“要笃实，扎扎实实干事，踏踏实实做人。道不可坐论，德不能空谈。于实处用力，从知行合一上下功夫，核心价值观才能内化为人们的精神追求，外化为人们的自觉行动。”努力实践、身体力行，这是培养社会责任感的根本途径。“勿以善小而不为，勿以恶小而为之”。责任感的培养就是要善于从小事做起，身体力行、脚踏实地地不断实践。

青年大学生要自觉践行社会责任的履行。通过社会实践，逐步完成从“自然人”到“社会人”的转变，通过社会实践，坚持学以致用、深入基层、深入群众，才能认清社会对自己的需要和自己对社会的责任。在树立正确的世界观、人生观、价值观和道德观的基础上不断践行，不断养成高尚品格，这样大学生才能培养起高度的社会责任感。正如一些从边远地区、贫困地区考察回来的学生说：“社会实践，使我们真正体会到了什么是大学生的社会责任。”

独生子女一代的大学生很少有过社会责任的体验，对待问题总是以“自我为中心”“自以为是、自命不凡”，只有到社会中去实践，才能更好地体验到现实与理想的差距有多大，在实践中才能更好地理解什么是责任。高校可以组织实践活动社团，积极引导青年大学生利用假期或业余时间，走向社会，进行各种有益的社会实践的尝试。引导大学生在社会实践中更全面、客观地认识自己，及时发现“现实的我”与“理想的我”之间的差距，不断进步，担负起自己的社会责任。

中国梦就是把国家、民族和个人作为一个命运共同体，把每个人的利益和民族利益、国家利益紧密联系在一起，青年大学生肩负着实现中国梦的时代任务，作为实现中国梦的主力军，更应该有“家国天下”的情怀，勇于担当起自己的责任。然而培养社会责任感不单单是大学生自己的事情，更是家庭、学校和整个社会都应高度关注的焦点。

六、以高校校园文化强化大学生社会责任

高校是培养中国特色社会主义事业可靠接班人的重要阵地，社会主义核心价值观引领高校大学生思想是大势所趋。高校应该突出“以大学生为本”的育人理念，促进大学生的全面发展，以勇担社会责任为中心，以大学生的个人梦捍卫伟大的中国梦，把社会主义责任的教育融入到大学生的日常生活、学习和未来的工作中去。校园文化作为一种重要社会化环境教育力量，对大学生的价值倾向、思想意识形态和社会行为模式产生了潜移默化的影响，高校作为青年大学生社会化的重要场所，要抓好主流意识阵地建设，做好校园文化规划，利用校内广播、校报、宣传栏和各类展板的作用，旗帜坚定地大力宣传社会主义核心价值观，并深入解读中国梦的理论内涵；另外还要积极开展高雅艺术、学术活动、积极向上的娱乐活动，用不同的艺术形式启发大

学生的文化自觉，提高大学生的精神追求，熏陶大学生的思想情感和充实大学生的精神生活，在潜移默化中把社会责任意识融入到校园文化建设的各个方面。“随风潜入夜、润物细无声”，在校园文化建设中把社会责任意识内化到大学生的价值观中。

高校是培养大学生核心价值观的主要阵地，应该以塑造大学生主流价值观为主要使命，积极培育和塑造大学生社会主义核心价值观，培养学生高尚的道德修养和情操，提升大学生的社会责任意识。一方面，高校要注重大学生的思想政治教育，坚决贯彻《高校思想政治工作质量提升工程实施纲要》，思政课教师要改变传统的教学模式，采用多种形式的教学，根据学生不同的阶段以及不同的思维方式制定与其相符的教学内容，并与学生进行有效的双向互动，引起学生的兴趣，将社会责任和担当于无形之中渗透于课堂教学中，实现知识传授、能力培养与价值引领的整合统一。另一方面，所有教师都要围绕“培养什么人，如何培养人，为谁培养人”这一根本主题，提升自己的业务素养，增强思想政治工作能力。充分发挥课堂教学在高校思想政治工作中的主渠道作用，拓展思政课的建设格局，使各类课程与思想政治理论课同向同行，形成协同育人效应。同时，其他课程的老师也要深入挖掘自己所在学科所蕴含的思政元素，真正做到把思政课程和其他所有课程有机统一起来，形成全方位育人的大格局，培养大学生的高度社会责任感。

习主席曾指出，“青年模范人物是广大青少年学习的榜样，肩负着更多社会责任和公众期望，在青少年中乃至全社会都有着很强的示范带动作用”。校园文化还要积极宣传大学生身边“看得见、够得着”的榜样，用大学生身边的事教育身边的人，以榜样的作用带动和引导大学生树立正确的世界观、人生观和价值观，提高大学生的责任和担当意识。高校的校园文化建设应契合新时代下大学生应担负的社会责任这个特点，打造一个特点鲜明、形式丰富、组织完善、格调高尚的校园文化体系，结合青年大学生的现实情况和实际特点，不断创新校园文化，从根本上把握价值观的正确方向，把社会责任的精髓融入到校园文化的方方面面，从而坚定大学生中国特色社会主义的文化自信、制度自信、理论自认和道路自信。另外，要结合重大节日、纪念日、重大事件发生的契机，广泛地开展校园宣传教育活动，充分挖掘思政资源，通过形式多样的艺术活动和文体活动形式，让大学生清晰地了解国情、党情、社情和民意，了解党的路线、方针、政策，增强社会责任意识，坚定理想信念，引导大学生传承和升华社会主义核心价值体系，让大学生在文娱活动中“潜移默化”地感受主流价值观的内涵，不断提升学生的道德品质、礼义廉耻、人文伦理和社会责任感等。

高校在加强大学生文化素质教育的同时还要加强大学生的德育教育，除了开展专门的德育课程，还要积极开展课外活动和社团活动进行德育实践引导，用传统的优秀文化抵制不良文化入侵校园，建设积极、健康、向上的校风和学风，开展积极向上的校园文化活动，丰富大学生的校园文化生活，培养大学生的自立、自强、自信、自尊等意识，将社会责任感内化到大学生的价值观中；发挥大众传媒、社会榜样的示范作用，采用先进的信息技术手段，进一步加强宣传文化教育的阵地建设，传播先进文化，正面引导和宣传社会主义核心价值观，使责任教育富有时代气息和新意，增强社会主义核心价值观的吸引力、感召力和影响力，最大限度地形成宣传舆论的覆盖范围，不断对大学生予以理想、道德方面的再教育，采用家庭、学校和社会三位一体，宣传教育、示范引领和实践相结合的模式，多层次、全方位地培养大学生的社会责任感。

七、加强社会实践活动，实现知行合一

习近平指出，“本领不是天生的，是要通过学习和实践来获得的”。大学生要想赢得未来，必须在内化其社会责任感的理论基础上，学会用理论来指导社会实践活动，达到知行合一。高校要积极鼓励大学生进行社会实践活动，鼓励大学生走出校门，了解社会，通过志愿服务和暑期社会活动等各种形式，以社会为依托，联合地方政府、社会组织和企事业单位，以强强联动为模式，广泛开展校校协同、校地协同等多种形式的社会实践教育活动，搭建广阔的社会实践平台，为大学生社会实践活动提供条件和支持。大学生在不断地深入基层、深入群众、服务人民的过程中学以致用，积极践行社会责任，在社会实践中塑造自己的核心价值感和社会责任感，学会自律、劳动、奉献，学会为国家和人民服务，学会承担责任，不断提高自己的核心价值观理论知识，在实践中对社会主义核心价值观及社会责任产生积极的情感认同体验。

社会责任意识是一种高度的社会自觉，无法强制其社会成员接受，而只有内化到大学生内心中去，才能真正地使大学生自觉认同其责任理念，而内化则需要大学生通过实践活动，在实践中发挥核心价值观的引领功能，积极践行社会责任。培育大学生高度的社会责任意识，离不开社会实践活动，正如“道不可空论，德不能空谈，否则就会成为思想上的巨人，行动上的矮子”。把对核心价值观的社会认知作为理论基础，将社会主义核心价值观变成大学生的梦想与信念，把其“社会行为”作为对社会主义核心价值观理论的实践反馈，在“融于认知”和“化于行动”这两个维度上强化大学生的社会责任意识，将思想信念与实践观念融为一体，在保持高度的理论自觉基础上，

着力提升大学生高尚的精神追求，让其不断反省自身，进而内化为其日常的行为标准，做到知行合一，内化于心且化外于行，不与社会现实脱离，实现大学生的个人梦想与中国梦的合二为一，为中华民族的伟大复兴提供强大的力量支持。

大学生不仅要有正确的价值观、世界观和人生观作为理论基础，更要积极地参与社会实践活动，在现实中区分善恶、明辨是非。高校要积极组织学生在实践活动和第二课堂活动，发动社会组织、社区和企事业单位提供各种资源，让大学生参与其中，在实践中悟真谛、学真知，在实际参与中更深刻地理解“什么是爱国，什么是诚信，什么是敬业，什么是文明”。青年大学生也要经受住严格的思想淬炼、政治历练、实践锻炼，“到人民中去”，在实实在在的社会活动中提高他们的思想政治水平，在践行社会主义核心价值观中修德和笃实，在修德中提升社会主义核心价值理念水平，在笃实中内化社会主义价值体系及核心价值观。

第三章　大学生文化品格之勇于创新

第一节　创新的内涵

在《现代汉语词典》中，创新是指抛开旧的，创造新的，富有新意的。创新是以新思维、新发明和新描述为特征的一种概念化过程。其起源于拉丁语，有三层含义：第一，更新；第二，创造新的东西；第三，改变。创新，一是指前所未有的，即像现在说的创造发明的意思；二是引入到新的领域产生新的效益。创新是指以现有的思维模式提出有别于常规或常人思路的见解为导向，利用现有的知识和物质，在特定的环境中，本着理想化需要或为满足社会需求，而改进或创造新的事物、方法、元素、路径、环境，并能获得一定有益效果的行为。创新是一个多阶段的过程，需要把想法转化为新的产品、服务或流程，以便在其市场上成功地推进、竞争和脱颖而出。

创新是人类特有的认识能力和实践能力，是人类主观能动性的高级表现，是推动民族进步和社会发展的不竭动力。一个民族要想走在时代前列，就一刻也不能没有创新思维，一刻也不能停止各种创新。创新在经济、技术、社会学以及建筑学等领域的研究中举足轻重。从本质上说，创新是创新思维蓝图的外化、物化。在汉语中的“新”最早见于甲骨文，其形式为，该字的左边表示木，右边表示斧子，合起来看就是表示用斧子砍伐树木的意思。在《说文解字》中“新”是“薪”的本字，意思是“取木也。取木者，新之本义”。由此引申出初始的、新的事物、没有用过的、与“旧”的含义相反等含义。

创新亦作“刱新”，一指创立或创造新的，二指首先。在《南史・卷十一・列传第一・后妃上》中有，“据《春秋》，仲子非鲁惠公元嫡，尚得考别宫。今贵妃盖天秩之崇班，理应创新”。[1] 南朝谢赫在《古画品录》中谈到：

---

① 李延寿．南史［M］．北京：中华书局，2016.

“始变古则今，赋彩制形，皆创新意。”① 《全唐文·第四部·卷三百六十三》中有：“左司郎中杨公慎馀，於是合清论，创新规，徵追琢之良工，伐荆蓝之美石，刊刻为记，建於都省之南荣。”②

创新在英语中对应的词汇为 innovate，其含义为在做事或做事的方式上引入变化和新思想的创新。“in”部分作为词汇的前缀，意思是使获得或者具备。而词根部分“nov”，意思是新的。在 15 世纪中期，innovacion，“恢复，更新”，来自拉丁语 innovationem（主格 innovatio），行动名词来自 innovare 过去分词词干 to change；to renew，from in-into（from PIE root * en“in”）+novus“new”（见 new）。从 1540 年开始出现“一个新颖的变化，实验性的变化，以既定的安排引进的新事物”。要说创新，不得不先谈到创新的核心部分“新”，到底什么是新呢？在英语中“新”这个词的形式为“new”。这个词的历史可以追溯到很久以前印欧语系中的“newos”。而源自“newos”这个形式的各语言词汇有很多。

比说希腊语的“néos”，这个词后作为前缀构成了英语词汇 neophyte（意为新手，初学者），并且构成一系列其他和 Neo-相关联的复合词，如 neoclassicism（新古典主义），neonate（新出生的婴儿）。而在拉丁语的新“novus”，这个形式后来构成了法语 nouveau，意大利语 nuovo，西班牙语 nuevo。而英语 novel（小说），novice（新手），innovate（创新）的词源都是来源于此。而在早期日耳曼语中，其形式是“neujaz”，后来分化形成为北日耳曼语支中的瑞典语、丹麦语的“ny”和西日耳曼语支中的德语的“neu”，荷兰语“nieuw”、英语的“new”。在 1500 年左右，new 开始用于命名那些新出现的城市和新建立的国家，表达出的含义侧重于“不习惯，不熟悉，不适应”。为人们所熟知的“news”一词，就是“new”作为名词使用的复数形式，这个复数名词用于表达“信息”的含义可以追溯到 15 世纪，而 no news，good news（没消息就是好消息）的用法最早出现于 17 世纪 40 年代。直到 1923 年才出现了 news，用于“广播或电视节目介绍时事新闻”的含义。由“new”这个词的演化可以看到，这个词在语言中出现的历史较长，而且它的含义基本维持稳定，并且用法在不断扩展。

而在西方第一个完整的讨论“创新”的是古希腊哲学家和历史学家色诺芬（Xenophon，公元前 430—公元前 355 年），他认为“创新”是多方面的，并把它和人的行为联系起来。在 4 世纪之前，创新被运用于诗歌创作中，并且出现了和政治、物质及文化方面相关的精神内涵。到了 14 世纪，从社会学

① 谢赫，姚最．古画品录 续画品录［M］．王伯敏，注译．北京：人民美术出版社，2016.

② 全唐文［M］．董诰，阮元，徐松等，编．上海：上海古籍出版社，2018.

角度，“创新”一词的含义有了更多的发展和延伸。

创新总是和新生事物联系在一起，但是并非所有的新生事物都能被人们所接受。在17世纪和18世纪的工业革命期间，人们开始广泛使用“创新”一词来表示正在出现并迅速发展进步的技术。今天，创新通常不仅仅指发明，也包括新的思想、新的商业模式和其他被认为是创新或代表进步的方法。在历史上，虽然在政治上或是社会制度上的“创新”屡遭反对，但是随着社会生产力的发展，在“二战”以后，创新一词在经济领域和技术领域得以迅速流行。出生于奥地利的经济学家约瑟夫·熊彼特（Joseph Alois Schumpeter）提出的“创新理论”,[①] 使人们真正开始重视“创新”在经济增长方面的促进作用。

第二节　创新对于国家发展的重要意义

进入21世纪以来，中国面临着日趋错综复杂的国内外局势。国际上，虽然和平发展仍然是世界发展的主流趋势，但是贸易保护主义、孤立主义、民粹主义等问题所带来的逆全球化思潮逐渐抬头，全球正处于政治多极化、经济全球化、文化多样化、社会信息化的巨大变革中，国与国之间在经济、科技、文化、军事等方面的综合实力的较量日趋激烈。在国内，我国社会总体和谐稳定，改革发展态势持续向好，但是由于我国改革还处于爬坡阶段，在国家实力持续提升的同时，中国在国际舞台上的影响力、感召力不断提高，面临的外部阻力和战略遏制也在日益增多，我国社会持续健康发展的内外环境变得更加复杂。因此要大幅提升国家实力，提升我国经济、科技、军事水平，就要建立国家创新体系，用创新来提升国家发展速度。而科技创新，文化创新，教育创新，都在国家创新的发展过程中占有重要地位。

一、科技创新

中国经济经过了多年的高速发展取得了巨大的成就，但是由于发展初期过分依赖生产要素投入、过分追求产品数量的扩张，粗放型的经济增长方式在消耗量了大量资源和能源的同时，也对环境造成了严重的破坏。因此积极转变经济增长方式非常重要，即由原来的粗放式增长转变为可持续集约型增

① ［美］约瑟夫·熊彼特．经济发展理论［M］．何畏，易家详等，译．北京：商务印书馆，2020.

长，对我国经济可持续发展显得尤为重要。把粗放型经济增长方式由片面追求社会生产总值的增长，转变为注重经济增长的质量和效益。把粗放型经济由单纯依靠生产要素的大量投入，盲目扩大投资规模的经济增长方式，转变为在现有基础上依靠科学技术深挖潜能，向科技要产能，要效率，要效益。自新中国成立以来，中国的经济呈现波动性发展的特点，其主要状态表现为扩张。伴随着集约型经济发展态势的增强，经济盲目扩张性逐渐下降，经济波动幅度逐步减小，抗衰退冲击能力逐渐增强。

集约型增长是可持续发展的必要条件，可持续发展最明显的特点就是对科学技术的重视，比如注重科学技术在经济建设中的运用，注重产业结构要素的科学分配与调整，注重劳动者科技素质的培养与提高，注重政府运作和企业运行过程中的科学管理，注重对经济效益的内涵进行科学全面的诠释，运用科学技术使经济建设和生态环境可持续发展得以协调进步。

要衡量一个国家的国力，既要衡量这个国家的经济、政治、军事实力，也要衡量国家的文化、科技、教育、人力资源等方面的指标。但是在国与国之间的实力较量，则集中在科技水平、人才素质、创新能力这三个方面。科技进步是一个国家经济发展的内生性要素，需要依靠本国的科技人才和研发力量，在本国内部产生发展。在科学技术的运用过程中，脱离本国发展单纯依靠外生性因素，如依靠外国科技力量，对外国科学技术进行购买，或坐等外国技术输出，都是危险的行为，这非但不能对本国科学技术发展起到实质性帮助，还会影响到国家的科技进步，导致多走弯路，严重的甚至会危及本国的国家安全。

历史已经多次证明，综合国力的竞争并不单单是经济实力和财富数量的竞争，更是科学技术和创新能力的竞争。英国经济学家安格斯·麦迪森（Angus Maddison）在《世界经济千年史》中提到："1820 年清朝国民生产总值占全世界的 32.9%，中国的国民生产总值高出西欧和它们附属国 30%。"① 清朝的国民生产总值已经位居世界前列，财富积累不可谓不多，但是在第一次鸦片战争爆发前，对比同时代西方各国的科技发展，清朝科技创新的严重缺乏，也是中国在鸦片战争、中日甲午战争中屡战屡败的原因之一。

从世界范围来看，虽然世界级别的战争已经过去了七十多年，但是局部战争却从来没有停止过。从这些局部战争中可以看到，随着现代信息技术和尖端技术在军事上的广泛运用，原有的机械化的作战方式正经历着向信息化和高科技化过渡。战争中除了对枪支、火炮、坦克、舰船、飞机等常规武器

---

① ［英］麦迪森．世界经济千年史［M］．伍晓鹰，许宪春等，译．北京：北京大学出版社，2003.

装备的使用，也越来越向卫星、导弹、激光、电子战武器等尖端技术装备倾斜。因此国家间的竞争主要方向就是科技的竞争。

在科学技术研究发展的过程中，期望通过直接从别国购买技术，或是通过让渡本国资源以及市场的方式来获得别国的先进科学技术，都是不可行的，因为换来的往往是别国淘汰掉的落后的技术。先进的科学技术是坐等和乞求不来的，因为发达国家对于先进科学技术一直采取着垄断和保护，这也是发达国家的基本国策。在当今世界和平的大环境下，为了维护发达国家的世界主导地位，同时抑制别国发展，这些发达国家把科技竞争和人才竞争作为国家竞争的主要手段，同时在科学技术的传播上层层设限，如实施技术垄断，提高技术获得门槛，过度保护知识产权，甚至禁止海外留学生与访问学者学习和从事相关专业领域。

现在的世界已经进入了密集创新的时代，各个国家都在倾尽全力进行科技创新，全球科研与开发总投入在 2009 年至 2018 年的十年间增幅为 75%，由 1.2 万亿美元增长到 2.1 万亿美元。① 在第四次工业革命时代，信息技术和智能化技术的广泛运用，使规模化和个性化制造能够得以同时实现。区块链、云计算、物联网、人工智能则强有力地推动着第四次工业革命的发展，抓住时代发展的机遇，进行科技创新显得尤为重要。因此在中国国家发展和建设过程中，要把科技创新作为国家发展的目标和原动力，把创新摆在突出的地位，牢牢抓住第四次工业革命的先机，充分做好应对第四次工业革命的准备，争取在科技创新上取得绝对优势，抢滩新能源，重视生物科技，提升新型制造能力，提升中国的经济活力。

目前中国已经具备了较为完整的工业体系，而且根据 2018 年的数据统计，中国在研发费用投入总量上在全世界排名第二，而中国的研究论文总数当年为 49 万篇，占全球论文发表总数的 18.61%，在创新基础已经具备的条件下，要自始至终坚持创新精神和科学思维。

创新精神在创新活动中具有重要的地位，它既是创新活动的起点，也是创新活动开展的前提。昂贵的技术设备并非是创新活动的必要条件，而只要坚持创新精神，秉持创新理念，就能在已有的科学技术条件和物质基础上开展创新活动。进入 21 世纪以来，科学技术的发展不断加速，但同时科学技术在国家间的壁垒也未曾消失，在科学技术上如果只做别国的模仿者和跟随者，而不能屹立于在科技创新的前沿，那么在国际竞争的过程中无疑会陷入被动。科技创新必须要依靠本国力量，自力更生，自主创新，才能保证不受制于人。

---

① 原帅，何洁，贺飞．世界主要国家近十年科技研发投入产出对比分析［J］．科技导报，2020，38（19）．

在科学创新过程中同样离不开科学的思维方式，其中最重要的是批判性思维。科学创新的过程包括：

1. 确定问题。准确识别亟待解决的问题，从而确定研究方向。

2. 集思广益。由相关人员对目标问题以及与问题所有相关内容进行广泛和自由的讨论，尽可能在最大程度上集思广益，以获得所有可能解决问题的方案。

3. 确定方案。在讨论得出的众多方案中，择优选择三到四种可能的解决方案，并对每种解决方案进行充分的研究，并确定一种最佳解决方案。

4. 测试建模。实施测试计划对已经选择出的最优方案进行测试，并产生出一个最优的解决方案模型。

5. 反馈优化。运行该解决方案的模型，通过收集潜在或未来的用户的反馈来评定该方案的效果，并对方案进行逐步完善，得到一种完善的确定方案。

批判性思维是创新的前提，一个成功的创新者需要运用批判性思维，才能准确聚焦事件并识别出其中亟待解决的问题。尽管解决问题的能力在很大程度上取决于创新者的创造力，但对创新过程的深入研究表明，创造力是成功创新方程式中的众多变量之一，那么批判性思维又是在哪个阶段以何种方式与创新过程紧密融合的呢？从上述的创新过程的环节中可以看到，除了在第二个集思广益的环节需要完全依靠创造性思维，在其余的四个环节中都有批判性思维要素和过程驱动决策的输入。

首先，在第一个确定问题的环节中，创新者需要运用批判性思维来准确地识别和确定出亟须解决的问题，如果没有这样做，就会导致建立一个错误的基础，使后面的创新过程偏离正确的研究方向，最终导致整个创新过程岌岌可危。

其次，精准地确定要解决的问题之后，创新者就能在第二个步骤中更加容易地进行集思广益获得解决方案。创新过程能够从批判性思维中获益良多，因为创新过程在产生一组有期望和价值的结果以前，人们就可以运用批判性思维提前作出判断。因此，大多数创新成果都能够反映出在创新过程中，创新这一系统性行为是如何在批判性思维所提供的解决方案上建立和逐步完善。

最后，一个成功的创新者懂得如何进行批判性思考，懂得在日常工作中脚踏实地对创新过程中的方案进行逐渐完善和提升。在创新过程中，创新者无论年龄大小，学历高低，从事职业如何，但是只要坚持创新理念，能够打破陈规，运用批判性思维方式，对事物的发展有所推进，他们的行为就都可以称得上是创新。纵观前三次工业革命中世界科学技术的发展历程，如今的科学技术正在以指数级的速度飞速发展，而且发展程度更加复杂。创新者如果要在当今全球经济发展中取得成功，一个国家要在世界经济舞台上占据一席之地，就必须打破常规走出舒适区，将批判性思维方法融入创造和实施的解决问题的创新过程中。这就是为什么在当今高速发展和超级竞争的世界里，创新者比以往任何时候都更需要运用批判性思维方法来解决问题。

二、文化创新

文化是由社会的政治和经济确定的时代发生变化，社会发生变化，那么文化也一定要与时俱进，文化发展的实质就在于文化创新，文化创新是社会实践发展的必然要求。创新是文化富有生机和活力的重要保证，文化创新能够推动社会实践的发展，文化创新也能够促进民族文化的繁荣。那么在 21 世纪我们又该如何进行文化创新？

第一，文化创新要立足于社会实践，这是文化创新的根本途径，也是文化创新的基本要求，更是文化创新的源泉和动力。实践决定认识，认识反作用于实践，社会实践是文化创新的来源、动力目的和检验标准。而文化创新引导智育和推动社会实践的发展。

第二，文化创新要做到继承传统，推陈出新。对传统文化的批判性继承是文化创新的根基，不能抛开传统文化而空谈文化创新，这样的文化创新必然是空中楼阁，要为传统文化注入时代精神，要在文化创新的过程中体现时代精神，这是文化创新的重要目标，在社会实践的基础上，文化创新既是一个取其精华去其糟粕改造传统文化的过程，又是一个推陈出新，革故鼎新创造新文化发展新文化的过程。需要搞清楚文化继承是文化发展的前提，而文化发展是对文化继承的要求，那么在文化发展的过程中，文化创新是文化发展的实质。

第三，文化创新要面向世界，博采众长。世界文化是由不同民族、不同国家的文化构成的，不同民族、不同国家文化的内容和形式，是丰富多彩且各具特色的，要坚持各民族文化一律平等的原则，既要认同本民族文化，又要尊重其他民族文化，不同的文明之间应该相互交流借鉴，求同存异，尊重世界文明的多样性，共同促进人类和平发展，繁荣进步，并且遵循各个国家和各个民族文化一律平等的原则，同时还要加强不同民族和国家之间的文化交流，对各种不同的文化进行借鉴和融合，同时充分吸收国外文化的有益成果，这是文化创新必然的经历过程，同时文化多样性是世界文化的基本特征，也是文化创新的重要基础，我们要积极发展本民族的文化，坚持以我为主、为我所用的原则。同时要坚持正确方向，克服错误倾向，既要反对盲目排外，也要抵制全盘西化，反对守旧和封闭主义，反对民族和历史虚无主义。

第四，要坚持人民群众是文化创新的主体。因此要关注人民群众的根本利益，立足于人民群众的文化需求，从人民群众的实践中汲取营养，虚心向人民群众学习。

第五，文化创新的内容是要增强全民族文化创造活力，促进民族文化的繁荣和民族文化的传承，推动文化创新内容、形式、体制、机制、传播手段的创新，通过解放生产力、发展生产力不断提高国家文化软实力，同时推动科学技术发展，促进现代科技与传统文化相融合，这是繁荣文化的必由之路。

文化是一种精神力量，文化创新在促进社会文化发展的同时，能够在社会实践中把精神力量转化为物质力量。在社会实践中转化为物质力量；文化创新可以促进经济发展和政治进步，有利于提高我国的综合国力；在人民群众的生活水平随着生产力水平的不断提高和物质财富逐渐丰富的今天，文化创新可以满足人民群众对文化需求的新期盼，对文化层次的高要求，同时还有利于社会及民族文化的繁荣；文化创新可以推动社会实践的发展，实现文化强国，有助于增强文化自信，对繁荣社会主义文化具有重要意义。

三、教育创新

教育的内容是传授知识、技能和价值，教育的目标是不断提高国民素质，培养适应社会发展需要的人才。教育创新就是为实现这一教育目标，而在教育领域进行的创新活动。教育创新是国家创新体系最重要的要素之一。教育的发展与经济、政治、社会、文化的发展息息相关，一国教育的水平显著影响着一个国家的发展水平，以及在未来持续发展的可能性。教育创新包括有目的的教学活动，组织范围内的解决方案，教育活动的系统、过程或方法，与已有的教学实践不同的是，教学创新首先发端于机构和组织，目的是提高教学实践在教学环境中运行的效率，并保持教学实践水平的不断提高和发展。教育创新的内容主要包括：

1. 教学创新：教学方式和教学组织过程的转变；引入创新的教育模式，使教育的重要特征变为以目的为主导；提高教师与学生的互动，并改变他们在教学过程中的原有地位；使用现代信息和通信技术，有效组织教学过程。

2. 教育科学和教学方法论上的创新：根据国内外教学领域的发展情况，获取优质教育资源并及时更新教学内容；引进创新课程；使用符合现代社会发展的教材内容，包括编写新教材、制定新的教学方案、使用科学的教学方法等。

3. 教育和技术创新：使用新型的或改进型的学习技术，包括如远程教育、在线学习、互联网学习平台等；向学生和教师提供电子图书馆的使用；创建综合性的大学智能信息系统。

作为教学实践实施的重要场所和环境，学校的创新也至关重要，其包含以下内容：

1. 教育创新：包括课程内容、教学技术的创新，培养教师的敬业精神和专业素养，在教学过程中对教育组织和教学方法提供有力支持。

2. 行政管理创新：加强对高校创新性活动和组织的支持；建立综合性管理体系；为保障教学质量提供相应的服务和支持。

3. 意识形态工作的创新：在教学过程中加强意识形态教育与教学实践的有机结合。高校是意识形态工作的前沿阵地，是培养社会主义事业建设者和接班人的园地，意识形态工作事关社会主义事业发展全局。创新意识形态工作有利于社会主义意识形态建设，有利于凝聚政治认同，有利于建立文化自信推动文化传承等。

教育创新需要构建一个可持续发展的环境，用科学的评价方法、合理的监管机制和有效的行政环境，为创新提供全方位的支持。对于个人而言，教育创新就是有目的的教育和个人创新性学习相结合的过程。这个过程能够促进个人学习技能的发展和创新性思维能力的培养。在学习过程中，学生个人和教学创新的系统有机融合，使学生实现从常规性知识的获得逐渐向复杂的思维方式的转变，使学习者意识到社会发展的基本规律和国家发展的紧迫性，使学生能够通过有目的的学习，具备能够应对事物发展和变化的基本能力，以便提高在未来工作中的适应能力和创造能力。

加强教育创新，深化教育改革，在中国现在的时代背景下具有重要意义。它有利于促进人的全面发展，有利于推动中国教育事业的发展，有利于社会主义现代化建设事业的发展，有利于社会的全方位的进步。教育创新是教育提升自身质量和发展的主要方法，也是中华民族实现伟大复兴的重要基础。

第三节　大学生创新能力的培养

一、培养大学生成为新型创新人才的主要方法

在创新过程中起推动作用的是创造力。创造力是根据一定目的和任务，创造或以其他方式产生新事物的智力或艺术的能力，这些被创造的新事物可以是新的问题解决方案、新的工作方法或新的工具设备等。创造力是 21 世纪的一项基本技能，它的作用不可估量，是所有人都具有的，是可以培养的。

一个国家或组织想要在发展中取得成功，很大程度上取决于其对创新人才、创新观点、创新实践和创新文化的培养和发展。创造力通常会包含四个要素：

1. 创造者。主要包括创造者的人格、智力、气质、体格、特征、习惯、态度、自我概念、价值体系、防御机制和行为。人是所有创造性努力的中心，即能够利用自己的技能、环境（或媒体）、创造力和创造动机来创造产品。在创造过程中，人的知识和高智商并非是创造的必要条件，创造力才是创造过程中不可缺少的重要条件。因此当今的教育的重要任务，就是需要把个人素质能力和创新能力的培养放在首位。这些素质能力包括：观察能力，联想能力，思辨能力，想象力，变通能力、自律能力以及正确的心态和奋发图强的精神。

2. 创造过程。这里的过程不单是指开发产品的过程和方法，更重要的是思维过程，是创造者在创造过程中相对应的创造经历和心路历程，是创造者在试图解决问题或创造新的解决方案时的思维方式，是克服障碍或实现目标时所经历的思考阶段。

3. 创造产品。产品是由人创造的，是由创造过程产生的结果，是一个由想法转化为有形的形式时所创造的东西。反之，如果对一个产品的创意灵感进行追溯，就有可能追溯到和当时这个创意灵感相关的想法和事件。

4. 创造环境。环境是指人在创造产品时的工作环境和工作氛围。创造环境包括组织文化、资源和最佳实践，其中有些环境是利用创造活动的，而有些环境会对创造活动产生阻碍，因此，在实践中要对创造环境加以区分。环境对创造力的影响主要表现在以下几个方面：

（1）组织文化：组织要能承担因创新而带来的风险，能接受并鼓励创新者从失败中学习并继续前进，要重视创新者的创造能力的培养和提升；要认可创造者所取得的成就并适当的奖励，要能够给创新者提供进行平等开放的思想交流机会；要能够对未来的发展进行明确清楚的定位；要能够让创新者保持旺盛的工作热情和文化自豪感。

（2）组织资源：组织要能够通过汇聚相关领域的专家、学者、专业人才为创新提供足够的技术支撑和知识储备，同时还要能够提供一定数量的资金和时间来为创新提供支持和保证。

（3）组织实践：组织需要设立明确的目标，并使创新者在组织内部能够进行顺畅的沟通，及时反馈进展情况。尽管组织中人员构成有所不同，但是组织应该让所有人都共同支持和致力于目标的完成。组织应该给予创新者足够的自由和信任，使创新者能够充分发挥其专长和技能并且胜任具有挑战性的工作。

创造力是社会发展的驱动力量，创新的关键在于对创新型人才的培养，而良好的综合素质和多样的思维方式是创新型人才应该具备的基本条件，也是当代大学生应该着重培养的能力和内容。

（一）大学生成为创新者应该具备综合素养

1. 具备科学知识，使人能够分辨事情的真与假。科学知识是人们在实践的基础上发现和总结的关于自然环境、人类社会和人类思维发展规律的系统的知识体系，具有普遍必然性，强调的是普遍规律。具备科学知识能够使人认识并掌握事物的外在特点和内在普遍规律，进而能够为自我、社会、国家以及世界的发展作出正确的决策。

2. 具备人文素养，使人能够明晰事情的好与坏。人文素养是人的内在品质，指人通过对人文科学的学习和实践，吸收人类优秀文化，受人类优秀文化影响的同时，所表现出来的以人为中心的人文关怀。在创新过程中，重视人文素养的培养能够使创新者充分关注人的需求、人的发展、人的幸福、人的尊严和人的价值，进而自觉维护国家利益，社会和谐，追求公平正义，遵循道德诚信，践行社会的核心价值。

3. 具备艺术修养，使人能够感受事物的美与丑。“艺术修养指人对艺术的感受、体验、评价和创造的能力”。① 艺术修养既包括对艺术基础知识的掌握，对艺术基本规律的理解，也包括对艺术作品的理解能力、鉴赏能力，甚至是创造能力的培养。具备良好的艺术素养，能够提高审美水平，使人在对事物认识和欣赏的过程中，能够以包容、积极与超越的态度来寻找事物中值得认同和肯定的部分，从而培养人良好的心态，从而促进人的身心健康与外部和谐。

（二）大学生成为创新者应该具备的思维方式

1. 批判性思维（Critical Thinking）。

批判性思维是一种系统和主动的认知策略，是对事件进行分析形成判断的过程，批判性思维以正确推理和有效证据为基础，对事件进行审查评估和理解，进而解决问题和作出决策。批判性思维是仔细评估信息并决定如何解释信息以作出正确判断的心理过程，意味着需要仔细权衡信息或观点，并对其进行解释，从而作出正确的独立判断。批判性思维是周期性的，这意味着人们可以反复考虑事实，形成观点，培养信念，或者只是确定某件事是否有效或有意义。批判性思维的过程包括收集和组织有关问题的信息，然后针对正在解决的问题进行提问和评估，探索各种可能性，形成自己的想法和理论，

---

① 朱立元．美学大辞典［M］．上海：上海辞书出版社，2014.

进而对照证据进行检验，根据需要进行修改，然后作出判断。

为了适应现代社会迅猛和不断发展的变化，创新者应该具有批判性思维的能力，并且能够捕捉稍纵即逝的创新灵感和牢牢把握住发展机会。如果要想成功地达到上述要求，就需要创新者能够对可能的结果进行评价、区别不同模型、找出别人未曾发现的信息，以及用全新的方式检验数据。有些创新者天生具有批判性思维能力，而大多数人却需要在后天对这种能力进行培养和学习。

培养和学习批判性思维的方法包括：

（1）遇到问题时不要急于去获得解决方案。相反，应该换个角度来审视和评估问题，并且投入一些时间和精力来分析所有可能的解决方案，并确保认真考虑所有解决方案所带来的短期和长期的后果。另外，因为任何选择都会产生相对应的后果，所以认真思考这些方案就显得非常重要。

（2）利用“假如-那么”的思考方式，对解决问题的所需要的条件和可能产生的结果，作出尽可能多的假设。比如，“假如选择这种方案，那么会有怎么样的结果”“假如使用了替代方案，那么短期和长期的影响各是什么”，等等。

（3）成功的创新并不单单是找出解决具体问题的办法，更是要在解决问题的过程中，运用批判性思维方式创建一个完善的流程，使这个流程能够规范有序地把解决问题的方法转化为现实中为社会所接受的产品和服务。在许多情况下，经过深思熟虑的创新行为是一剂灵丹妙药，它能够提升企业和社会效益，为原本单调乏味的各种产品注入新的活力。

2. 分析性思维（Analytical Thinking）。

分析思维是把复杂的信息或综合的数据分解成更小、更容易理解的部分或原理的思维过程。它涉及系统地分解数据和分析事实，并用这些事实来建立信息或提供基于证据的结论。分析思维赋予创造者快速有效地解决问题的能力。运用分析性思维，使创造者能够有条不紊地进行思考，并且把复杂的问题分解成较小的和更易于管理的部分，然后通过逻辑和推理来比较和对比这些小的部分的来源和类型，从而找到存在于复杂的大数据中的因果关系、信息类型和一致性，从而得出一个合理的结论。

分析性思维过程包含了收集相关信息和识别与这些信息相关的关键问题等步骤。它需要创造者比较不同来源的数据；确定可能的因果模式，并从这些数据集中得出适当的结论，以得出适当的解决方案。分析性思维可分为以下几个主要步骤：

（1）收集信息。为了对所分析的对象得出一个合适的结论，要尽可能收集所有和问题相关的必要信息。

（2）分析思考。收集信息并对信息的内容进行进一步的探究，以作出有效的决定，同时还要关注信息的来源和信息收集方法的相关性。

（3）确定问题。当创造者运用分析性思维进行思考时，就需要分辨出潜在的问题，找出根据问题发展趋势，问题之间的关联，以及因果关系。

（4）组织信息。在完成信息收集之后，创造者需要对所收集的信息进行组织整合，以归纳出见解和想法并得出合适的结论。同时这一过程也会为创造者所面临的潜在问题提供解决方案。

3. 创造性思维（Creative Thinking）。

创造性思维，包含了创造者对所关注的事实的选取和对外界的感知，是一种具有开创意义的思维活动，即开拓人类认识新领域、开创人类认识新成果的思维活动。创造性思维是以感知、记忆、思考、联想、理解等能力为基础，以综合性、探索性和求新性特征的高级心理活动，需要人们付出艰苦的脑力劳动。一项创造性思维成果往往要经过长期的探索、刻苦的钻研，甚至多次的挫折方能取得，而创造性思维能力也要经过长期的知识积累、素质磨砺才能具备，至于创造性思维的过程，则离不开充分的推理、想象、联想、直觉等思维活动。提高创造性思维和创造性技能，主要有以下方法：

（1）提出假设。优秀的创造者会在现实的基础上，充分发挥想象力，提出全新的假设，并根据个人的专业兴趣和思维方法进行创新。在运用需要改进什么创新思维时，通常需要考虑三个问题：需要改变什么，需要提高什么，需要做什么。这三个问题有助于创新者从全新的角度对于所面临的问题进行思考。

（2）练习想象。创新思维并非是高智商的产物，也不是每个人都有机会顿悟，从而获得创新的想法。现代社会信息资源丰富，社会生活丰富多彩。但是要从这些丰富多样的资源中获得创新思维，创新者就要学会定期训练自己的想象力，训练自己的观察能力和构筑梦想的能力。

很多时候，人们总是专注于自己手头现有的按部就班的工作，很少有机会和意愿去考虑创造性的想法。因此，对于一个创新者而言，要具有创造性思维和构筑梦想的能力，就要时刻熟练运用“需要改变什么，需要提高什么，需要做什么”这三个问题来对自己周边的事物和自己的想法进行思考和分析，这对培养创新型思维极为重要。

（3）集中思考。虽然每个人都明白时间分配对于创造性思维和创新的重要性。但是当一切外部条件都具备时，创新的想法和主张并不总是如约而至，究其原因无非是观察能力的缺乏和构筑梦想的能力的缺失，以及缺少对事物特定因素和方面的集中思考。因此对于创造性思维和创新要预留出特定的时间，来对事物的特定方面和因素进行集中思考，以寻求创新思维的突破。

（4）描述想法。描述想法是创新性思维的需要具备的重要技能之一，它能够引起外界的重视，使创新者能够向外界更好地表达出自己的策略思路，使外界理解创新者的创新或项目的本质，从而获得各方面的支持。对于创新项目的描述，既要找出和项目的共同点，又要找出和其他项目的不同，这对创新者的能力来说是一个重要考验。

（5）进行反思。创新性思维是在不断讨论和实践完善的基础上进行的。所以创新者要学会和团队成员，对创新内容进行反复讨论，并在实践的基础上对实践结果进行讨论和反思，从而得到更加优越的实践方案。

（三）大学生成为培养创新型人才应该掌握的思维方法

创新是一个持续不断的对事物的认知过程，是一个认识知识和创造知识的全新过程，在这个过程中创造是核心。而传统学习的核心是“传递”，强调的是把知识从教师传递给学生，教师事无巨细地教，学生全盘接受地学，但是在“传递”知识的过程中，却往往会忽略掉最宝贵的东西，那就是创新。而在不同的领域里，创新是不同的。因此传统的学习方法已不能满足各领域对创新的要求，因此在这个对创新如此渴求的时代，应该重视对以下思维方式的训练和对思维方法的培养：

1. 演绎推理（Deductive Reasoning）。

演绎推理由一般到特殊的推理方法是在假定为真的前提下得出结论的过程，演绎推理通常被称为“自上而下的推理”。演绎推理从一般性陈述或假设开始，最后是为了检验得出一个具体的、逻辑性的结论的可能性。在科学研究中经常使用演绎推理推论来检验假设和理论，演绎推理的训练对培养人的严密的逻辑思维方式有着重要的意义。

演绎推理的类型主要包括：三段论、假言推理、选言推理、关系推理，而三段论是最常见的类型之一。三段论是指由两个含有一个共同项的性质判断作前提，得出一个新的性质判断为结论的演绎推理，其包含三个部分：代表一般性的原则大前提，与一般性原则相关的特殊陈述的小前提，和符合一般性原则的特殊化陈述的结论。演绎推理的过程主要包括以下步骤：

（1）开始初始假设。演绎推理从一个假设开始。这种假设通常是一种概括的说法，即如果某件事是真的，那么它在所有情况下都必须是真的。

（2）设定第二前提。第二前提与第一假设有关。如果第一假设的论述为真，那么第二条相关论述也必须为真。

（3）进行测试。在各种场景中测试演绎假设。

（4）得出结论。根据测试结果，确定信息有效或无效。

演绎推理是进行科学研究的重要思维方法，也是进行逻辑证明的重要工具。通过演绎推理，人们可以把一般理论运用于特定条件下并作出正确的推论，从而对事物的发展作出科学预见。

2. 归纳推理（Inductive Reasoning）。

归纳推理是逻辑思维的一种，它是指根据经验、观察和事实形成概括。和演绎演推理不同，归纳推理是一种由个别到一般的推理方法，它从对多个一般或特殊事物的认识和观察的基础上，经过多级归纳逐步上升到普遍规律、原理和原则。在此过程中，归纳推理强调的不是逻辑的严密推演，而是强调对基本信息和基础知识的积累、归纳、分析和提炼，并作出预测和概括。运用归纳推理，人们可以通过观察得出结论，也许结论不一定总是正确的，但是基于观察所收集到的信心和证据，得出的结论至少应该是合理的。

归纳推理的类型包括完全归纳推理和不完全归纳推理，而不完全归纳推理又可分为简单枚举法和科学归纳法。归纳推理是看不见的，但在现实生活中，人们却很少意识到自身正在接受信息，识别潜在的模式，并按照假设行事，因此在进行归纳推理时就需要注意以下几点：

（1）注意细节：如果要从细节得出结论，那么就一定要关注细节；注意是归纳推理的关键。如果想要更好地进行归纳推理，首先就要注意周围的事物。

（2）识别模式：那些有很强归纳推理能力的人能够迅速识别模式，他们可以看到以特定方式出现的特定对象或事件会以何种方式产生共同的结果。

（3）整合信息：归纳推理通常与回忆过去事件的能力以及导致这些事件的细节直接相关。为了增强记忆力，就需要记笔记，整合信息，以便在需要时参考记录内容。

（4）运用情商：情商是感知人们行为背后情绪的能力。情商水平较高的人更能理解他人，也更能触及两人或多人之间存在问题的核心。

（5）作出预测：与识别模式密切相关的是能够根据已经掌握的信息预测未来会发生什么。例如，领导者通常可以预测某些特定的决策会带来更多的团队合作以及更大的成功。

3. 溯因推理（Abductive Reasoning）。

溯因推理通常是指从一组不完整的观察结果开始，然后对这些观察结果解释，并最终得到最佳解释的推理过程，是一种自下而上的逻辑。溯因推理通常用于解决不确定环境下的问题，即在信息不完备的情况下，最大限度地利用这些信息，它通常会从一个观察或一组观察入手，提出假设，进行分析判断，最后得出可能结论。

实际上，在进行科学研究的过程中，有三种类型的推理是经常被使用到的，包括演绎推理、归纳推理和溯因推理，其中演绎推理是分析论证中会使用到的，而在综合论证中就需要使用到归纳或溯因推理。归纳推理要做到令人信服，就需要具备完整的能够阐明问题的证据。但溯因推理的特点却恰恰相反，即要么缺乏完整的证据，要么在阐述方面不是那么完整，又或者是两者兼有。溯因过程可以是创造性的、直观的，甚至是革命性的，是研究过程的起点，溯因推理在人工智能、医学诊断、案件侦破等领域都发挥着重要的作用。溯因推理通常具备以下特征：

（1）溯因推理既包含了演绎推理，又包含了归纳推理。由假说形成推论就是演绎推理，而对推论的实证检验就是归纳推理。

（2）在溯因推理过程中，需要对观察到的现象提出假设。在这一过程中需要观察者具有较为敏锐的观察力和较强的概括能力，以及丰厚的知识储备。

（3）对现象或问题进行观察并提出假设。这些假设需要进一步进行分析判断和检验，才能得出有效结论。

（4）在溯因推理的过程中，最佳说明必须与最大范围的经验事实相一致。

4. 直接思维（Direct Mode of Thinking）。

直觉思维是不依靠有意识和传统的推理行为，通过支持性的证据直接感知事实的能力，对直觉思维的研究与人类文明本身一样古老。直觉思维以感知为起点，通过一种几乎是无意识的过程来提出想法、可能性，进而找出解决问题的方法。直觉思维是一个完全创新的过程，就像是思想的火花，它能够突然迸发并照亮事物。

不同领域对“直觉”的表述是不同的，包括：直接接触无意识知识、无意识认知、内在感知、对无意识模式识别的内在洞察，以及无须任何有意识推理就能本能地理解事物的能力。直觉思维通常包含四种类型：

（1）情感直觉思维。这种思维通常表现为能够快速感知别人的性格特征或情绪状态。

（2）心理直觉思维。就是不需要对问题进行分析，就能够立刻得出问题的答案，这种思维方式在需要进行快速决策的工作中比较常见。

（3）心灵直觉思维。这种思维方式意味着，在充分了解社会环境和科学研究相关动态的前提下，不需要投入太多精力，就能够在困境中直接作出解决问题的抉择。

（4）精神直觉思维。这种思维通常和一个人的精神状态和个人经历有关。

与理性思维相比较，直觉思维并不占有明显优势，因为其缺乏表面可见的对信息资料的收集过程和后期严密的推理论证过程。但是在紧急情况下，创新者可以凭借丰富的经验，通过直觉思维在第一时间抓住问题的核心，快速作出决策。

二、培养当代大学生创新精神的重要意义

（一）培养当代大学生的创新精神是把中国建设成为社会主义现代化强国的迫切需求

当代大学生肩负着史无前例的历史使命，目前，中国已经消除了绝对贫困和区域性整体贫困，如期完成了脱贫攻坚的艰巨任务，近 1 亿的贫困人口实现脱贫，取得了举世瞩目的伟大胜利。但是中国社会主义现代化强国的建设的伟大征程才刚刚开启，主要分为两个阶段：第一个阶段，从 2020 年到 2035 年，在全面建成小康社会的基础上，再奋斗十五年，基本实现社会主义现代化。第二个阶段，从 2035 年到本世纪中叶，在基本实现现代化的基础上，再奋斗十五年，把中国建成富强、民主、文明、和谐、美丽的社会主义现代化强国。但是社会主义现代化强国的建设任务，仍然任重而道远。第四次工业革命时代发展的动力主要来自于科技创新，通过智力资源来创造社会财富。可以说，创新是第四次工业革命的灵魂，要想获得国家的长久快速发展，就要通过创新来突破发达国家对我国长久以来的科学技术垄断，因此在科技上我们必须拥有自己的核心技术和知识产权，在核心技术方面占领制高点，在国际竞争中争取话语权和获得有利国际地位，通过自主创新拥有一批自主知识产权，打造一批具有国际竞争力的优势企业，为我国经济社会发展和国防现代化建设提供强大的科技支撑，为我国的科技腾飞和经济发展提供保障。创新的关键在于人才，无论是知识创新还是技术创新，无论是经济竞争还是科技竞争，归根到底还是要靠大量高素质的创新型人才的支撑。高校是培养高素质创新型人才的主要阵地，大学生在学习过程中，应该把知识学习、能力培养、素质提高、个性特长作为培养和发展的目标，成为富有创造性和综合素质的人才。作为国家的未来和民族的希望，当代大学生是建设社会主义现代化强国的重要力量，社会主义现代化建设的目标能否实现在很大程度上取决于的创造性工作和创造精神。因而培养当代大学生的创新精神，是把中国建设成为社会主义现代化强国的建设有中国特色社会主义的迫切需要。

（二）培养当代大学生的创新精神是中国转变经济发展方式实现可持续发展的客观要求

能源是现代工业发展的支柱，是现代经济发展的命脉，是实现经济增长

的重要基础，中国经济能否实现持续的强有力的发展，在很大程度上依赖于能源资源的发展和可持续供给。中国经济发展进入了快速增长阶段，对资源和能源的需求不断增长，中国已有的资源和能源生产已经逐渐无法满足国内经济发展的需求，因此转变经济发展模式，开发新型能源，走集约、低碳、绿色可持续发展道路，已经成为我国经济发展这个过程中必须解决的重要课题。

新型经济发展模式的建设和新型能源的开发，需要创新型人才的不懈努力和积极参与。创新实践将目前经济发展需要解决的问题和愿意为之付出努力的创新实践者连接了起来。创新型人才需要运用现代知识技术，拓展双循环经济发展思路，建设以创新、集约、高效为主要特征的经济发展模式，积极驱动创新型经济发展和新型能源的开发和普及使用，实现中国经济从高速度向高质量绿色发展的转型。

因此当代大学生要学会不断突破思维定式，学会应对和分析新形势新情况，更好地适应社会转型，系统培养创新能力，利用现有技术条件和外部资源，不断积累经验，创造出符合国家经济发展需求和人民生活需要的新事物，推动中国经济社会的不断发展。

（三）培养当代大学生的创新精神是实现中华民族伟大复兴的必由之路

在五千年的历史长河中，中华民族始终保持着一种生生不息的伟大创新精神和强大的创能力，中国古代社会的发展水平始终领先于同时期世界其他国家。以中国古代四大发明为代表的众多发明创新，曾经为人类文明的进步和世界历史的发展作出过不可估量的巨大贡献，创新是中华民族发展进步的灵魂。一直以来，中华文明的发展都是通过不断的发现，创造，实践，积累，才一直保持着前进。可以说没有创新，就没有中华文明的进步，而这每一点进步都是中华追求变革与创新的结果。一部中华文明的发展史，就是一部中华民族不断创新的历史。

历史经验告诉我们，一个国家强盛与否并不完全取决于这个国家经济总量、人口数量和领土面积，而真正决定一个国家综合国力的和民族发展命运的是这个国家的科技创新实力，创新成功与否关系到国家和民族未来发展的兴衰成败。因此身处世界科技迅猛发展潮流之中的我们，要紧紧抓住第四次工业革命发展的历史机遇，为实现富民强国和中华民族的伟大复兴作出贡献。

实现中华民族的伟大复兴为当代大学生的创新实践与发展提供了广阔舞台。国际竞争的实质是综合国力的竞争，而综合国力的竞争归根到底是创新人才的竞争。作为新时代中国特色社会主义事业的建设者和接班人，当代大学生要在创新实践中不断提高自身创新素养和创新水平，并积极发挥自身优势和作用，将创新理论运用到具体的实践活动中去，为国家发展作出应有的贡献。当代大学生在不断奋进的创新实践中，一定能为中华民族的伟大复兴书写出壮丽的篇章。

创新无处不在，小到个人，大到国家都与创新息息相关。创新为人们在瞬息万变、竞争激烈的社会竞争和全球竞争中提供了持续进步甚至遥遥领先的希望。创新是一座桥梁，它将需要解决的问题与愿意为之付出努力的人连接了起来。在创新过程中，对包括当代大学生在内的创新人才的培养，对于包含批判性思维在内的多种思维方式的重视，对于创造力的充分运用和对于执行力的严格规范，能够使创新理念和行为在国家发展和社会进步过程中发挥巨大的作用，从而促进和加强创新的生态系统的发展，形成持续国家创新的良性循环。

第四章　大学生文化品格之明礼诚信

第一节　明礼诚信的内涵

历史车轮滚滚向前，时代潮流浩浩荡荡，历史总是要前进的，历史只会眷顾那些坚定者、奋进者、搏击者，从不等待犹豫者、懈怠者、观望者、畏难者、软弱者。“为天地立心、为生民立命，为往圣继绝学，为万世开太平”。优秀品格的培养会使青年大学生有着坚定的信仰、信念和信心，在中国共产党的领导下，与历史同步伐，与时代共命运，与祖国共成长。在新时代中国特色社会主义伟大征程中，青年大学生应该具备高尚的品格，勇敢地担负起时代赋予的责任，在书写绚丽人生华章的同时，也为祖国的强大贡献自己的一份力量。新时代大学生明礼诚信优秀文化品格的培养是对新时代中国梦最强有力的响应，这也是关系着我们民族和国家发展的重大问题。

我国是一个文明古国，素以“礼仪之邦”“诚信古国”著称。孔子在《论语》中就说，“为国以礼”“民无信不立”，明礼诚信实际包含着“明礼”和“诚信”两个维度，《说文解字》解释为“诚，信也”，“信，诚也”。这说明诚信二字虽然是分而解之，实则为一体概念。在我国公民道德的建设中，提出“明礼、诚信”作为基本道德规范，是综合、概括了过去的礼所涉及的“礼仪”和“诚信”的含义，当代大学生在实现中国梦的进程中更应当理解和阐释“明礼诚信”的深刻内涵。“明礼诚信”实际包含着“明礼”和“诚信”两种道德品质，“明礼”和“诚信”具有内在的不可分割的联系。一般来说，“明礼”是人的行为的外在表现，“诚信”是人的内心状态。“明礼”只有表现了人内心“诚信”的本质，才不会流于虚伪的形式或繁文缛节；“诚信”只有通过“礼仪”“礼让”的形式，才能够最恰当、最真实地表现出来。古人早就把“诚信”视为“礼”的本质，“诚信”的含义，主要是指忠诚老实，诚恳待人，取信于人，信任他人，“诚”于内而“礼”于外，是对“明礼”与“诚信”相互关系的最好的诠释。

一、明礼之内涵

由于中国自古以来就格外讲究“礼节”。礼是由风俗习惯逐渐深化而成的行为准则，随着时代的发展变化，它的内容和形式也在不断改变，社会主义时期的礼同以往朝代的礼从内容到形式都是不同的，首先是这里说的“礼”，既指“礼仪”“礼节”“礼貌”，又指“中和”“礼让”“谦敬”。今天，“文明”与粗俗、野蛮相对立，而“礼仪”“礼让”表明人们彼此之间尊重、谦和与体谅的关系。

“明礼”就是讲究“礼仪”和“礼让”，包括尊重礼节和讲礼貌。“礼仪”和“礼让”应渗透到职业场所、公共场合和家庭生活中，职业人员在与被服务对象的关系、处理与其他职业的关系时，“礼仪”和“礼让”是必不可少的。人们在公共场合、人际交往、日常生活中都要与他人打交道，要遵守起码的礼节，讲究起码的礼貌，彬彬有礼，办事热情，服务周到，互相尊重。比如对年长者要尊敬，对同龄人要平等友善，对年幼者要慈爱；在外交场合，必须严格遵守规定的“礼仪”，穿着打扮、行为举止都要做到得体、适宜，这些要求都是“礼节”和“礼貌”的基本要求，特别是正式场合，“礼节”“礼貌”不仅代表着个人的形象，而且常常关系到国家的形象，因此，决不能把“礼仪”“礼让”“礼节”“礼貌”认为可有可无。社会公德注重的是社会交往和公共生活中的道德，包括人与人、人与社会、人与自然的相互关系中的道德，要求每一个公民自觉遵守这些关系中表现出来的基本道德规范。

“礼者，敬人也”。在现代社会中，大学生更应该学礼仪、讲礼仪，遵守礼仪规范，尊重自己，尊重同学，尊重老师，这也是礼仪的重点和核心，举个最常用的例子——称呼礼仪。称呼蕴含着一个国家悠久文化历史的沉淀与变迁，从我们中国人的称呼看来，实质上反映了中国文明的发展与变迁，中国人的称呼是宗法、习俗、等级、地位、声望等的反映。在社会交往中，称呼是传递给对方的第一信息，交际双方见面如何称呼对方，直接反映出交际双方的角色身份、社会地位和亲疏程度、对对方尊重与否以及个人的内涵与修养等。称呼礼仪是表现律己、敬人的一种行为准则，也是个人素质和修养的外在表现，已经成为我们必不可少的一部分。不同的称呼常常能传递某种特殊的意义，它能直接传达出你对待对方的态度。一个小小的称呼就能让对方感受到你的敬意、你的热情，你的态度是友善的还是敌对的，是尊敬的还是轻慢的，是热情的还是冷漠的，都能从你的称呼以及相应的语气中表达出来。所以一个得体的称呼会使交际双方如沐春风，为以后的交往打下良好的基础，而一个不恰当或者错误的称呼，可能会令对方心里不悦或引起对方的反感，而直接影响到彼此以后的交往及亲疏关系。选择正确、适当的称呼，既反映着自身的教养，又体现着对他人的重视程度，有时甚至还体现着双方关系所发展到的具体程度。尊长、后辈、上级、下属各有各的一套称呼，并且在需要同时称呼多名交往对象时，要注意称呼顺序，一定要先分清主次，然后再由主到次，依次而行，从称呼顺序中可以看到我们中国人对尊卑长幼等礼法习俗的重视。由尊而卑，它的具体含义是称呼多名人士时，应当自地位较高者开始，自高而低，按顺序进行。由疏而亲，若被称呼的多名人士与自己存在亲疏之别，为避嫌疑，一般应当首先称呼与自己关系生疏者，然后再称呼其中与自己关系亲近者。由近而远，有时不便细分多名被称呼者的尊卑、亲疏，那么则不妨以对方距离自己的远近来进行，即先称呼距离自己最近者，然后依次称呼距离自己较远者。在一些特殊情况下，对多名称呼者不必一一称呼，或者不便一一称呼时，则可采用统一称呼对方的方式作为变通。例如，以"诸位""大家""各位来宾""女士们、先生们"等方式来称呼对方。不宜使用的称呼是无称呼，在需要称呼接待对象时，一定要有适当的称呼，若是根本不用任何称呼，或者代之以"喂""嘿""下一个""那边的"以及具体数字代号，都是极不礼貌的。以绰号相称，在任何情况下，当面以绰号称呼他人，都是不尊重对方的表现；对于关系一般的，不要自作主张给对方起外号，更不能用道听途说的外号去称呼对方，不能随便拿别人的姓名乱开玩笑，也不能以生理特征称谓，比如称呼：秃子、麻秆儿、胖子、瘦子、瘸子、四眼等，有失尊重容易引起误会的称呼。在正式场合，有不少称呼不宜随意简化，例如，把"张局长""王处长"称为"张局""王处"，把"范局长"称为"范局"就显得不伦不类。在接待活动中，若是与仅有一面之缘者称兄道弟，就是与对方距离不当的表现，应当避免使用此种称呼，尤其是在正式交际场合，某些称呼不宜使用，如"兄弟""朋友""哥们儿""姐们儿""死党"等，这些称呼让人感觉不正规，当然，在私下里某些轻松的场合是可以的。"明大德、守公德、严私德"。重视家庭美德建设，这些礼节、礼貌中的规矩问题，使人们特别是青少年在这些生活细节中，养成懂礼节、讲礼貌的习惯，归根到底是要养成尊重他人、互相礼让的道德精神。

二、诚信之内涵

诚，指的是真诚、诚实、诚恳；信指的是信任、信用和守信。从中国传统的诚信观来看，诚信是我国传统伦理的基本概念，也是治理国家的基本美德。"诚信"的基本内涵，包括"诚"和"信"两个方面。《大学》提出"格物、致知、诚意、正心、修身、齐家、治国、平天下"，将"诚"视为人们修身和治国的重要环节。孟子认为，“诚”既是天道本体的范畴，也是做人的诀窍，“是故诚者，天之道也；思诚者，人之道也”。荀子也认为“诚”为“政事之本”，指出了“夫诚者，君子之所守也，而政事之本也”，“信”亦如是。孔子将“信”视为“仁”的要求和体现，将“信”作为人际交往的重要原则，汉代董仲舒将“信”与仁、义、礼、智并列为“五常”，视为最基本的社会行为规范，即做人要言行一致、表里如一。

“诚信”首先是处理好个人与社会、个人与个人之间相互关系的基础性道德规范，在个人与社会、个人与个人之间，也可以说是“无信不立”。国“无信不立”。统治者“无信不立”，领导者“无信不立”，家庭“无信不立”，个人当然也是“无信不立”，我们的社会更要倡导做老实人、说老实话、办老实事，倡导以信待人、以信取人、以信立人的美德。自从有了人类以来，诚信就是人类生活的重要话题，不论是个人还是组织都要与他人或群体建立良好的信任关系，那么怎么能建立信任关系呢？这就需要大家彼此要诚信以对，社会学家侧重于从社会关系、社会网络、社会互动的角度来研究诚信。法治和刑罚着重于惩罚那些已经违法犯罪的人，是治已病；而道德教育和德治则着重于对违法犯罪前的教育和预防，是防未病。如果没有道德教育，没有荣辱观念，没有羞耻之心，个人都信奉自私自利、损人利己的价值观念，社会就会失去了信任的道德基石，人和人之间的交往就无法进行。正如大家所知，中国一直以来都是一个关系本位的社会，诚信也蕴含了重要社会资本之义，中国人采取社会行为的很大原因是因为正式或非正式的“社会关系”，关系是了解中国人社会行为的核心概念。我国社会学家郑也夫曾指出，“以过去的经验去预见未来，正是信任的一种根据和形式”。正是因为之前的行为是诚信的，所以产生了彼此信任。诚信这一传统美德在新时代下也被赋予了丰富的新的时代内涵，加强诚信建设日益成为中华民族伟大复兴过程中的重要内容。诚信是做人做事的基本准则，子曰，“人而无信，可知其可也”。其意是说，做人必须要言而有信，有了诚信，人才能在社会上立足，才能使他人信服，才能得到别人的尊敬。所以，就个人而言，诚信是高尚的人格力量；就企业而言，诚信是宝贵的无形资产；就国家而言，诚信是良好的国际形象。新时代的社会主义诚信，不仅是做人做事的基本准则，更是社会主义道德建设的重点，同时是实现中华民族伟大复兴题中应有之义。诚信是加强一切职业道德建设的根本立足点，将“诚信”融入职业道德的各个领域，要求各个行业的从业人员，都要培养诚信观，忠诚自己的职业，信守自己的承诺。

诚信能够促进公平正义的实现。诚信素质的提高，能促进人们相互信任、真诚相待，产生真挚的情感，充满友爱，奠定社会安定有序的情感基础，使社会成员能够按照高尚道德严格自律，有助于消除社会矛盾激化的潜在因素，从而维护社会的安全稳定；使社会成员增强规则意识，有效地消除社会行为的无序状态，达到社会运行的规范有序。我们的诚信观与西方是不同的，西方的诚信具有他律性，在西方，人的本性是“经济人”，生来就是利己的，不会顾及他人的利益和社会的发展，为了实现一己私利来决定自己的行为。为此，社会必须从外部对其进行防控，制定完备的法律和法规来约束人们的行为，由此人们在交往中产生了承诺、约定和契约等，逐步就有了诚信道德的观念和原则，西方契约论的一个基本前提就是诚信原则，西方的诚信是一种契约责任，它以法律为基础，目的是维护国家利益，其诚信之义更多的是体现在法律意义上的，重理性和法理，重功利和好处，进而建立完备的信用体系。而中国传统思想中的诚信具有自律性，早在先秦时期，儒家就提出了“诚”“信”概念。在中国传统思想中，诚信不仅是一个基本的伦理概念，更是人们立身处世的基本品质。诚信之义要求人们待人处世真实诚恳、以信取人，做到言必行、行必果、一言九鼎，一诺千金。对行为人的约束是通过荣辱感、信念、良心等内部力量的一种自我要求和克制，完全是一种源于内心的自我约束，违反诚信的人可能会遭受社会舆论的谴责和良心的诘问，但是不会受到任何外在的惩罚与损失。

正因为我们一直以来诚信都是依赖自律，个体是否诚信可靠，诚恳待人直接影响着社会公共秩序的和谐与稳定，如果每个人都以诚信的品格与他人交往，那么这个社会的治安秩序就会越来越良好，人与人之间也会建立一种良好的诚信关系。社会信任与对角色扮演者的期望密不可分，每个社会个体在不同的社会化阶段中都扮演着多个角色，即与特定身份相一致的一整套权利、义务规范与行为模式。诚信是人与人之间产生信任关系的纽带。正如我国社会学家费孝通所言，中国社会结构和西方不同，其就像是把一块石头丢在水面上所发生的一圈圈推出去的波纹，是“差序格局”的社会，其社会关系是以“自己”为中心，逐渐从一个一个人推出去的，社会关系是一根根私人联系所构成的网络。中国人的信任关系的建立习惯于从关系的亲疏远近划分为不同层次，通常情况下比较信任亲密的朋友和熟人，如果交往双方互动时间长、频率高，在频繁互动中对方诚信度很高，即会认为对方是可信的，且对对方印象比较好，便会产生对个体的高度信任感。组织化的群际信任更多地出现在现代的陌生人社会中，社会流动性大，社会分工更加细化，社会组织规范，人与人之间的互动和交往不是单纯地基于情感，更多的是基于诚信的互动规则而产生的信任关系，这其实也是社会发展的一种必然，所以在现代社会诚信尤为重要。

中国共产党成立后，在新民主主义革命和社会主义革命和建设中，进一步加深和丰富了对诚信的认知，把诚信提高到党的建设的高度。毛泽东同志提出实事求是的思想路线；邓小平同志也指出解放思想、实事求是，反对说空话、说假话、说大话；胡锦涛同志倡导社会主义荣辱观，提出以诚信为荣，以见利忘义为耻；2012 年召开的党的十八大，习近平总书记提出要积极培育和践行社会主义核心价值观，“富强、民主、文明、和谐；自由、平等、公正、法治；爱国、敬业、诚信、友善”，诚信作为社会主义核心价值观的个人层面的表达，已经深深地根植于我们中华民族的每个人的内心里。诚信的政治品质，使中国共产党时刻牢记为人民服务的宗旨，始终把人民当家做主作为执政的根本出发点和归宿；使中国共产党不断探寻实现人民民主的有效途径；使中国共产党保持党同人民群众的血肉联系，不断提高中国共产党的执政能力和拒腐防变的能力。

第二节　大学生明礼诚信品格塑造的意义

目前，在校大学生的明礼诚信意识、明礼诚信品质、明礼诚信行为，关系到良好社会风尚的培育，关系到中华民族伟大复兴的实现，在一定意义上还关系到中华民族的未来。明礼诚信既是大学生将来实现中国梦的内涵发展途径，也是未来社会对当代大学生的期望。

诚信作为明礼的一种内化形式，是个人的立身根本、处世法宝。中国古代思想家强调“正心诚意”对于一个人道德修养的重要性，认为修德的关键是要有一颗诚心和一份诚意，诚意的程度决定了修德的高度。所以，每个有德之人都要做本色人，说诚心话，干真实事。然而，当代部分大学生的明礼诚信问题并不乐观，成为大学生思想品德教育的一大难题。在我们校园内仍有许多不知礼、不守礼、不文明的行为。例如，不尊重同学、老师，吵架、打架、偷窥、公共场合大声喧哗、乱丢垃圾等，这些都跟一个受过高等教育的大学生的身份是极不相符的。判断一个人是否为一个合格的大学生的最基本、最直接的依据是其礼仪修养水平的高低，每个人的文明程度不仅关系到自己的形象，同时也影响到整个学校的精神面貌乃至整个社会的精神文明，可见进行明礼教育是十分必要的。

当前，我国正处于社会转型的关键时期，由于体制机制建设的不完善和市场经济快速发展带来的急功近利心理，社会上出现了形形色色的诚信危机，诸如有人无视基本商业信誉，以次充好，短斤少两，发布虚假信息；有人违背经济活动基本准则、言而无信，视合同为儿戏，甚至订立虚假合同；还有人不顾人民生命财产安全，在食品、药品生产中丧失道德良心，偷工减料，谋财害命。通常情况下，大多数人都建立了个人道德行为标准，这些标准起着自我调节作用，可以引导良好的行为和制止不良行为，而与这些标准相抵触的行为则会导致个体的内疚和自责，个体的行为方式通常与其内部的道德标准相符合，多数大学生思想道德素质不错，自立自强、自信阳光、积极向上，但不可否认的是在这种诚信危机的影响下，一些自身修养不高，自律能力不强的学生，极易受到社会上失信败德行为的影响和误导，诚信缺失的现象时有发生，精神世界匮乏，缺乏理想信念、明确的目标和坚定的信仰，整天浑浑噩噩，道德观念淡薄，自我意识错位，个人主义情绪高涨，只关注个人利益，具有强烈的功利主义和享乐主义思想，只追求金钱，没有诚信意识，更不用说主动承担社会责任了，这些都是良好品格的缺失所造成的，当代大学生诚信缺失问题是一个亟须解决的问题。

尽管各高校都制定了严格的监考制度和严肃的考场纪律，但一些大学生为了赢得评优评先的名额，还是不惜冒险采取各种五花八门的作弊手段；在毕业前期，毕业生抄袭论文的现象也时有发生，东拼西凑以应付老师；快要毕业的大学生为了在激烈竞争的就业市场上抢占有利机会，往往通过各种方式来包装自己，有的大学生甚至会造假履历，这些也是用人单位对大学生的明礼诚信认可度不高的原因之一。助学贷款是国家为缓解高校贫困家庭困难大学生的就学压力而设置的一种无担保的信用贷款，即在校大学生以信用方式向银行申请发放的助学贷款。由于我国还未建立完善的个人信用系统，所以未来的还款主要是建立在大学生明礼诚信道德基础上的，而某些大学生却钻此漏洞进行谎报。无诚业难立，无信事难成。作为具有较高文化知识层次和道德素养的大学生群体，要不断加强自身的诚信修养，努力把自己培养成为重信誉、讲信用、守诺言的道德楷模。

大学生的全面发展，不仅仅是知识的丰富和技能的提高，而且是科学文化素质和思想道德品格的全面发展，促进大学生诚信品格的形成对促进人的全面发展，提高全民族素质，具有重大意义。培养大学生就必须坚持以人为本，以大学生全面发展为目标，教育引导大学生既要学会做事，又要学会做人；既要打开视野、丰富知识，又要增长创新精神和创新能力；既要发展记忆力、注意力、观察力、思维能力等智力因素，又要发展动机、兴趣、情感、意志和性格等人格因素；既要增添学识才干，又要增进身心健康、心理要阳光。一方面，大学生的诚信品格关系着大学生的全面发展，关系着社会良好风气的形成，关系着中华民族伟大复兴的进程，关系着祖国的未来。大学生要肩负起实现中华民族伟大复兴的历史重任，就必须要加强诚信道德建设，把诚信作为高尚的人生追求、优良的行业品格、立身处世的根本准则。诚信是做人的基本道德底线，缺乏诚信修养的人在人格上是不完善的，无法实现自我完善与发展，所以诚信是大学生安身立命的根本。另一方面，明礼诚信是大学生进入社会的“通行证”，明礼诚信是大学生全面发展的前提，明礼诚信是大学生全面发展的助推器，只有以诚实守信为重点，加强塑造道德修养，诚心做事、诚实做人、言行一致、表里如一，才能不断提高思想道德素质、科学文化素质和健康素质，实现全面发展。要加强社会主义民主法制教育，加强人文素质和科学精神教育，加强集体主义和团结合作精神教育，促进大学生思想道德素质、科学文化素质和健康素质协调发展，引导大学生在增长科学文化知识的过程中提升思想道德素养，培育大学生的理想人格，讲求道德修养和道德上的自我教育，以诚心诚意和信念坚定的方式来进行自我改造。

理想信念既是一种思想认识，又是一种庄严承诺，还是一种实践行动，明礼诚信是大学生树立理想坚定信念的基础。一个没有良好明礼诚信品德的人，不可能有坚定的理想信念。诚信构筑国德，支配国运，没有诚信的国家，就不能拥有长久向上的国运。诚信是传承中华民族的传统美德和中国革命传统的基本要求，一个在平时不讲明礼诚信的人，不可能在关键时刻为崇高的理想信念而作出牺牲。诚信是一切道德的基础和根本，是一切制度和规范得以确立和运行的基础，是整个社会赖以生存和发展的基础，也是一个人思想道德素质最核心的外在表现，诚信是现代社会生活中每个人的立身之本，只有把诚信作为完善人格来追求、来体验，才能自觉地启发诚信意识，达到更高的人生境界。

明礼诚信是中华民族的传统美德，我国传统文化中非常重视诚信，把诚信作为立人之本、立政之基，作为基本的品德修养和行为规范，诚信作为一种美好的道德品格一直为社会所推崇和提倡。“诚”不仅是道德和善良的根基，同时是一切事业得以成功的基石。“信”标志着一个人的形象和声誉，也是一个人最起码的道德品质。诚信是个人修道向善的内在要求，也是实现自我价值的重要保证。明礼诚信是规范个人与个人、个人与社会之间相互关系的道德品质和行为准则。就个人而言，明礼诚信是高尚的人格力量，是一个人立身处世的行为准则，是一个人凸显品质的集中体现，是衡量一个人品行优劣的道德标准；就单位而言，明礼诚信是宝贵的无形资产；就社会而言，明礼诚信是正常秩序的运行基础；就国家而言，明礼诚信是良好的国际形象，它对民族文化、民族精神的塑造起着不可缺少的作用。当代大学生是祖国未来的主人，没有明礼诚信的品德，就担当不起自己肩负的重任。作为新世纪的大学生，作为中国梦的圆梦人，大学生是社会的高素质人才，将担当社会重任，应该具有恪守明礼诚信的品质，自觉维护有信誉、讲信用、守诺言的良好品格。我们在学习好科学知识的同时，更应该加强自身道德品质的培养，树立诚实守信、从我做起的世界观和人生观，发扬团结互助、明礼诚信的精神风貌，以饱满的态度迎接未来的机遇和挑战。因此，高校的思想品德教育应着重于培养明礼诚信的大学生。

在新世纪新阶段，随着经济全球化的深入发展、社会主义市场经济体制的完善，党提出了依法治国和以德治国的基本方略，把明礼诚信建设摆到了更加突出的地位。市场经济正常运行需要经济主体守信用、遵守契约，民主政治良性发展也需要社会主体遵纪守法、相互信任。大学生只有努力培养诚实、守信用的优良品质，奠定立足现代社会的道德基石，才能成为高水平的党政人才、企业经营人才、专业技术人才，承担起全面建设社会主义现代化的重任。要以明礼诚信为重点，全面加强大学生思想道德建设。

“诚信”还是市场经济领域中基础性的行为规范。当代大学生在未来市场经济中起着重要作用，是国家市场经济中的高级人才，如果缺乏明礼诚信，就建立不了现代化的市场经济体系。在公民道德建设中，突出强调“诚信”规范，无疑对于完善社会主义市场经济体制具有推动作用。社会主义市场经济是前所未有的创举，我国自建立社会主义市场经济体制以来，经济发展就已经驶入了快车道，成就巨大，举世瞩目。但是，我们也看到社会主义市场经济遇到过挫折和困难，经济领域的一个严重问题就是假冒伪劣、欺诈等恶性竞争行为十分猖獗。假冒伪劣和欺诈行为所导致的诚信危机已经给人民、企业和社会带来了深重的灾难，一些企业和个人，不是把企业的经营效益和个人的收益寄托在“诚信”之上，而是豪赌在歪门邪道上，幻想在一夜之间通过不法、不当的手段暴富。因此，真正的治本之道是要建立与社会主义市场经济体制相适应的诚信体系，诚信是保证社会主义市场经济有序运行的需要。一方面，要靠法律的严厉制裁，我们可以用法律的手段，来维护市场的秩序；另一方面，我们必须用道德的力量，靠道德、靠诚信教育，营造一个“诚信才能致富，欺诈必定破产”的社会道德和舆论氛围，以诚信的觉悟来维护正常的市场经济秩序。没有诚信经营，市场经济就不能有序地运行，市场经济的有序运行，不仅需要法律法规的保障，同时也需要各市场主体道德的约束，从而确立社会主义市场经济的基础性道德准则。

第三节　大学生明礼诚信品格的培养

当代大学生是中华民族的希望和未来，是社会主义事业的建设者和接班人，他们的诚信状况将直接关系到我国社会主义现代化建设能否顺利进行。作为培养人才的高等院校必须引起高度重视，进一步加强大学生的诚信教育，促使每一位大学生都自觉养成诚实守信的品质，以大学生全面发展为目标，深入进行基本素质教育，使大学生做到德才并进、全面发展。

“人无礼则不生，事无礼则不成，国无礼则不宁”，精辟地阐明了礼仪的重要意义及作用。“礼”作为人类历史发展中形成的一种文明，不仅是社会生活中的要求，也是个体、群体、组织乃至一个民族道德修养和一个国家文明程度的标志。明礼诚信教育，路漫漫其修远兮，要把中华民族传统美德教育同新形势下公民基本道德规范教育结合起来，要以人民服务为核心，以集体主义为原则，以诚实守信为重点，广泛开展社会公德、职业道德和家庭美德教育，引导大学生自觉遵守文明诚信。“信者，行之基”。明礼诚信，是大学生成就事业的立身之本，也是其造福社会的一项基本前提。在校期间大学生打下良好的明礼诚信根基，不仅可以使其受益终身，更是我们实现中华民族伟大复兴的可靠保障。

一是通过学校的教育主渠道开展明礼诚信教育。一方面，高校要全面开展明礼诚信教育，将“礼仪”“礼让”渗透到大学生的学习场所、公共场合和家庭生活中，要求每一位大学生在学习上认真刻苦、专心致志；在生活中注重言行举止，穿着得体、打扮适宜，为人处世做到彬彬有礼、平等友善，待人接物做到落落大方、谦虚有礼，充分发挥“老吾老以及人之老，幼吾幼以及人之幼”的精神，对长者尊敬，对幼者慈爱；在处理人与人、人与社会、人与自然的相互关系中能够做到相互尊重、坦诚相待、文明礼貌、助人为乐、爱护公物、保护环境、遵纪守法等，遵守社会公德、维护公共秩序、维护国家安定团结。另一方面，切实提高大学生诚信素质。思想政治理论课程是我国高校思想道德教育的主阵地和主渠道，也是大学生诚信教育的重要途径。高校老师应该在有关必修课程中有的放矢，合理安排教学内容，改进教学方法，强化诚信教育的有关内容，及时制止大学生中发生的不诚实、没信誉、不道德的行为。比如，严格考试纪律，防止大学生考试作弊，对于作弊的大学生要按照学校规定处理，不可姑息；对于抄袭作业、论文的同学要及时批评和教育相结合，引导和管理相辅相成，从而减少大学生欺骗、违纪的行为，营造良好的学风，树立明礼守信的道德风尚。

二是大学生们应在道德实践中培养明礼诚信的品质，努力提高自己的素质，积极开展明礼诚信建设的多种实践活动，大学生要积极参与道德实践活动，不仅要学习自己身边讲文明、讲诚信的榜样，还要从自己的言行细节着重培养。“少成若天性，习惯之为常”。讲道德从实践做起，能从情感体验到情感的升华再到行为的实践，把道德的要求提升到自己情感的要求，从情感的需求提升到自然而然地去做自己应该做的，潜移默化地培养明礼诚信的品格，使之外化于行而内化于心。强化大学生的明礼诚信素质，全面开展学校明礼诚信建设的多种实践活动，强化大学生的明礼诚信素质，净化育人环境，在大学生中树立明礼诚信的风气。学校可以举行各种演讲比赛，鼓励大学生们谈谈自己对世界、人生、社会和朋友的各种看法，以此为突破口，赞颂诚信新风，鞭挞不诚信现象，激励大学生从自我做起，从现在做起，诚信做人，倡导校园诚信新风尚。加强大学生明礼诚信教育，在大学生的日常学习生活中，教育大学生通过内省、自查、克制等方法来检查自己是否做到了诚信。学校可以把诚信作为大学生评优评先的指标，实行个人发展综合考评制度，每年对大学生的德智体美劳进行全面评价，把考察大学生的诚实、信用等资质作为重要指标，把大学生诚信教育与学校校风、学风建设、“文明高校”和“安全文明校园”创建活动结合起来，与国家助学贷款、勤工助学等工作开展结合起来。在高校，要建立大学生社会个人信用联合诚信系统，设立大学生的明礼诚信档案，并建立统一的数据库管理查询系统，把大学生有关个人信用情况，如各科成绩、在校获奖情况、参与社会实践情况、在校期间的品行情况、申请国家助学贷款情况等记录存档，由辅导员统一管理。一方面将良好的个人信用档案作为大学生的另一张“身份证”，促使大学生珍惜和维护自己的诚信形象；另一方面也可作为就业推荐的依据，让用人单位对大学生的成长过程一目了然。诚信档案的推出将给在校大学生一个明示：做一个诚实守信的人将受益终身，投机取巧则会得不偿失。通过对个人明礼诚信如包括身份证、户籍、家庭情况、居住地、就读情况、助学贷款、就业情况、工作单位、社会保险、信用情况、曾获得荣誉和处分、基本经历、学习成绩等建立通用档案，由学校某个部门统一管理，供所在院校、就业单位以及各金融机构查阅，从制度上约束大学生的信用风险。同时加大对大学生失信行为的处罚，因为对失信的宽容就是对诚信的伤害，作为学校的管理者，应加强校规校纪建设，严格管理，对于考试作弊现象一经发现坚决处理，绝不能有半点姑息；教学管理上实行宽进严出的制度，对于失信的大学生、混文凭的大学生坚决淘汰。在广大学生中树立“重信誉、讲信用”的样板，激励和影响其他大学生，将“诚信”作为大学生的立身之本，作为一个社会发展的基石，抨击在市场经济的大潮中迷失自我、急功近利、弄虚作假、伪善欺诈的行为，转变人与人之间互不信任、相互欺骗的严重扭曲人与人之间关系的社会风气，倡导真诚坦白、和睦友善，以诚信促发展，以发展促和谐，实现经济、社会又好又快地发展。还可通过大学生自评、同学互评、老师评议对大学生进行明礼诚信度的测评，其基本途径是通过对在校本科生、研究生发放诚信调查问卷，主要从学术诚信、信贷诚信、就业诚信、生活诚信等方面着手，深入了解在校大学生过去、现在的明礼诚信状况，进一步预测大学生个人明礼诚信道德的发展趋势，探寻提高大学生诚信意识、建设明礼诚信校园的有效措施，以此在大学生中形成一股良好的风气，强化大学生的自律意识，在发挥他律作用的同时积极引导大学生从他律走向自律。

现代社会生活多种多样，给了我们每个人选择自己生活方式的自由和权利，但不论怎样选择，都不能离开做人的底线。大学生作为今后走向社会的重要群体，必须树立明礼诚信意识，形成良好的道德情操和道德修养，自觉遵守道德规范，进行道德自律，这是当代大学生必须具备的最基本的道德素质，也是走上社会后以德立身的基本要求。大学生时期是个体形成自觉道德意识的重要阶段，在这个时期形成的思想道德观念对他们一生影响很大。加强和改进大学生思想政治教育，就应该把帮助和促进大学生形成良好的明礼诚信品格摆在重要位置，教育引导大学生明确在新时代下应该“做什么人”和“怎样做人”，在实践中积极践行。

三是从社会学意义上来说，大学生的道德社会化是指通过各种途径对大学生进行思想观念教育和道德规范教育，对大学生施加有目的、有计划、有组织的影响，向大学生系统地传播社会的主流文化价值观，帮助大学生形成社会所认可和需要的政治素养和思想品德素养，使大学生形成符合我们社会所需要的思想品德，在内心认同社会规范，既促进大学生更好地适应社会，又为社会发展培养了未来高素质的储备力量。大学生在多元的思想价值变化中，时常会感受到社会的价值观与个体的价值观的相互冲突，尤其是随着物质生活条件的日益提高，反而失去了精神世界的依托，部分大学生意志力薄弱，没有信仰、信念，道德社会化过程面临着前所未有的挑战，“德育”和“情商”方面的社会化功能大大降低，其实这也是一种“失范”现象，如果社会化主体引导不利，思想道德社会化的不充分也会导致大学生文明诚信教育的失败。大学生在曾经的社会化学习过程中内化了社会潜在的道德行为准则，并在自己遵守行为准则时获得自我价值，在违反行为准则时遭受自我道德谴责，这种道德谴责会限制不规范行为的发生。社会心理学家班杜拉发现

“高道德推脱”在道德自我调节过程中起着重要作用，可以使个体的道德自我调节功能有选择地激活和失效，“高道德推脱”就是降低自己的道德认知标准，使道德机制对个体不良行为的调节失效。有些青年大学生则因社会化功能的不足或失败，就会出现“高道德推脱”的情境，以降低或弱化自己的道德准则来获得内心的平衡，摆脱自我谴责。道德推脱这种不良品格对大学生的错误行为有显著的正向影响，对大学生的亲社会行为和内疚感有显著的负向影响，并且道德推脱可以产生不诚信的行为。对同一群体的追踪研究结果表明，个体道德推脱水平与其不诚信程度有显著的正相关，并且通过个体的道德推脱水平可以很好地预测其之后的过错行为、消极行为及各种不文明诚信行为。高道德推脱者道德认知水平处于较低层次，缺乏基本的道德良心，存在严重的品格缺陷，对自己的道德要求较低，会尽最大限度地减少自己不诚信行为的责任，所以具有“高道德推脱”的青年大学生比其他大学生发生不诚信行为的可能性更大。

健康的社会化环境可以使个体成长为合格的社会成员，具有优秀的社会品格，而不良的社会化环境会使个体的社会化朝着错误的方向发展，品格出现问题，随之而来的是产生消极的社会行为。个性心理包括气质、性格和能力三部分。其中的气质是先天的，气质是以人的高级神经活动的类型为生理基础，后天的环境因素只能改变气质的具体表现形式，但很难改变人的气质；后天的品格是在社会化过程中形成的，是以后天形成的暂时神经联系为生理基础，虽然这种暂时神经联系的形式是以先天的高级神经活动为前提，但个体后天的生活经历和经验是可以决定其品格的，品格在个体的社会化过程中形成并得到发展形成独有的个体特点。因此，气质具有明显的先赋性，而品格是后天获得的，具有明显的社会性。正是因为如此，从社会化意义上讲，气质受社会化的影响不大，而价值观、品格、精神的形成可以由社会化过程直接决定。比如，在经济迅速发展的今天，在市场经济转型的过程中，社会文化思潮的多元化使各种社会价值体系交织在一起，价值观没有完全成熟的部分大学生往往无所适从，更容易受到外界误导。社会上出现了过度追求经济利益的功利化现象，追求奢侈、高消费的不良社会风气迅速在大学生中蔓延，社会上不健康的价值观导致部分大学生过度追求物质享受而轻精神需求，产生了对金钱的强烈畸形需求，“金钱至上，有钱就是有面子”，引起青年大学生心理普遍存在着或多或少的消极情绪，易形成不诚信的品格，这些不良的情绪和品格会引发大学生的消极情感体验，产生大量的负面效应，产生悲观心态，在竞争中弄虚作假，采取不诚信的行为方式来获取不当利润。

四是大学生是国家的未来，是国家意识形态的重要阵地，重视对大学生的德育教育，形成较完善的“品格社会化”机制，积极培养大学生的“明礼诚信”观念，并内化到他们的价值观中去，为实现我们的中国梦释放出最大的能量。实现伟大的中华民族复兴梦，必须从学校抓起。教育是一个持续而长期的事业，“十年树木，百年树人”，我们国家要实现中国梦，建设好中国特色社会主义，必须把具有“诚信精神”的社会主义价值体系渗透到学校的思想政治教育中去，用“中国精神”引导青年大学生们树立正确的人生观、价值观和世界观，提高大学生的爱国意识和时代意识，提升他们的思想境界和道德情操。

我国文化建设的方向是建立社会主义核心价值体系，建设社会主义和谐文化，允许多元社会文化同时存在，大学生时期是个体的认知体系正在定型的阶段，其人生观、价值观、世界观和道德观都在发展变化，但是随着社会主义市场经济为导向的发展趋势，一个不容回避的问题摆在我们面前：原有的道德规范受到来自各方面文化体系的冲击，约束力不断减弱，不能有效地调节人们的言行，社会主义核心价值观指导作用乏力，多元价值体系的并存产生了很多“后遗症”，带来了一系列的问题。大学生品格、心理还没有完全定型，更易受到不良价值观、世界观、人生观和道德观的影响。一方面，在面对社会出现的各种新情况时，各种价值文化的矛盾和冲突往往使大学生社会化出现障碍，导致大学生在认知的选择上出现迷茫，认知体系中的诚信内容因为受到不良影响发生了畸变，产生了认知体系错位和认知扭曲，错误的认知体系为大学生的不文明诚信行为提供了理念支持，部分大学生不能建立正确的核心价值观念体系，没有正确的荣辱观和道德观，产生了个人主义至上的思想，从而导致个人主义、自由主义蔓延，个人的利益高于一切，形成以经济利益为中心的价值观，推崇“金钱至上、享乐主义”的道德价值观，传统的“重义轻利”的价值标准被替代为“重利轻义”，追求物质享乐，寻找感官刺激，采取欺骗等不诚信行为去侵犯他人和社会的利益，以满足自己的需要；另一方面，错误的认知体系使大学生过大地夸大了社会生活中的负面因素和消极信息，把非主流价值观误认为是主流现象，以错误的人生观为价值导向，从而形成了阴暗的世界观，容易产生对社会不满的情绪，必然不能正确对待自己和他人、社会的关系，一旦遇到小的矛盾和冲突，错误的认知就会与不良的诱因或刺激相结合，形成不良动机，作出不文明诚信的行为。

美国著名教育学家在《民主主义与教育》一书中指出：“有意识地控制着大学生所受教育的唯一方法就是控制他们的环境，通过这样的环境来影响受教育者的智力倾向和道德倾向。”其实大学生青年期的继续社会化失调也会给大学生的成长环境带来困扰。家庭成员中的主要力量在急剧变迁的社会生活过程中，需要不断地接受新的价值观念，适应新的生活方式，家庭生活中的角色内涵也在不断发展，这些都需要成年父母担负好家庭和社会的责任，不断地掌握新的知识，特别是树立正确的家庭观和婚姻观，在快节奏的都市生活和社会竞争中，充分扮演好自己的父母角色。然而在社会发展较快的过程中，成年人继续社会化也出现了很多新的问题，如在家啃老、心理失衡、道德失范等各种问题。父母是孩子最好的榜样，在潜移默化中会影响孩子的价值观、道德观、家庭观、伦理观、责任观的形成，所以成年人继续社会化功能的不足会直接影响到大学生的初始社会化功能的发挥。教育好孩子的前提是父母以身作则，能做好榜样作用，只有父母不断在社会生活中提升自身的道德素养、职业素养等各种品质，履行好家庭教育的真正职责，积极承担社会生活中的各种社会角色，才能为广大大学生提供正确的“示范”榜样。因此，单位、社区、各种社会组织等对大学生家长在继续社会化中的价值引导，让其能够正确地进行角色领悟，帮助家长形成社会发展所需要的道德品质和思想观念，让成年人正确认知到家庭在孩子社会化中的重要作用，营造良好的家庭文化和温馨的家庭氛围，引导家长将诚信教育渗透到家庭教育之中，从而提升诚信教育在促进大学生道德发展和人格发展中的积极作用，也是当前大学生诚信教育必不可少的内容。

五是加强学校主体德育社会化功能。大学生接受社会化的最正式、最有计划性的重要社会化场所之一便是学校，在学校系统性的教育中，大学生可以学习到最基本的生活知识和技能、思想品德规范，在与老师、同学的社会交往中会接触到各种亚文化规范。但目前很多学校教育面临的一个问题是思想道德教育只流于形式而不重视内容，这会导致大学生的思想观念紊乱、行为失范等各种问题，针对这些问题不论是学校领导还是一线教师都要深刻反思过于功利化的教育理念，充分认识到“立德树人、德育为先”的教育方针，认识到德育在学校教育中的主导作用和灵魂地位，革除应试教育的制度弊端，不以成绩论英雄，真正促进学生的全面发展。一线教师在德育教育方式上，不能采取以往传统的课堂讲授、理论灌输等单一填鸭式的灌输形式，要充分运用课堂活动、社会实践、讨论与发言等多种德育方式，改变过去学校教育过于死板的教授方式，不断更新德育教育的内容体系，贴近学生思想的实际需求和新时代发展的需要，与学生的实际生活结合在一起，着力解决大学生在社会生活中遇到的现实问题，不断提高大学生诚信教育的实用性，使学校诚信教育内容能与大学生的实际生活更接近，不断增强学校诚信教育内容的吸引力。

学校要加强对大学生的道德教育，提高大学生的道德认知和道德信念，让他们知道什么是优良的道德品质，培养社会主流的道德情感和道德信念，不断地提高自身的道德修养，从而确立一种正确、高尚的道德观。高校还要大力通过朋辈群体的影响，把社会主流价值观逐步转化为大学生个体内心的道德意识，形成朋辈群体的影响路径，大学生朋辈群体之间的社会化影响非常之大，可以让大学生个体组成不同形式的小组，组织小组成员进行讨论，小组成员通过对“诚信精神”的自我学习和合作学习，以及在小组中组织相关主题的演讲比赛、征文比赛，让同学之间相互影响。在朋辈群体的积极影响下，给大学生提供了源源不断的精神动力，促进大学生不断增强诚信精神，让大学生接受并逐渐内化中国梦的使命感和责任感，最终建构起对中国梦的共识，不仅要努力学好科学文化知识，还要提升自己的精神世界内涵，进行充分的预期社会化，做明礼诚信的好青年，做好成为中国特色社会主义事业接班人的准备。

六是自媒体时代不仅有广播、电视、报纸等传统媒体，更有微信、微博、论坛等自媒体形式，这些新媒体已经打破了传统的单向传递模式。高校要充分利用自媒体和传统媒体的优势，实现媒体优势互补，创造出新时代下易于被广大青年大学生所乐意接受的传播途径。传播诚信精神的理念，在传统媒体教育的基础上通过建立“中国精神”中国梦“社会主义核心价值观”等一系列的主题网站，凝聚创新、爱国的共同认知，积极搭建“诚信精神”主题媒体平台，有计划地开展“诚信精神”的宣传教育，广泛征集大学生“青春梦想”小故事，树立具有先进“诚信精神”的典型专栏，在官方微博和微信平台上不断报道具有“诚信精神”大学生的先进个人事迹，在微媒上开展大学生“诚信精神”演讲比赛和征文比赛，进行全新的、多方位的良性互动，让大学生在其中不断地受到积极、正面的影响，在潜移默化中内化时代精神和民族精神，让“诚信精神”为大学生的青春领航。

第五章　大学生文化品格之团结友善

第一节　团结友善的内涵

习近平总书记在党的十九大报告中提出："中国梦是历史的、现实的，也是未来的；是我们这一代的，更是青年一代的。中华民族伟大复兴的中国梦终将在一代代青年的接力奋斗中变为现实。"中华民族有着5000多年的文明历史，创造了灿烂的中华文明，中华民族也成了世界上最伟大的民族。但自从鸦片战争后，中国陷入了内忧外患、山河破碎、民不聊生的悲惨境地。为了中华民族复兴，中国人民团结起来，前仆后继地进行了不屈不挠的奋起抗争。在可歌可泣的推翻帝国主义压迫的民族革命和对内推翻封建地主压迫的民主革命中团结起来，"以爱国相砥砺，以救亡为己任"，最终在中国共产党的领导下改变了旧中国的社会性质，建立了新中国。作为新时代的大学生，应该顺势而为、团结起来，凝聚起磅礴合力的现代气魄，为实现中华民族伟大复兴而奋斗！

一、对团结品格的阐释

中华民族在延绵几千年的历史长河中，创造了灿烂辉煌的文明成果，形成了丰富全面的道德规范，孕育了优秀的民族品格和民族精神。团结友善是一个国家国民道德素质的基本规范之一，它指的是个体与个体在人际关系中应当如何相处的基本规范。团结和睦、友善待人是我们中华民族的传统美德，也是处理人际关系的准则，和谐社会的构建靠的是人与人之间的和睦相处。近代以来，当我们是一盘散沙的时候，在我们中国自己的地盘上，曾经被仅有4000多人的英国军队打败，签下了丧权辱国的《南京条约》，而当我们团结起来，面对全副武装的强大的美国军队时，我们在武器远远落后的情况下取得了抗美援朝的伟大胜利。2019年9月30日，习总书记在庆祝中华人民共和国成立70周年招待会上的讲话中指出："团结是铁，团结是钢，团结就是力量。团结是中国人民和中华民族战胜前进道路上一切风险挑战、不断从胜利走向新的胜利的重要保证。”历史的经验和教训告诉我们，只要全体人民心往一处想，劲往一处使，就能汇集成磅礴合力，尤其在我们实现中华民族伟大复兴之路上更要团结一起，共同实现中国梦。

作为公民基本道德规范之一的团结友善，有着以下显著的道德特征：建设中国特色社会主义的共同理想、信念和目标是倡导团结友善的思想基础；承认和允许客观差异，尊重个体差异，求同存异，在差异中求协调、求统一，是实现团结友善的基本前提；坚持真善美、反对假恶丑，是践行团结友善的基本原则和正确导向；追求和营造和睦、纯洁、尊重的新型人际关系，是达成团结友善的理想目标。总而言之，团结友善是社会稳定、和谐、井然有序的必然要求，也是每个公民在社会生活中获取合理的、正当的个人利益与实现人生价值的必要条件。团结就是力量，友善就是财富。只要人人都能做到“团结友善”，我们就能攻坚克难，化解矛盾，解决冲突，全面建成社会主义现代化强国。

要实现中国梦也不可能是一帆风顺的，可能会遇到很多困难和挫折，正因为如此，当前青年大学生面对社会日益多元化的思想观念，更应该大力弘扬“团结友善”精神。青年大学生要培养坚忍顽强的意志力，把团结友善等价值观念扎根在自己的内心深处，这也是大学生坚忍不拔的精神力量来源。青年大学生要将科学社会主义基本理论同我国的具体实践工作相结合，在我们新时代中华民族伟大复兴新的历史背景下，把传统的民族精神转化为时代精神，团结进取、与时俱进，不断地注入更多的中国精神元素，为实现自己的“青春梦”和祖国的中国梦提供强大的品格动力。

团结友善是我国公民基本道德规范，既包含了“统一”等传统道德的内涵，又反映了人类社会发展中“和而不同”“承认和尊重差异”的时代内涵。从社会建设的角度看，团结友善体现了我国各民族人民在根本利益一致的基础上追求稳定、和谐、统一的社会需求和道德理想。从人际关系的角度来说，团结友善是每个公民在处理人际关系过程中所应具有的道德追求，目的在于营造和睦融洽、齐心协力、友善相待、互相尊重的良好人际氛围。

二、新时代下的团结观

什么是团结？作为公民道德规范的重要组成部分，团结的基本内容是强调在追求共同理想目标的基础上，公民通过弘扬集体主义精神和团队精神，形成各个行业、各个部门、各个单位、各个群体的凝聚力，最终汇集为全民族、全社会的凝聚力。团结会产生钢铁般坚不可摧的力量，其结果就是形成高度的凝聚力。自从社会、群体概念出现之后，就有许多社会学家和社会心理学家开始了对群体凝聚力的研究。法国著名社会学家杜尔凯姆认为，群体凝聚力指的是把个体结合在一起的社会纽带，是一种建立在共同价值观、信仰、道德和情感基础上的个体与个体、个体与群体、群体与群体之间的以结合或吸引为特征的联系状态。他指出，尽管这种联系是无形的，它却是一种非常坚实的力量，没有其他群体可以取代其所在的群体，所有社会成员都要受到这股力量的控制和牵引。社会心理学家勒温将凝聚力定义为维系群体成员彼此关系的“黏合剂”，团队凝聚力体现出了团结、合作以及共同价值感、共同目标等精神象征，即有高度凝聚力的社会不是简单个体的总和，而是超越了总和，会产生一加一大于二的效果，形成最大的合力。

团结是为了共同目标而产生的凝聚力，团结的重要性尤为重要，凝聚力高的群体会产生积极的社交氛围，群体成员之间可以进行积极的交往，通过成员之间良好的合作达到个体和群体的共赢，提升了群体的绩效、竞争力和创造力。团结也可以指为了实现目标所表现出的一种向心力，是一个有着特定结构的社会对其成员的吸引力和凝聚力，是社会内部互相协调和依存的亲和力，是社会成员渴望留在其中的程度。凝聚力不是一成不变的，会因为某些因素发生变化而变化，是一个动态的过程，对于一个社会来说，对个体的吸引力越强，凝聚力就越强，其社会成员会产生强烈的归属感。生物有机体有着物质的界限和纽带，而社会则没有这种明显物质意义上的界限，需要依靠精神因素或力量实现其社会成员之间的联系，联系强度的大小就是凝聚力的大小，社会成员之间的凝聚力越强，成员之间的认可度越高、关系越紧密默契。

“团结就是力量”“兄弟同心，其利断金”“一个篱笆三个桩，一个好汉三个帮”这些都告诉我们个人的力量有限，团结在一起，其力量就是无穷的，产生个人无法达到的巨大力量，会产生较大的众人拾柴火焰高的效应。“头脑风暴”“群策群力”就会更好完成共同的目标。当然，人际交往中，不免会产生冲突、摩擦和矛盾，我们需要明白的是冲突在任何社会中都不可避免，关键是怎样理解冲突。当代冲突理论认为，没有一个社会系统能够整合得完美无缺。作为一个社会系统，冲突也是普遍存在的，社会中有冲突是一种符合进化规律的现象，是一个社会发展过程中的正常状态。齐美尔曾经指出，合作与冲突是人们社会交往的主要形式，在社会中完全协调一致的群体是不存在的。人们之间的接触越是密切，越容易产生分歧，在任何情况下冲突都是不可避免的，冲突是一种常态现象，所以我们处理冲突时不能简单、粗暴地压制。

我国全体人民的根本利益是一致的，不可否定的是，冲突在任何社会都会客观存在。冲突产生的几种情况：其一，不公平就会导致社会调节发生故障，无法满足社会成员的合理需求，不能有效地控制社会成员的行为和欲望，这在某种意义上说是一种“失范状态”。不公平的规范是不能建立起真正的有机社会的，更谈不上社会凝聚力，所以社会需要制定出一整套公平、公正的团队规范。当一个社会有了符合社会成员共同利益的目标时，每个成员才会真正地信服，然后从服从到同化再到内化为自己的社会行为规范，社会的凝聚力才会更强。其二，社会成员利益分配严重不平衡，档次差别出现严重失衡的状况，损害了某些成员的应得利益并超出其心理承受能力，那么这部分成员就会产生认知不平衡或认知失调，就不会认可社会的利益分配机制，受到不公平待遇的成员会产生相对剥夺感，进而引发不公平感和挫败感，社会成员之间可能会因为利益分配不公而存在不满和隔阂，他们就会出现各种社会冲突。要尽量缩小这种差别，从这些冲突中发现问题并加以解决，及时调整目标策略，将其调整到大部分社会成员都可以接受的程度，然后制定新的规范，充分调动起大家的积极性，增强社会的凝聚力，这就需要应用群众路线，“从群众中来，到群众中去”，在群众中进行广泛的调查研究，制定切实可行的方针、政策和路线，以符合最广大人民的根本利益，即共同获得利益，充分满足成员个体需求，缓解和分散冲突的能量，最终达到激发全体成员的积极性，提高社会整体凝聚力的作用。我们要学会区分冲突的类型并有效化解，还要强化团结友善的人际关系，必须加强人与人之间的相互理解、相互沟通，各地区之间、各民族之间、各群体之间和个体之间都会有局部利益上的冲突，要及时沟通，互谅互让，坦诚相待，互相新生，谋求共同发展。

团结不是无原则、无立场的，团结不是委曲求全，也不是一团和气，不能为了追求团结而放弃原则，反对不管是非黑白，不分善恶的庸俗“团结”关系，要培养有原则的、健康纯洁的人际关系。正如毛主席所指出的，对于政治领域的人民内部矛盾，实现“团结—批评—团结”的方针，在处理我们党内矛盾和人民内部矛盾时，就应该从团结的角度出发，通过查找问题、批评与自我批评，自我反省，找到问题的所在，最终达到团结的目的。所以团结不是做老好人、和稀泥，而是互相帮助，尤其是帮助对方改正错误、共同进步，这才是真正的团结，真正的力量所在。团结友善的基本道德要求贯穿于社会公德、职业道德和家庭美德三个方面的道德规范之中，建立团结友善的人际关系要建立在相互尊重的基础之上，所以同志之间要开展批评和自我批评是维护和保持团结的一种方式，不要人后讲人，要有话讲当前，与人为善，既要尊重他人正当的物质利益，又要尊重他人的人格尊严，讲求方式方法。当然，对于反对社会主义建设事业的敌对分子要坚决地与之斗争，对于出卖国家利益、破坏集体利益、破坏公共秩序、损公肥私、贪污腐败、欺压良善的人也要坚决地与之斗争。对于广大人民的敌人，是不能讲团结友善的，要善于与之斗争，否则就是对人民的不团结，就是对人民的不友善。

中华民族以5000年的悠久历史文化形成了友善的中华民族精神，“团结友善”作为中华民族的优秀品格，既具有优秀文化的历史底蕴，又可以不断地丰富文化的内涵。大学生的优秀品格也要与时俱进，坚持继承与创新，反映新的时代精神，既继承和发扬国内先进优秀文化，响应民族文化和民族文明，又能高效地应对并逐步吸收外来文化，从而使自身的品格具有更多的优秀内涵；团结友善品格还是一种精神文化的建设和创新，大学生要在优秀的文化传承中发扬团结友善精神，将团结友善精神和新时代精神融合起来，尤其是把中国人民团结一致的精神品格不断升华，形成“爱国奉献、开拓创新、坚忍顽强、兼容并蓄”高度凝聚力的中国文化软实力。

三、新时代下的友善观

何谓“友善”，简单地说，就是友爱与和善的统称。友爱就是指要与人友好，爱护他人；和善就是指待人要和蔼可亲，与人为善。友善包括宽容、理解、关心、帮助和肯定，友善是维系和谐社会的纽带，可以促进人类文明更好地发展。友善本来就是指人与人之间一种和谐共处、亲密无间的关系。友善也可以说是无私的帮助，共同的分享和相互的帮衬。马克思在《资本论》里揭示了资本主义的金钱社会，在资本主义社会中，金钱左右了道德，使人发生了异化，资本主义社会中的资本至上，以资本为本，资本力量独大将人与人之间友爱平等的关系抹杀，一味地强调金钱作用，这种金钱至上的价值观将会导致人与人的冷漠与麻木，缺少友善社会就会蜕变为弱肉强食，这就是我们所说的“社会达尔文主义”“社会丛林法则”，而社会主义制度的优势就是强调人民至上、人民的主体性，新时代党的奋斗目标就是实现人们对美好生活的向往，实现人的全面发展，实现共同富裕。在社会主义制度下，每个社会成员都是平等的，是相互友爱的，在根本利益一致的前提下相互友爱，友善让社会变得人性化，虽然马克思、恩格斯等未在著作中提到“友善”这个词，但是在对理想的共产主义社会中，“友善”已经成为一个高度发达的社会所必需的道德准则和标准。

2012年召开的党的十八大，首次用12个词24个字概括了社会主义核心价值观。党的十八大报告提出，倡导富强、民主、文明、和谐，倡导自由、平等、公正、法治，倡导爱国、敬业、诚信、友善，积极培育和践行社会主义核心价值观。社会主义核心价值体系是由马克思主义指导思想、中国特色社会主义共同理想、以爱国主义为核心的民族精神和改革创新为核心的时代精神、社会主义荣辱观四个方面构成。社会主义核心价值体系是兴国之魂，决定着中国特色社会主义的发展方向，而核心价值观是一个民族赖以维系的精神纽带，也是一个国家共同的思想道德基础。如果没有共同的核心价值观，一个民族、一个国家就会魂无定所、行无依归。社会主义核心观是在社会主义核心价值体系基础上提炼出来的，社会主义核心价值观是社会主义核心价值体系的内核凝练和集中表达，体现着社会主义核心价值体系的根本性质和基本特征，反映着社会主义核心价值体系的丰富内涵和实践要求。二者方向一致，都体现了社会主义意识形态的本质要求，是中国特色社会主义道路、理论、制度和文化的价值表达，是实现中华民族伟大复兴的中国梦的价值引领。生活在中国这个大家庭中的一分子，不论是哪个民族，都是中华人民共和国这个大家庭中的一员，我们有着相同的祖先、相同的血脉以及相同的文化根基，人与人之间应该是互相团结，彼此友善，建立相亲相爱的和谐关系。

友善品格传承了中华民族的传统美德，具有深厚的文化根基，是仁爱、和善精神的升华。我们自古以来就有“四海之内皆兄弟”“善不可失，恶不可长”“兼相爱，交相利”的文化传承，这些都揭示出了人与人相处时的宝贵经验和重要原则，传达出的道德思想就是互相有爱，就都能够得到利益，要爱人、助人、利人。因此，友善的内涵不仅包含着发扬人道主义精神，尊重人、理解人、关心人的简单内涵，还包括在不同意见面前能够心平气和，求同存异；在困难面前，能够同舟共济，共渡难关，在荣誉面前，能够相互谦让，以他人为先。

“爱人者，人恒爱之；敬人者、人恒敬之”“人而好善，福虽未至，祸其远矣”，这些都是人与人交往成功的秘诀所在，友善是个体更好地融入社会，团结他人的基础。团结是想要的结果，而友善则是达到这个结果的手段和途径，团结的基础就是要抱着友善和友好的态度，从善良的愿望出发，真诚地对待和帮助别人，才能够达到团结交往的效果。因为别有用心、不怀好意地去接近他人，当然达不到团结他人的目的。友善也是中华民族的传统美德，友善与团结密不可分，可以说是搞好团结的前提和基础。只有友好、友爱、友善，才能真正做到团结，《论语》中就有“有朋自远方来，不亦乐乎”的教导，做到友善也才能做到相互尊敬、相互理解和相互帮助，才能促进人际关系和谐发展。我们拥有同一个伟大的梦想，学会互相包容、互相理解，以友善对待所有人。

当前我国社会进入了转型的关键时期，各种利益冲突不断加剧，社会矛盾也日趋复杂。友善是解决冲突的良方之一，只要是出于公心、善良之心，冲突并不可怕，尤其是遇到问题时，不论其是领导干部还是普通公民，不论其职位高低，对待职位高的人可以做到友善，对待职位比自己低的人也能做到同样的友善，这种一视同仁的友善便是真正的友善。在处理人与人之间的关系时，首先从态度上要友善地去解决，互相从对方角度考虑问题，互相体谅，以大局意识、团结意识、群体意识、协作意识和服务意识出发去解决问题，本着助人为乐、增进团结、友善待人的原则，则冲突和矛盾就能很快、很好地得到化解。社会成员间的友善行为可以促进社会形成良好的风气和氛围，若每个人都以友善之心待人，则社会将成为美好的人间。

在实现中华民族伟大复兴的关键时期，更应该提倡“友善”的价值观念，这是一种双向互动的过程。当在人际交往中出现问题的时候，不能吹毛求疵，多想想自己的问题，用真诚与善良为人处世，就会化解一切冰冷与矛盾。孔子曾经提出了“仁者爱人”的思想，对待他人要有同情心，要乐于助人；孟子认为友善要有恻隐之心，“老吾老以及人之老，幼吾幼以及人之幼”，要求人们不仅要爱自己的长辈和子女，还要以恻隐之心对待他人的长辈。在中华几千年的伟大文明中逐渐沉淀的“仁爱”思想，凝结了人们对友善的共同认知，尊重他人、爱护他人、帮助他人。与人为善是友善的重要内容，处于友善内涵的较高层次，与人为善的根本要求就是要把其他社会成员当成自己的家人，当成自己的朋友。“仁义之人，其言蔼如也”，以心平气和表现出来的人的高尚的道德涵养和伦理情怀，人与人之间要和平相处，弱有所扶，一人有难，众人施出援手，一方有难，八方支援。

大学也是一个“小社会”，处在这个社会中，我们就必须学会人际交往，处理好所遇到的不同的事，友善是大学生人际交往中必须具备的道德规范和基本准则。“送人玫瑰，手留余香”，友善是人与人之间交往的重要基石，友善是一种高尚的道德品格和人际交往的道德规范。友善是一种重要的品质和美德，是人与人之间弥足珍贵的感情，是公民应具备的基本道德修养和道德规范，是仁爱之心的外在表现，正是由于友善等优秀道德品质的推动，中华民族才能众志一心，历尽风雨而巍然屹立于世界东方。

团结友善所倡导的互利性、团结性和友善性也是我国先进精神文化必不可少的内在要求。“己欲立先立人，己欲达先达人”。我们在交往中，要用宽容、谅解去包容别人的错误，不能针尖对麦芒，必须要分清楚对错是非，以友善的态度处理人际关系。社会主义市场经济体制下的竞争是良性的而不是恶性的，是合作共赢的竞争，而不是零和博弈，要兼顾自己的利益、他人的利益，友善也可以被看作顾全大局的品格，能平衡义与利，不被利益冲昏头脑，在利益面前不斤斤计较，尤其是涉及彼此利益时，只为一己之私利，便不是真的友善。人人先从自身做起，从一点一滴开始做到，尊重他人、理解他人、包容他人，为他人着想，拥有宽厚的品质，创造出高度的社会凝聚力，营造出一个团结友善的社会环境，以友善来促团结，以团结促友善，把团结友善的精神发扬光大，把中华民族的优良品格传承和发扬下去，在共同实现中华民族伟大复兴梦的过程中形成一种“行善者受惠，作恶者受损”的社会氛围，共同推动社会主义现代化建设的良好局面，向伟大中国梦的目标前进。

友善是一种全方位的道德要求，还包括理解、宽容、关心、帮助和肯定。在人际交往中出现分歧、纷争时，能心平气和地站在对方的角度思考问题；对待别人的困难，能给予一定的物质和精神上的帮助，能做到“雪中送炭”，这就是友善；对于社会规则的自觉遵守，对于他人表现出来的善意，对待周围的人要像对待自己的兄弟姐妹一样，正如老子教导我们“居善地，心善渊、与善仁、言善信，政善治，事善能，动善时”，这些古训都是教导我们在人际交往过程中要存善、言善、做善，从而形成亲和友善的融洽关系，这些都是友善的内在之义，在人际关系中发挥着越来越重要的作用。

第二节　大学生团结友善品格塑造的意义

团结友善是基本的公民道德规范，大学生正处于思想转型的重要时期，其人生观、价值观、人生观尚未完全定位，可塑性很强，因此在我们中华民族圆梦的重要时期应当大力倡导“团结友善”教育，努力培养大学生的“团结友善”品格，培养新时代高素质的新时代接班人。青年兴则中国兴，大学生作为青年的主要力量，是走在时代前沿的社会群体，团结友善精神及品格的培养直接关系着我国社会未来的主流价值观的发展趋势。青年大学生团结友善品质的培养是对中国梦最强有力的响应，也关系着我们民族和国家发展的重大问题，因此在中国梦语境下研究这个问题具有现实性和紧迫性。

一、大学生团结友善品格缺失的后果

随着独生子女家庭的日益增多，双薪核心家庭已经逐渐成为我国城市主要的家庭结构类型，家庭在育人方面的社会化功能也越来越淡化。家长除了正常工作，已经完全演化了学校老师的助手，仅有的业余时间大量花费在给孩子批改作业，辅导作业。随着学校教育越来越多地把家庭教育作为延伸和补充，家庭教育已经出现很大的问题，家长普遍对孩子的成绩比较焦虑而忽

视了品格教育；再者，随着社会离婚率的逐年上升，重组家庭和单亲家庭的孩子出现了很多问题。从社会学意义上来讲，大学生儿童时代是在同父母等家人的互动过程中发展出了自我，学习和获得了基本的价值观念和道德规范，所以家庭教育的失败和家庭关系的不和睦等教育功能的偏差等均属于家庭教育中的“社会化问题”，导致对大学生或过于轻视管教，或过于期望，或过于冷淡，都会影响大学生的思想道德社会化机制正常运行，从而产生错误的认识，“人们普遍越来越自私”，认为友善就是吃亏，团结就是作秀，甚至会产生“老实人吃亏，善良人受欺”“谁强谁有理”等错误思想，产生人际交往障碍、狭隘的心理和错误的认识，严重者还会发生大学生校园暴力事件。从宏观的社会层面来看，当前中国家庭作为大学生早期社会化的重要场所，大学生的初始社会化功能弱化正在成为我们日益关心的问题，在大学生个体发展过程中缺失了团结、热情、友善等优秀品格的社会化形成机制。

现在很多大学生产生了人际交往困惑，一些大学生的人际关系也出现了一些问题，甚至产生了人际关系障碍，发生了大学生校园暴力事件，更有大学生犯罪行为的发生。“以自我为中心”的思想导致很多大学生在处理与同学之间的人际关系时容易产生狭隘的思想，认为只要和自己的想法、做法不一样，即是和自己作对，因此经常把竞争错认为攻击，不会处理同学间的人际关系，在处理事情时容易偏激、固执己见，不接纳别人的意见，这和我们友善的精神背道而驰的。当然也不是让大学生只顾及他人的感受，不顾及自己感受，这也是对友善的一个认识误区，首先要学会善待自己，保持乐观积极的情绪状态，如果无法做到对自身的友善，对自己都不友善，每天生活在压抑和焦虑之中，那么就会失去快乐的源泉，又怎么能做到对别人的团结友善呢？所以要学会在正确认知的基础上善待自我、认识自我、肯定自我。

学校社会化机构是正式的且有着与社会相类似的组织，在大学生社会行为的塑形中扮演着极为重要的角色。随着社会的发展和时代的变迁，体制改革和思想的转型，学校环境已经发生了深刻的变化，但很多新观念和规范只是流于形式，比如强化大学生素质教育、思想品德教育，很多学校过于工具性、功利化，所以出现了由于新旧规范交替衔接不到位而产生的某些“教育规范的真空地带”，学校社会化主体出现“教育失范”的现象，学校的育人环境出现了不协调因素，导致了学校社会化功能的不充分，一些应试教育的模式和工具性的教育理念还沿袭着“分数第一，智育至人”的传统思维观念，看似轻松的学业其实比以往课业负担还要重，学校对大学生的思想品德教育只流于表面，面临着道德社会化功能不断被削弱的现实，学校育人过于功利化，导致大学生在学校生活中出现了各种行为不适，出现了大量的心理和行为问题，进而演变成多种社会“失范”和越轨行为，引起了社会的普遍关注，比如大学生校园欺凌事件逐年上升，已成为我们社会诟病的热点议题。

二、大学生团结友善品格缺失的原因

（一）亲密情感纽带的松弛，缺乏人际交往能力

父母长期不能陪伴在身边，不论是交给孩子的祖父母抚养还是交给亲戚扶养，都不能让其体会到包含父母亲情与情感的爱，或者出现溺爱、放任的危机，或者让敏感的儿童感到寄人篱下的感觉，体会不到父母的亲情，儿童良好的亲密关系和亲密情感不能建立起来，很难表达出自己的真实感受和需求，可能出现爱的能力缺失，即使其成年后人际交往中希望能与周围的人建立和谐融洽的人际关系，但由于人际交往能力有限，不知如何去表达情感和好感，不会处理人际关系，不知如何向他人敞开心扉，与他人相处质量不高，造成这部分大学生产生人际交往障碍。

（二）自卑心理严重，导致人际交往失败

不论是祖父母抚养还是亲戚扶养，多数只是起到了监管的责任，而没有尽到养育的责任。大多重视孩子的安全和学习方面，忽视了孩子情感和心理的需求，忽视了孩子社会交往等方面的需求。儿童因为年龄较小，心智各方面发育不成熟，正处于性格塑造和自我意识形成的关键时期，外界的引导对教育他们认识自我有很大的影响，他们习惯于和身边的人进行比较，在不断的比较中形成了自己的判断和看法。某些大学生的早期成长父母是缺位的，这些孩子从内心就好像是失去了坚强的后盾和依靠，很容易产生自卑心理，对人对事总是显得比较胆怯，比较在意别人的看法，这部分孩子在与别人交往时，有着“低人一等”的自卑感，有着较低的自我认同感，和有父母在身边的孩子相比，这种自卑心理会更加突出。自卑就是较低的自尊水平，在父母缺位的儿童幼小的心里，自卑等不良情绪困扰着他们，但却无法对家长诉说，而这部分儿童的父母也无法及时了解到子女的心理并表达关爱，这种沟通和交流途径的缺乏会加剧亲子间的心理隔阂，儿童会变得更加敏感和自卑，慢慢地丧失了心理归属和依恋感，必然会导致这部分儿童在社会适应性方面表现出障碍，不能形成积极的情感体验，人际交往方面也会容易出问题，导致这部分儿童长大之后也容易自暴自弃，对人对事对同学之间的正常交往表现出消极冷漠，以各种借口逃避各种学校活动，如不愿意和朋友同学交流问题，喜欢单独行动，等等。这些大学生与人交往时会感到紧张，因为在交往中感受不到快乐，转而害怕与人交往，自己封闭自己，慢慢地失去交往动机，

交往阻碍又会加剧这部分大学生的自卑心理。

大学生的“自我”形成正处于一个不甚稳定期，还没有完全定型，自我社会化的异常会导致品格出现问题，如道德情感逐渐淡漠，道德品质恶劣，社会责任意识淡薄、随性而为，不考虑社会后果等。当大学生的团结友善意识没有形成时，就会缺乏对社会、集体、家庭、他人的责任感和同情心，道德规范就发挥不出应有的作用，大学生就会产生冷漠的倾向。在大学生的社会化过程中，认知发展水平的一个主要内容是道德认知。大学生的道德认知即大学生在社会化过程中习得的道德认识体系，在大学生个体行为与道德水平的关系上，道德认知尤为重要。大学生的行为是与其道德认知呈正相关的，每个大学生都会在此基础上建立起自我调节作用的个人道德行为标准，道德认知水平越高，大学生就越会产生“共情”，越容易从他人角度思考问题，越容易产生对他人有益、有帮助的亲社会行为，越容易形成团结友善的品格。道德认知中一个重要的要素便是道德判断，即根据已有的道德认知从道德层面对自己或他人的行为作出一定的分析、判断和评价的心理活动过程，当大学生个体出现违背道德行为标准的行为时便会产生强烈的自责和内疚感，而这种道德感会防止不友善行为的发生。当大学生进行了错误的认知建构，自我意识出现问题时，便会在道德认知的判断层面接受损人利己行为，将不良行为视为无害行为，在实施不团结友善行为时不以为耻，甚至反以为荣，并且试图通过一系列的推脱机制如我们上面分析的错误归因，把责任更多地归结于对方，这种责任错位会让大学生更多地出现与亲社会行为相反的非团结友善行为，而且不会产生道德自责和内疚。

三、培养大学生团结友善品格的意义

“人之初，性本善”。团结友善是一种重要的品格力量，是人生美好的精神文化沃土。孟子曾指出，“君子莫大乎与人为善”。同学之间、亲属之间、同事之间、上下级之间，如果人人都怀有一颗友善之心，“不责小过、不念人旧恶”“不责人所不及，不强人所不能，不苦人所不好”，以诚待人，与人为善，在家孝敬父母、尊敬长辈，在学校尊敬师长，关心同学，在社会上能够尊老爱幼，助人为乐，就会形成互相帮助、团结友善、互相帮助的社会氛围。大学生的心胸也会更加宽广，品格也会更加优秀和成熟，我们的国家和社会就会变得更加和谐。

团结友善关系到国家的安全稳定和社会的长远发展。毛主席曾经说过：“国家的统一，人民的团结，国内各民族的团结，这是我们的事业必定要胜利的根本保证。”团结是我们社会主义事业成功的必要保障。一个单位、一个集体、一个国家，只有有了团结稳定的局面，才会有发展的基础、前提和机遇。团结就是力量，团结吹响了十四亿海内外中华儿女形成强大凝聚力的号角。“人心齐”才能“泰山移”。回顾近代历史，在抗日战争时期，我们就是把四万万人民的力量凝聚起来，赶路了日本侵略者，取得的近代以来的第一次伟大民族胜利；在解放战争时期，我们把广大人民群众的力量凝聚起来，这股磅礴之力又使我党我军战胜了国民党反动派，取得了解放战争的最终胜利，建立了新中国；在社会主义建设时期，我们继续发扬团结精神，建立了完整的工业化体系，独立的国防体系，独立的科技体系，为中国的和平崛起奠定了坚实的基础。由于历史的原因，我们社会主义事业初期探索过程中出现了挫折。党的十一届三中全会以后，我们迎来了改革开放的新时期，纠正了以往的错误，恢复了蓬勃向上的团结友善精神，团结友善作为公民的基本道德规范和要求，既传承了中华民族的传统美德，又包含了新时代下人际关系的新特点和新变化；在新时代，大学生更要发扬中华民族团结友善的优秀品质和优良传统，始终牢记在自力更生的基础上，依靠自己的力量才能使国家富强、民族振兴、人民幸福。大学生的“团结友善”品格直接关系到国家的发展和振兴，团结可以产生强大的凝聚力和战斗力，同心同德、群策群力，以百倍的干事创业精神形成一股强大合力，为中国的发展添砖加瓦，为国家的复兴孜孜不倦地努力，才能在共建中国特色社会主义伟大事业中战胜一个又一个困难，抵御一个又一个风险，夺取一个又一个伟大胜利，不断从胜利走向胜利。

我国有着“一方有难，八方支援”“助人为乐”等优秀的文化传统。在抗击新冠肺炎疫情中，我们看到了“齐心协力、众志成城、驰援武汉”的巨大力量。武汉封城后，全国各地的优秀医务工作者不顾个人安危，无数英勇的逆行者紧急驰援武汉。有很多是“90后”，正如他们所说，“2003年非典的时候，你们保护了我们，现在轮到我们来保护你们”。刚从校门出来，就直奔抗疫战场的年轻一代，已经有了坚定的团结友善精神，在国家有难、人民有难时可以挺身而出、共赴国难，这就是我们当代的大学生。当团结友善的美德在全社会蔚然成风时，我们的中国特色社会主义事业必定能兴旺、发达，我们的社会必然会更加温馨和文明。

中华民族伟大复兴是要建设富强、民主、文明、和谐、美丽的社会主义现代化强国，实现伟大的民族复兴，而实现中华民族伟大复兴绝不是轻轻松松的，需要几代人披荆斩棘、劈波斩浪，以团结友善的精神来建设伟大的社会主义事业。从易到难，从简单到困难，从较低层次到较高层次，从个体社会成员间的小团结到政党民族间的大团结，不仅需要同事邻里间的团结，家庭成员间的团结，而且更需要党的团结，各民主党派之间的团结，各个民族之间的团结，海峡两岸暨全国各族人民之间的团结。团结友善是增强民族凝聚力的道德基础，更是推动祖国统一、民族团结、社会发展的强大动力。为了实现这个共同理想，需要提高大学生的团结精神，在全社会营造出团结、友善、互助共勉的社会氛围，营造出互相关心、互相帮助的和谐人际关系，形成“你中有我、我中有你”的全民共同体，提高整个社会的文明程度，大力提倡和弘扬中华民族的传统美德，把我国大学生的团结友爱品质培养好，为中华民族伟大复兴提供强大的精神动力。

费孝通认为，人的重要特质是具有“精神世界”。中国梦的实现离不开伟大的“中国精神”作支撑。正如习近平指出的，“中国精神是凝心聚力的兴国之魂、强国之魄”。要实现中国梦，必须大力弘扬以民族精神和时代精神为核心内容的中国精神，中国精神是实现中华民族伟大复兴梦的最深厚的思想基础，而团结友善精神是伟大中国精神的重要之义。

要做到团结友善，要有与他人团结友善的内心愿望。大学生的法治观念更强，在中华人民共和国这个大家庭中，每个公民都处于一种平等的关系，都同等地享受着国家宪法和法律所赋予的权利，也承担着国家宪法和法律所规定的责任和义务。每个人不论处于何种职位，不论是贫是富，都是平等的，在这个社会主义国家，这是我们的制度优势，是形成“团结友善”气氛的制度保障。“吾日三省吾身”，团结友善品格的塑造，就要经常自我反省，经常在看到别人的长处，不时地反省自己的问题，要善于批评与自我批评，不要总是自以为是，以自我为中心。在人际交往过程中，要严于律己、宽以待人，对于别人的错误和不足要有包容之心，不必凡事都斤斤计较。对人严、对人宽，就容易做到团结友善。

团结友善，就要有一颗仁爱之心，懂得付出爱。社会心理学家马斯洛的社会需求层次理论提出，人的需求是金字塔式的结构，位于金字塔最底层的是衣、食、住、行，向上的第二层次是安全需求，第三层次是爱与被爱的需求，这是一种高层次的精神需求。大学生应该从高层次的精神需求上出发，内心充满温暖，自觉地为别人着想，为社会服务，让社会充满爱。爱是一种发自内心的情感，爱是一种真情的流露和传递，是一种尊重和理解，也是一种心灵的碰撞与交流。在社会化过程中要培养大学生“爱”的社会化机制，培养积极的情感体验，付出爱、关爱他人、善待他人。同学之间都能做到与人为善、互助互爱、团结友善，合作学习、尊师爱友，正确处理同学之间的人际关系，建立和睦、相亲相爱的同学关系，做到“老吾老以及人之老，幼吾幼以及人之幼”，与人为善，与同学、朋友之间相互尊重、坦诚相待，学会将心比心，形成友善团结之风气。

要做到团结友善，还要学会与他人和睦相处。尊重他人、关心他人是人际关系中的核心，大学生要学会共处，学会合作，懂得仁爱，学会用和平的、对话的、协商的、非暴力的方法去处理学习和生活中的各种矛盾，学会处理不良情绪，不能因为一些鸡毛蒜皮的小事，便恶语相向，大打出手，这些缺乏友善之心、心胸狭窄、不会与人共处的不良言行举止都要纠正。要做到团结友善，最重要的一点还要学会共处。团结友善是学会共处的核心，学会共处，首先要了解自身，发现他人，也就是要让大学生学会关心，学会分享，学会合作，懂得仁爱。学会共处意味着人和人之间的和谐相处，学会共处本身就要求大学生学会平等交流，但在校园内外，我们却经常看到一些与我们时代的文明发展方向相悖的行为。如：有的大学生因为一些鸡毛蒜皮的小事，便恶语相向，甚至动起手来；有的对旁人的困难漠不关心，认为“事不关己，高高挂起”，这种种不良的言行举止，都是缺乏友善之心、心胸狭窄、不会与人共处的表现。古人说，“君子求诸己，小人求诸人”。要心胸开阔，遇事先从自己身上找原因，严格要求自己，而不能过于苛求别人，不强加于人，进而有助于人。

第三节　大学生团结友善品格的培养

目前我国社会正处于社会加速转型的发展期，从经济、政治、文化、价值观念等各个方面正在进行急剧且日益多元的变化，大学生的道德社会化同时也正面临着多种价值取向，不断地交织在一起，既有价值观念的冲突，又有思想观念的矛盾，导致了很多大学生价值取向不甚清晰等社会现实与社会问题。如果大学生在成长的过程中不能充分地进行思想社会化和道德社会化，就不能形成社会所期望和应有的社会行为和道德意识。

团结友善品格的塑造是一个由不同要素、不同内容、不同环节构成的综合系统，具有很强的整合性，包含了大学生的观念社会化、思想社会化等丰富的内容。其中，不仅包括知识、技能的获得，也包括思想价值观念的内化；不仅涉及认知的形成，也涉及社会态度的转变；不仅是外界引导的外化环节，更重要的是真正地内化于心的内化环节。单纯的知识教育、技能教育等专门教育形式都只能在个体的社会化的某一方面、某一要素、某一内容中发挥作用，而从思想政治教育上则能够将丰富多彩的内容整合起来，协调控制整个教育过程，促进大学生综合素质的全面提升。

一是在课堂上，教师要立德树人，在教学中加强“团结友善精神”的全面覆盖，用大学生所熟知的和喜欢的教学方式展开对大学生“团结友善”品格的教育，不断地与社会生活中鲜活的案例结合理论，提高大学生学习的积极性和兴趣，让大学生吃透“团结友善”精神的实质与精髓，不搞形式主义、教条主义，将当前现实与团结友善品格结合起来，采用丰富多彩的教学手段。“中国精神”不是一句空话，“志存高远”关键还在于行动和实干，大学生掌握了很多的理论基础，但还缺乏的是在社会行动中内化理论，大学生不仅要认同团结友善精神，更要将其应用到日常生活中去，否则永远只是纸上谈兵。大学生是民族的希望和祖国的未来，必须要弘扬和内化团结友善精神。大学生的“青春梦”要梦想成真就必须通过社会实践活动来实现，并在这个过程中内化“团结友善”精神，所以大学生最根本的是要践行之，并在社会实践活动中不断锻炼自己的坚强意志，在实践活动中培养自己的尊严感和对民族，国家的认同感，并且升华为对国家的归属感和荣誉感。

二是良好的道德观念是在实践中有意识地训练与培养起来的，大学生学习的途径不仅仅局限于课堂上，还要在课外活动中开展“团结友善”的教育活动。学校要经常组织各种有益的社团活动，动员大学生积极参与这些有意义的社会实践活动，在活动中根据青年大学生不同年龄阶段和不同年级水平“因人施教”，不断丰富教学内容，让大学生在社会实践中学会与同学互相磨合，在各种矛盾和分歧中化解冲突，达成共识，于润物无声中把团结友善品格贯穿到大学生的思想道德教育的全过程。高校应既注重青年大学生的群体特征，又要尊重个体的人格特质，不断地调整方法，在全体青年大学生中形成对“团结友善”内涵的共同认识，不仅锻炼了大学生的能力，还培养了其社会义务感和责任感。可以定期组织青年大学生开展以“坚守中国精神和信仰”为主题的大学生实践活动，让大学生在假期和业余时间多深入社区和农村去体会社会生活，不断地丰富第二课堂内容。依托社会组织和社区开展“走进基层，走进群众”的社会实践活动，组成大学生志愿服务小组，参加社区的各种公益活动，照顾孤寡老人，对有困难的家庭进行适当的帮扶，并且让青年大学生结合自己的专业知识，组织成专业化的志愿服务小组，有针对性地选择服务项目。如：法律专业的大学生经常性地向人民群众普及与宣传政策法规，对有需要、有困难的群众进行“法律帮扶”；学电器的大学生对坏的家用电器进行维修；社工专业的大学生可以进行社区矫正。让大学生们在业余时间外能将身心奉献于各类有意义的活动，把“友善”内涵和实践活动深度地融合为一体，让大学生学会正确地看待他人、自我和社会，愿意为他人着想、尊重他人、关心他人、关心社会，真正做到“知行合一”，使“团结友善”内化于大学生的内心，外化于大学生的行动。

一、建立正确的认知体系，形成正确的自我观念

一是大学生时期是个体正处于社会化定型的关键阶段，需要正确的教育、示范和指导。正如弗洛伊德所说，每个人生来内心里都有个“本我”，它遵循着“我行我素的快乐原则”，不受道德和社会的约束，只要受到外界刺激，兴奋就会增加，这是人的生理本性；而人后期的社会化过程中形成的“自我”和“超我”，控制人的本能冲动，使人的行为符合社会规范。自身的调节能力较强，具有优秀的思想品德，有正确的意志力，就不会导致不当行为的发生；反之，缺乏坚强的意志力，调节结构就会失去作用，个体就容易沉沦颓废，对自己的行为产生放任的态度，自我意识中的自我控制是一种重要的调节机制，自我调控的主要内涵就是“克己”，抵制消极思想的蔓延和滋生，而良好品格的塑造对不良心理和消极行为会起到削弱作用，当个体自我不完善或经历了错误的社会化过程时，就意味着其自我调控机制也产生了缺陷，形成了不良品格，一旦大学生自我意志力薄弱，就易受不良行为的暗示，容易随波逐流，受到诱惑的时候，轻易放弃自己的判断，不加分析地接受别人的意见，加之自身最后的一道防线——调节功能失效，无法进行有效的自我控制和自我调节，消极因素就会不断膨胀，占据其心理的主导地位，容易产生不思进取、消极、精神空虚、悲观、精神匮乏等思想。社会学家科尔伯格认为，道德认知发展的阶段越低，道德推理越具体；阶段越高，道德推理越抽象。正是因为某些少年的道德认知水平较低，导致品格缺陷，个体没有发展出相应的内部机制来控制自己的不当行为和抵制诱惑，即没有形成正确的自我观念，才会出现越轨等错误行为。大学生不良品格模式的构建会导致其不良行为的发生，并且这种认知模式会以图式的方式储存在大学生个体的记忆库里，在个体行动的过程中会随时被提取出来从而导致消极或不当行为。“自我”社会化过程的失败会导致大学生品格教育的失败。从社会学意义上讲，自我正确社会化的过程就是个体将社会所肯定的友善团结等道德规范加以内化，形成正确的自我意识、自我观念，拥有良好的道德品质和坚定的道德意志，对符合道德行为准则的言行持肯定的态度，并产生满足、愉快等情绪体验；对不符合道德行为准则的言行，会产生否定态度，并伴有厌恶、愧疚和愤怒等情绪体验，在此基础上，形成稳定的自我观念。具有正确的自我观念的大学生来说，遇到任何社会诱惑，都会有坚定的道德意志即坚忍的品格，采取符合社会规范的方式解决问题和困难。

二是大学生错误的认知体系、归因方式和不成熟的人格特质都离不开其

社会化主体影响。脆弱的高自尊与其早期的家庭生活经历有直接关系，父母对孩子不切实际的高期望值，会使个体产生做事力求完美的心理。而人的品格是在成长过程中不断完善的，完美不可能一蹴而就，那么早期社会化的失误就会使大学生产生自我质疑和自我否定，会发展出高防御的不安全性自尊，往往会对他人怀有敌意，不易形成团结友善的品格。所以作为社会化的重要主体之一的家长要帮助孩子建立积极的自我概念，营造和谐家庭，父母通过约束自己的言行，以健康的德行影响大学生，改变“包办”式的教育方式，对子女的期望合理化、积极化和健康化，充分让其构建良好的自尊，让孩子充分感受到被接受、被支持，可以接纳自己不完美的部分，能悦纳自己，喜欢自己，拥有幸福感，能感受他人和社会的美好。由此，大学生具有了清晰的自我意识，能够积极地认识自我，较好地管理自己的情绪，有能力接受别人的爱，也能给予别人爱的回馈。自信、自立、自强，可以扮演好不同阶段社会成员的角色，承担起不同的角色责任，在处理日常生活中的困难时具有乐观的心态，不怨天尤人，与他人能够友好和谐地相处，有较强的意志力和自我调控能力，能够自觉地抵御各种诱惑与侵蚀。

二、要加强家庭社会化功能

一是社会学将人际关系定义为人们在生产或生活活动过程中所建立的一种社会关系，反映了个人寻求满足其社会需求的心理状态。心理学将人际关系定义为人与人在交往中建立的直接的心理上的联系，这种联系会对人们的心理产生影响，会在人的心理上形成直接关系或距离。而家庭关系则是最直接、最深刻、最重要的人际关系和社会关系，各种社会关系也会通过家庭反映到儿童身上。社会心理学家提出，获得他人的情感反应是人类需要的一种基本形式。儿童的依赖性决定了要在家庭这个有着最亲血缘关系的环境中初步接触到人际交往过程中所要了解的规则和约束，了解其他社会成员对自己角色的期待与要求，在角色扮演过程中如何能更好地适应他人和社会，自己应该怎么表达情感，同时能收获他人的情感。家庭在一个人的社会化过程中作用突出，因为从其出生后接受社会化的第一个环境就是家庭。家庭是最好的示范、学习和实践的场所。孩子仅仅和一方生活，或跟随祖父母或外祖父母，或由亲戚监护人一起生活，更有甚者独自生活，儿童期是人的整个社会化过程中的最关键时期，而家庭又是儿童依赖生活期的主要社会化主体，家庭成员中最主要的角色就是父母，父母的社会角色和父母的角色责任是其他任何家庭成员所无法代替的，家庭亲子关系势必不健康。从社会学意义来讲，个体在与家庭成员的互动过程中，在家庭环境中逐渐养成独特的个性和人格，从生物人转变成社会人，并通过社会化的内化和角色知识的学习，学会逐渐适应家庭生活和社会生活的过程。尤其是儿童期这个社会化过程中的早期阶段，父母的言传身教、家庭环境中的亲子关系，对儿童的认知方式、行为方式、感情、知识、社会规范、性格、人际交往等方面均起着潜移默化的作用。家庭的主要功能是通过这个最小社会化环境内化儿童的社会文化规范和价值标准，让其能正确领悟社会关于各种角色的期望和要求，在家庭这个初级生活圈中学会如何扮演好预期的社会角色，为其以后的社会角色实践做好准备。一般来说，正常儿童的家庭社会化过程需要父母双方实质意义上的介入才算真正的社会化，某些家庭中的父母虽在其位，但在实际意义上却形同虚设，在其子女的社会化过程中没有扮演好父母的角色，无法承担起相应的父母责任，这就造成了家庭社会化功能的弱化，这些大学生正因成长早期缺乏来自父母的亲情呵护，普遍存在着人格缺陷和心理问题，往往无法拥有友好、和谐和可信赖的人际关系，不知如何与别人相处，造成了其不同程度的人际交往障碍，直接影响了团结友善品格的形成。人类的最重要社会化途径就是家庭，家庭是影响孩子成长的诸多社会因素中最重要的，而家庭中父母与子女的关系又是核心，家长对子女的社会化责任尤为重要，让子女在融入社会环境的过程中学会基本知识和技能，掌握社会的核心价值观念、行为观念，扮演好社会角色，成为一名“合格”的社会成员等。家长的责任不可小觑，从严格意义上来说，父母不在孩子身边，本身就是失职。每个问题大学生的背后都有一个问题家庭，不当行为追根溯源都来自家长责任的缺失或不到位，因家庭社会化功能的不合格而导致大学生在成长过程中行为规范、生活方式、价值观念以及角色责任等都不符合社会的要求，成为社会中的越轨分子。泰戈尔说，“不是锤的打击，而是水的载歌载舞让鹅卵石臻于完美。”真正对孩子有价值的教育从来都是“润物细无声”的，凡是拥有良好亲子关系的家庭，都与父母的示范效应有很大的关系。父母是孩子的一面镜子，想要建立良好的亲子关系，父母首先要自律，起到榜样的示范作用。身教重于言教、以身作则，比单纯给孩子说教的作用要大得多，父母首先要改变彼此之间的关系，保持家庭的和谐，当父母出现意见分歧的情况时，一定要注意谅解和合作，如果父母经常形同陌路，教育出来的孩子心理往往不健康甚至冷漠、蛮横、偏执，家庭关系也会出现畸形；家庭中最忌讳的就是气氛冷漠，家长有责任营造和睦的家庭氛围，父母说话办事要以理服人，以情感人，相互谅解包容，彼此关心，相互体贴，关系和睦，让整个家庭充满爱心、真诚和活力。

二是家庭是大学生道德社会化的起点，目前来看，大学生社会化途径的一个薄弱环节便是家庭德育教育，我们要将大学生的品德道德教育融入到家庭文化中去，充分发挥家庭文化建设在大学生的思想意识中的重要作用。家庭文化是社会文化的有机组成部分。通过家庭文化建设，培育未成人平等、民主、尊老、爱老等优秀的家庭价值观念，形成家庭美德教育的良好氛围，充分强化主流价值观念在家庭文化中的主导作用。帮助家长树立正确的教育理念，增强对子女进行思想道德教育的能力和意识。针对家庭中存在的重智力轻德育、放羊式教育等不良教育方式，家长要主动地承担起对孩子进行道德教育的职责，帮助孩子形成优秀的思想道德品质，养成良好的行为习惯，多关注孩子的人格发展和品格培养，这是家庭道德社会化功能的一个重要着力点。家长作为孩子的榜样要以身作则，父母的道德态度和道德行为成为孩子们道德学习的直接对象，所以家庭成员要特别注意其道德素养、行为举止和人格特征的示范作用。

爱是一门需要学习和培养的艺术，家长不能冷落或不重视孩子，要把家庭看作温馨的港湾，充分表达出对子女的关爱。中国人的传统是情感含蓄，中国传统的亲子关系向来是表达得比较含蓄而内敛，在心里有爱，却不愿意表达出来。其实儿童的年龄越小，对情感的需求就越强烈。作为家长要学会表达自己对孩子的关爱，并且让孩子强烈感受到，作为家长也可以表达得更直接些，家长要学会通过我们的口头语言或肢体语言更好地表现出来，学会拥抱自己的妻子，学会拥抱自己的孩子，用“拥抱”来表达家庭成员之间的亲密无间。与孩子联系时，要学会说：“我想你，我爱你”等话语，并且找一些孩子感兴趣的话题，尊重并鼓励孩子表达自己的想法和观点。父母这些爱的表达就会提高孩子的自尊感和自我认同感，也培养了孩子良好的人际交往方式：喜欢与人交往，并且能在与别人相处的过程中得到愉快的心理体验，对交往对象倾向于持积极的态度，社会适应性很强，容易得到社会其他人员的认同，也容易认同其他社会成员，有助于团结友善品质的形成。

三、发挥家庭、学校教育有机整合的功能，有针对性地解决问题

一是大学生的道德社会化机制是综合性很强的社会机制，也是个体社会化的重要内容，既能促使大学生更好地适应社会，又能为社会发展培养具有高素质的新生力量。社会的急剧转型给个体的社会化环境带来了冲击和巨大的变化，大学生的思想品德教育要寻找有效路径，整合家庭、学校等多种教育资源，形成一个强大的、耦合程度较高、效果较明显的完整道德社会化功能链。大学生的团结友善品格的培养要把家庭教育和学校教育有机地结合起来，两者既要各自承担大学生道德社会化的分功能，又要相互协调配合，在

方向上达成一致，在功能上实现互补，否则不同环节、不同要素会存在着相互抵消的问题。比如，学校教育要求学生乐于助人，家庭教育却要求孩子“各扫自家门前雪，休管他人瓦上霜”，学校德育教育向大学生灌输社会的显规则，而家庭教育却教孩子社会不良“潜规则”，那么两者在社会化功能上难以在方向上达成一致，会彼此消解道德社会化的效果，导致大学生思想观念模糊和混乱，出现“道德社会化”失范。所以家庭和学校这两个重要社会化主体德育教育的作用力必须达到相互协同的效果，才能使家庭社会化功能和学校社会化功能链条上的不同要素和环节运转良好，形成一个强大的、耦合程度较高的、效果较明显的完整道德社会化功能体系和链条。但不可否认的是，曾经有一段时间，我们忽视了大学生的品格教育，而只关心其学习成绩，部分大学生“中国精神”缺失，没有坚定的理想和信念，没有优秀品格的青年一代人的努力，中华民族伟大复兴的新时代的实现将只会是空谈。我们在实现中华民族伟大复兴的历史进程中，必须注重青年大学生一代的品格塑造。中华民族伟大复兴的内涵之一也是实现人的全面发展，以人的全面发展促进社会的发展和国家的繁荣，而国家富强必将会更重视人的全面发展，尤其是个体的优秀品格塑造。“品格是个人至高无上的荣耀，也是一个人最珍贵的财产”“国无德不兴、人无德不立”。塑造新时代大学生的优秀品格问题，已经成为当前乃至今后非常重要的课题。

二是在家庭中缺少情感交流的大学生，会很典型地呈现出退缩、孤独寂寞、空虚、迷茫、郁闷和失落等特点，很难在现实生活中找到认同感和归属感，长此以往，孤独就变成了一种习惯。要增强这部分大学生的集体意识和责任意识，对他人和社会形成信任感；有的可以要及时对其进行心理疏导，防止挫败感不断积累而引发不良情绪和不当行为，可以采用精神分析法，通过自由联想、情感的转移和沟通等方式，引导有心理问题的大学生通过社会认可的方式把长期的压抑发泄出去。对于人际交往有轻微障碍的大学生可以采取团队工作办法，通过有目的的小组活动和组员间的互动，让这部分大学生在互动过程中克服心理问题，形成积极的人际交往心态，回归到正确的轨道上来。对于容易产生自卑心理的大学生，自卑情绪使其不能客观地分析自己，同时伴有失望、忧郁等消极的自我情绪体验，当某些情感、被关爱等高层次的需求得不到满足，又没有足够的能力去调节时，个体就只能躲在自己内心的阴影中徘徊不前，这部分大学生更会敏感地感知到生活中残酷的一面，比如贫穷、落后等，对社会和生活感到失望，看不到生活的精彩和希望，也不敢去憧憬美好的未来生活，在人际交往中就会慢慢地封闭自己，在人际交往方面逐渐消沉和麻木，难以形成健康、良好的交往能力，不愿意与人进行正常的交往。对于性格孤僻、极度偏执、对他人和社会极度缺乏信任感的大学生，大学里的专业人员要遵循尊重、接纳的价值理念，通过全面了解其成长经历、家庭背景等，结合个体特征，分析其存在的问题及原因，有针对性地制定具体的服务，对人际交往障碍的大学生及家庭运用关系建立、沟通、积极倾听、回馈、非语言沟通等方法和技巧，应当定期为他们提供辅导和咨询，适当引导他们在有益的活动中融入社会，分步骤地对他们的具体行为提出明确要求，逐渐地提高他们控制情绪的能力，鼓励他们多进行社会交往，培养他们的人际交往能力，提高他们的社会适应性和人际交往能力，解决他们在学校、生活中人际交往中所遇到的一系列问题，解决他们自卑等心理问题，让其在积极向上的朋友圈子里感受到温暖和关爱，关心他们的生活、学习、思想、心理和人际交往等各个方面，并形成体系，结对帮扶、开展谈心、辅导、管理等活动，让大学生得到亲人般的关怀和师长般的教诲，让其能感受到爱的温暖，心里充满爱的能量，性格、心理就能正常发展，在互帮互助中同时也提高了人际交往能力。

四、培养大学生高度的自律性

从个体层面来看，大学生要主动学习法律、法规知识，树立法律意识、法制观念和社会责任感。增长见识、明辨是非，做到知法、懂法和守法，自觉遵守法律法规的要求，树立积极向上正确的、高尚的价值观、世界观、道德观和人生观。对集体和社会有一种安危与共、休戚相关的感情，对社会和人生有正面、积极的态度，主动提高自己的能力去适应社会环境，在社会生活中主动了解并遵循社会规范和规则，增强辨别是非的能力，不断提高自身的综合素质，塑造健康的心理，培养高尚的行为习惯，严格约束自己的言行，使之符合法律规范和社会道德，富有爱心、同理心、社会责任感和使命感，不会为了达到个人的欲望而置法律与道德于不顾，采取非法手段来谋求自己的私人利益，自然而然地就会形成团结友善的优秀品格。大学生要学会与人为善，学会“和而不同”。“和而不同”在强调“和”的同时，也充分肯定了人的差异性，我们要承认差异性和多种性，差异是必然的，多与其他人进行交流，能够客观地评价自我与他人，不以“自我为中心”，但也不能人云亦云。在遇到冲突和矛盾时，能理性地处理问题，胸襟开阔，气量大度，既能宽容别人的缺点和过失，也能欣赏别人的长处和优势，不苛求于人，不强加于人。在行动中，既追求自身的利益也顾全大局，推而广之，在整个社会中形成团结友善、真诚相待的社会氛围。

第六章　大学生文化品格之勤劳奋斗

勤劳奋斗是中华民族的传统美德，也是中华民族精神的重要内涵。自古以来，对勤劳奋斗精神的传承和赞美是中华民族传统文化的重要内容，中华民族正是凭借着勤劳奋斗的伟大精神，创造出了幸福的生活和璀璨的文明，而中国在文化历史建筑科技的杰出成就，无不是劳动人民勤劳奋斗精神最好的证明。进入21世纪以来，中国的经济不断发展，国家力量持续强大，国家的发展与我们每个人的奋斗和努力息息相关，要实现中华民族伟大复兴的中国梦，需要每一个中华儿女的勤劳奋斗，为创造美好的未来而不懈努力。

第一节　勤劳奋斗的内涵

勤劳原意是指不辞辛苦，辛勤劳作，努力创造物质财富和精神财富。“勤”有“辛劳”的含义。在《说文解字》中就有“勤，劳也”。在《尚书·周书·金縢》中有“昔公勤劳王家，惟予冲人弗及知”，意思是“周公勤劳地为王室工作，只是别人不知道这些事情”。在《隋书·循吏传·辛公义》中有：“此盖小事，何忍勤劳使君。”,[①] 意思是“这些都是小事，怎能忍心辛苦先生”。勤，更有“勤奋”的含义。在《后汉书·列传·张衡列传》有“人生在勤，不索何获”,[②] 意思是“人的一生在于勤奋，不积极求索就什么也得不到”。在唐代韩愈的《进学解》中有“业精于勤，荒于嬉；行成于思，毁于随”,[③] 意思是“学业由于勤奋而精进，由于玩乐而荒废；德行由于独立思考而完善，由于因循随便而败坏”。

勤奋在英语中对应的词汇为industrious，其名词形式叫做industry（工业），它们的词根都来自于表示“勤奋”的拉丁文industruus，indu，表示“在……里面”，词根struere表示建造，强调的不仅仅是个人的辛勤工作，更强调人的勤

① 隋书［M］. 北京：中华书局，1973.

② 范晔. 后汉书［M］. 李贤，注. 北京：中华书局，1965.

③ 韩愈. 昌黎先生文集［M］. 上海：上海古籍出版社，2013.

奋、活动、热情，以及有更广泛的开拓意识和意识创新。

由此可见，在中西文化中，勤奋既包含了辛勤劳作，也包含了勤奋开拓，而正是勤劳和开拓的不断融合发展，才带来了中华文明的不断进步和发展。

在14世纪，摩洛哥学者、旅行家伊本·白图泰在其著作《伊本·白图泰游记》[①] 中记载了他在中国长达11个月的行程。他盛赞中国人民的勤劳智慧，中国的物产丰饶，中国的地区安全，中国的繁荣进步，而这些伟大的成就都是由中国人民的辛勤劳动创造的，是勤奋开拓的中国人民推动着中国历史的不断发展，推动着中国文明的不断进步。

第二节　勤劳奋斗在中国文化中的体现

勤劳奋斗是中华民族的传统美德，也是中国文化的重要内涵。自古以来，中国对于勤劳奋斗的论述和对于劳动人民的歌颂就不曾停止过。

一、在上古时代的神话中，英雄和神祇就是勤奋的劳动人民的代表

神话传说是在人类社会发展初期，由人类集体创作的有关自然变化或社会变革的故事。马克思在《政治经济学批判导言》[②] 中认为："任何神话都是用想象和借助想象以征服自然力，把自然力加以形象化，是已经通过人民的幻想用一种不自觉的艺术方式加工过的自然和社会形式本身。"这一观点揭示了神话的本质，即神话反映的是远古先民对世界起源、自然现象的认知和对美好生活向往的朴素愿望，以及通过自身努力征服自然、改造自然，最终达到和自然和谐相处的过程。神话是上古先民的集体创作，最开始通过口头相授，对自然界和人类社会的发展历史不自觉地以奇幻的形式进行描述和加工，后来在文字发明之后，神话逐渐出现在文化典籍中。

中国的神话也经历着由口头相授到诸于文字的发展历程。但与西方神话严密的家族式的神话体系不同，中国神话由于中国历史发展时间较长，社会更迭较为复杂，在反映了中华文明和中国社会发展的过程的同时，中国神话的故事人物异常丰富但记载却较为零散，和其相关的记录多见于《山海经》《尚书》《易经》《诗经》《礼记》《淮南子》《史记》等古籍文献中。在西方

---

① ［摩洛哥］伊本·白图泰［M］．马金鹏，译．北京：华文出版社，2015.

② 马克思．《马克思政治经济学批判》序言、导言［M］．北京：中国人民解放军战士出版社，1971.

神话中，神祇的等级森严不可逾越，神祇也多与人类一样，具有世俗的情感，甚至会表现出贪婪、嫉妒和欲望。在中国的神话中，无论是开天辟地的神祇，还是普通的人类英雄都是神话中的重要人物，都表现出勤劳奋斗精神和大无畏的抗争精神，如补天的女娲，射日的后裔，填海的精卫，治水的大禹……他们无不是在和自然进行抗争，用辛勤的劳动征服自然，改造自然。可以说中国神话并非完全是神祇的个人传记或英雄自己的史诗，它更多地反映着上古社会的发展史，反映着上古人民的勤奋劳动的历史。

历史学家钱穆先生在《国史大纲》第一编《上古三代之部》中提到："中国古代历史传说，极富理性，切近事实，与并世其他民族追述古史之充满神话气味者大不相同。如有巢氏代表巢居时期，燧人氏代表熟食时期，庖羲氏代表畜牧时期，神农氏代表耕稼时期。此等名号，本非古所本有，乃属后人想象称述，乃与人类文化演进阶程，先后符合。此见我中华民族之先民，早于人文演进，有其清明之观点与合理的想法。"① 根据以上观点可以看出，中国神话不但反映了华夏先民眼中世界和人类的起源，也反映了各部落之间的交流和冲突，更多地反映了先民的辛勤劳动和努力开拓。中国神话中所歌颂赞美的神祇和英雄，几乎都与生产劳动息息相关，通过这些神祇和英雄，华夏先民征服自然的勇气和勤奋开拓的热情得以充分展现。作为华夏文明的重要组成部分，中国神话起源于华夏先民的辛勤劳动，丰富于劳动，并且自始至终描述着先民的辛勤劳动，它是对华夏先民辛勤劳动的永久记录，更是对华夏先民奋斗精神和开创精神的不朽赞美。中华文明的出现和发展并非是凭空捏造或是空中楼阁，之所以能在历史长河中延绵不断，并且不断发展壮大，就是因为它产生于华夏先民的辛勤劳动，植根于华夏民族的勤劳的优良文化传统。可以说中华文明的发展历史就是中华民族的劳动历史，更是中华民族的开拓创新史。

在中国灿若星海的文化发展过程中，与中华民族勤劳奋斗的神话故事不胜枚举。

伏羲氏结绳罔罟。在《周易·系辞·下》② 中，有"古者包牺氏之王天下也，仰则观象于天，俯则观法于地。观鸟兽之文与地之宜，近取诸身，远取诸物，于是始作八卦，以通神明之德，以类万物之情。作结绳而为网罟，以佃以渔"。包牺氏即伏羲氏，意思是在远古时代，是包牺氏统治天下，他抬头观测天象，俯身勘察地形；又观察动物皮毛的纹路和它们在大地上的生长情况；就近则探讨人的自身，至远则探讨各种事物，根据这些情况开始创作

① 钱穆. 国史大纲［M］. 北京：商务印书馆，2013.

② 周易［M］. 郭彧，译注. 北京：中华书局，2006.

八卦以通晓事物的规律，用来分类归纳万事万物的变化；同时还发明用绳索编织做成渔网，用其打猎捕鱼。在《帝王世纪》中，有伏羲“乃尝味百药而制九针，以拯夭枉焉”。[①] 伏羲氏在不断的尝试和创新中，找到了能治疗疾病的药物和能去除疾病的九种针具，减少了先民的疾病和痛苦，延长了先民的寿命。伏羲氏所指的不仅仅是某一个具体的人，更是生活在那个时代的以伏羲氏为代表的群体，这个群体是了不起的思考者和发明创造者，他们通过多方面的勤奋劳动和充分实践，在医学、针灸学、畜牧、渔猎、兽医等方面取得巨大的成就，可以说他们是中华民族文明的奠基者，对中华民族的文明进步和发展起到了不可估量的作用。

有巢氏构木为巢。在《庄子·杂篇·盗跖》中，有“在古者禽兽多而人少，于是民皆巢居以避之。昼拾橡栗，暮栖木上，故命之曰有巢氏之民”。[②] 意思是古时候禽兽多而人少，于是人们都在树上筑巢而居躲避野兽，白天拾取橡子，晚上住在树上，所以称他们叫作有巢氏之民。而在《韩非子·五蠹》中，有“上古之世，人民少而禽兽众，人民不胜禽兽虫蛇。有圣人作，构木为巢以避群害，而民说之，使王天下，号之曰有巢氏”。[③] 有巢氏通过不断实践，教会先民在树上搭建出可以躲避野兽和洪水的原始的房屋，自此先民得以安居。此时的有巢氏已不再是隐逸在上古神话中的神祇，他代表着一个通过不断实践进而开创人类历史的平民群体，他所代表的人类从原始穴居发展到建造房屋的时代，是人类文明开启的时代。

燧人氏钻木取火。同样在《韩非子·五蠹》中，有“……民食果蓏蚌蛤，腥臊恶臭而伤害腹胃，民多疾病。有圣人作，钻燧取火以化腥臊，而民说之，使王天下，号之曰燧人氏”。从这里可以看到，古时先民都是生食瓜果蚌蛤，但因这些食物腥臊腐臭而使人得了疾病，后来燧人氏的出现带来了钻木取火的方法，先民才得以食用熟食。而在《三坟·太古河图代姓纪》中，也有“燧人氏，有巢子也，生而神灵，教人炮食，钻木取火，天下生灵尊事之”。燧人通过反复实践而发明的人工取火，教会民众用火烤熟食物，取暖照明等，人类文明的历史进入了一个全新的阶段。

禹治水三过家门而不入。在《孟子·滕文公上·第四章》中，有“禹疏九河，瀹济、漯，而注诸海；决汝、汉，排淮、泗，而注之江。然后中国可

① 皇甫谧等．帝王世纪 世本 逸周书 古本竹书纪年［M］．陆吉，注译．山东：齐鲁书社，2010.

② 庄周．庄子［M］．方勇，译注．北京：中华书局，2015.

③ 韩非．韩非子［M］．高华平，王齐洲，张三夕，译注．北京：中华书局，2015.

得而食也”。[1] 这里可以看到禹治水过程的艰难和伟大。为了中原地区的人民能够正常耕种土地，禹疏通了黄河下游的众多支流，疏导济水、漯水，使其流向大海；开通汝水、汉水，排除淮水、泗水的淤塞，使其注入长江。为了尽早平定水患，禹带领民众争分夺秒，“惟荒度土功”。在东晋史学家常璩撰写的《华阳国志·卷一巴志》中，有“禹娶于涂，辛、壬、癸、甲而去，生子启呱呱啼不及视，三过其门而不入室，务在救时”。[2] 禹辛日娶涂山氏，至甲日便返回继续治水，即使是儿子出生，也来不及返回探望。禹治水其“三过其门而不入室”“务在救时”的经历，展现出中华先民辛勤劳动，不畏艰难，锲而不舍的奋斗精神。大禹治水的行为对中华文明发展奠定了基础，大禹治水的历史就是中华民族同自然灾害不断作斗争的历史，大禹治水的精神也成了中华民族精神的宝贵财富。

后稷教人稼穑。在《山海经·大荒西经》中，有“有西周之国，姬姓，食谷。有人方耕，名曰叔均。帝俊生后稷，稷降以百谷”。[3] 记载了周族的始祖后稷的出生。在《诗经·大雅·生民》中，有“诞后稷之穑，有相之道。茀厥丰草，种之黄茂”。[4] 意思是后稷懂得如何耕田种地，能够辨明土质，除去杂草，挑选嘉禾，这反映了周人的耕作生活和农业的起源。《史记·十二本纪·殷本纪》中，有“后稷降播，农殖百谷”。[5] 后稷教导民众播种五谷，民众才知道种植各种庄稼。《殷本纪》将后稷和大禹、皋陶并列，称为“三公”，评价他们“三公咸有功于民，故后有立”。意思是这三位古人都对民众有功，所以他们的后代能够建国立业。在《尚书·吕刑》中，亦评价后稷“三后成功，惟殷于民”。[6] 因此受到尧的重视，而被封于邰（今陕西省咸阳市武功县），作为周人的始祖，后稷辛勤劳作，教会了先民农耕技艺，解决了先民的吃饭问题，对当时的农业作出了贡献。

这些传说中的神祇和英雄代表的是华夏文明的拓荒者，代表的是华夏文明发展道路上的探路人。在文明和历史的长河中，是他们点燃了第一点星火，照亮了华夏先民在蒙昧时代前进的道路，是他们从身边的事物起步，通过辛勤劳动与实践，把文明的种子播撒在神州大地。中国的远古的神话传说反映的绝不是一人一事的丰功伟业，传递的也不是上古神祇的所谓神迹，它反映的是上古时期一群勤劳而勇敢的人，努力适应自然、改造自然的伟大实践过

① 孟轲．孟子［M］．方勇，译注．北京：中华书局，2017.
② 常璩．华阳国志［M］．山东：齐鲁书社，2010.
③ 山海经［M］．方韬，译注．北京：中华书局，2011.
④ 诗经［M］．王秀梅，译注．北京：中华书局，2015.
⑤ 司马迁．史记［M］．赵生群，编．北京：中华书局，2014.
⑥ 尚书［M］．王世舜，王翠叶，译注．北京：中华书局，2012.

程。在那个时代，任何一次进步或一项发明创造，都是集千万人之功，历经漫长岁月，共同努力的结果。

二、中国古代文献典籍对勤劳奋斗的论述极为丰富

《尚书·周书·大诰》中有“天閟毖我成功所，予不敢不极卒宁王图事……天亦惟用勤毖我民，若有疾，予曷敢不于前宁人攸受休毕！”“天”指上天，“閟”意为慎重，“勤”为勤奋，“毖”意为告诉，慰劳。“宁人”，即周文王。意思是，上天把取得成功的办法慎重地告诉我们，因此我不敢不尽快完成文王的事业……上天也依旧关爱百姓，如果百姓有难，我又怎敢不像文王一样去解忧救难？经后人提炼，这句话成为“天道酬勤”。意思是上天会根据个人的劳动，给予相应的回报。上天会格外照顾勤奋劳动的人，上天给予他们的回报会更多。大自然的规律已经明示只有辛勤劳动、努力耕耘，才能获得丰收和享受丰收带来的喜悦。有努力才会有收获，而多一分耕耘，就会多一分收获，美好的生活，要靠坚持不懈地勤劳拼搏才能获得。

在《尚书·周书·周官》中，还有“凡我有官君子，钦乃攸司，慎乃出令，令出惟行，弗惟反。以公灭私，民其允怀。学古入官，议事以制，政乃不迷。……戒尔卿士，惟克果断，乃罔后艰……”这是周成王在历经三年攻克淮夷回到王都丰邑后，对臣民的一番劝诫。“功崇惟志，业广惟勤”，能取得伟大的功绩，是由于志向远大；要完成远大的事业，在于工作勤奋。“功崇”“业广”是目标是信念，无论是国家强大的实现还是个人成就的取得，都需要目标信念作为前提，没有目标信念，就没有努力的方向，“惟志”“惟勤”是途径是方法，是“功崇”“业广”实现的保障，在坚守目标信念的同时，要做到勤勉不怠、矢志不渝、恪尽职守。

《易传·象传上·乾》载有“天行健，君子以自强不息”。[①] 意思是宇宙不停运转，人应效法天地，不断奋斗永不松懈。人若想有所作为，追求更高的人生目标，就应该努力遵循客观规律，努力勤劳开拓不断发奋图强。无论是一个人的成长还是一个国家的发展，就像是充满困难的长跑。克服这些困难的关键，就是在遇到困难之后，仍然能选择自强不息，仍然能不停地努力向前。“自强不息”就是努力永不停止，它是中国人最为重视的精神内涵，是中华文明历经千载而得以传承的原因，是中华民族精神和力量的源泉。

在老子的《道德经》第四十一章中，有“上士闻道，勤而行之；中士闻

① 朱高正．易传通解［M］．上海：华东师范大学出版社，2015.

道，若存若亡；下士闻道，大笑之。不笑不足以为道”。[①]“道”是世间万物在运行发展过程中不约而同遵循的规律，“上士”“中士”“下士”则分别指悟性和智慧较高、一般和较差的人。老子认为，悟性较高的人听了道的理论，就会勤奋努力，身体力行；悟性一般的人听了道的理论，则将信将疑，犹豫不决；悟性较差的人听了道的理论，则匪夷所思，哈哈大笑。老子所提到的上中下三士，是从悟性和智慧的角度将人加以区分，但是实际上真正能把人区分开的却是人对规律和学习的态度和精神状态。所谓上士，就是愿意勤奋学习，努力将知识和实践统一结合的人。所谓中士，就是对学习持保守态度半信半疑，犹豫不决，采取观望态度的人。而下士，就是既不愿提高自己，又不愿勤奋学习，却又自以为是的人。因此要成为一名上士，成为一个有智慧、有觉悟的人，其根本的方法还是勤奋。

在《左传·宣公·宣公十二年》中，有“民生在勤，勤则不匮”。[②]“民生”，即民众的生计、生活；“匮”，即缺乏，不足，意思是民众的生计、生活在于辛勤勤劳，只要勤劳就不会出现物资缺乏。“民生在勤，勤则不匮”，原本来自楚庄王在灭庸国后对楚国臣民的教导。“楚自克庸以来，其君无日不讨国人而训之，于民生之不易，祸至之无日，戒惧之不可以怠。在军无日不讨军实而申儆之，于胜之不可保，纣之百克而卒无后。训之以若敖、蚡冒筚路蓝缕以启山林。箴之曰：‘民生在勤，勤则不匮。’不可谓骄……”。后来，晋国军事家栾书在两棠之役前对战役的可行性进行分析的时候认为，“楚师骤胜而骄”之说并不成立，因为楚王劝勉国人“民生在勤，勤则不匮”。这八个字简明扼要地概括了辛勤劳动对一个国家的重要意义。它能够保证一个国家的粮食供给，能够推动一个国家的社会发展，能够让一个国家居安思危。

东晋诗人陶渊明的《劝农》对劳动的重要性进行了阐述。其中，第五章“民生在勤，勤则不匮。宴安自逸，岁暮奚冀！儋石不储，饥寒交至”。[③]表达了作者对民众的劝勉，只有勤奋劳作，才会有所收获，他希望民众能够勤谨对待农事，通过劳动来改善和保障生活。而在明代政治家宋纁的作品《古今药石·续自警篇》中也有“民生在勤，勤则不匮，是勤可以免饥寒也”，意思是人民勤劳就不会物资缺乏，勤劳能够让使人民避免饥饿与寒冷。由此可见，勤奋不但对一个国家的国力发展至关重要，对民众自身的生存和生活也具有重要意义。

在《荀子·天论》中，有“强本而节用，则天不能贫；养备而动时，则

---

① 老子道德经注［M］．王弼，注．北京：中华书局，2011.

② 左传［M］．郭丹，程小青，李彬源，译注．北京：中华书局，2016.

③ 陶渊明．陶渊明集［M］．郭平，译．上海：上海文艺出版社，2019.

天不能病；脩道而不贰，则天不能祸”。[①] 这里“本”是指农业生产，“病”，意为责备，“脩”意为遵守，“贰”意为违背。荀子认为，加强农业生产节省支出，上天也不能使其贫穷；生产生活资料准备充足，且能顺应天时进行生产劳动，上天也不能责备他；循遵规律而不去违背，上天就不会降下灾祸。

同时，荀子也从反面强调了不勤奋劳动、奢靡浪费的坏处：“本荒而用侈，则天不能使之富；养略而动罕，则；倍道而妄行，则天不能使之吉。”如果农业生产荒废而用度奢靡，那么上天也不可能使其富裕。生产资料准备不足，而又不愿意勤奋劳动，上天也不会去保全他；违背规律而又肆意妄行，上天也不能让他平安。

在《天论》中荀子表达了对辛勤劳动的肯定和认同。荀子出生和生活在战国时代的后期，此时封建制度已经确立，各诸侯国之间战争冲突不断，而农业的发展对于战争的胜利和社会的稳定都具有极为重要的作用，因此各诸侯国纷纷把农业作为立国之本，高度重视农业的发展，并特别强调人的劳动在农业发展中的作用。

唐代文学家韩愈在其《进学解》中提到“业精于勤荒于嬉；行成于思毁于随”。[②]“业”指学业，“行”指人的德行。学业由于勤奋而精进，由于玩乐而荒废；德行由于思考而有所成就，会因为行事随便而遭到破坏，勤奋善思，方能成大器。“勤”代表人的积极向上的精神和努力奋进的状态，“业”是人学习的内容，“行”则是人的自我修养，“业”和“行”是为人处世的重要组成部分，只有勤奋学习，善于思考，拼搏不止，铢积寸累才能最终有所建树，有所收获。

唐代诗人李商隐写有七律《咏史》：“历览前贤国与家，成由勤俭破由奢。何须琥珀方为枕，岂得真珠始是车。运去不逢青海马，力穷难拔蜀山蛇。几人曾预南薰曲，终古苍梧哭翠华。”[③] 作者在开篇即开门见山，用史诗般的笔法写出了前朝兴亡的历史经验总结，即勤奋节俭能让一个国家兴盛发展，而奢侈浪费则会导致国家衰败灭亡。李商隐所处的唐朝晚期，朋党倾轧，宦官干涉，唐文宗虽立振朝纲，但是最终还是以失败告终。李商隐痛心疾首于唐王朝的颓势与没落的同时，总结了历朝历代王朝兴衰的经验教训，即“成由勤俭破由奢”。大到国家的兴衰，小到个人的发展，无论何时都要勤劳奋斗，绝不松懈，这样才不会重蹈覆辙。

清代文人钱德苍曾重新编辑流传在坊间市井的三部《解人颐》。其中《勤

---

① 荀况．荀子［M］．方勇，李波，译注．北京：中华书局，2015.

② 韩愈．昌黎先生文集［M］．上海：上海古籍出版社，2013.

③ 李商隐．李义山诗集［M］．扬州：广陵书社，2011.

懒歌》对懒与勤进行了描述。“为人在世莫嗜懒，嗜懒之人才智短。百事由懒做不成，临老噬脐悲已晚。士而懒，终身布衣不能换；农而懒，食不充肠衣不暖；工而懒，积聚万贯成星散。又不见，人生天地惟在勤，原勤之本在乎心。若能自强而不息，先须抖擞己精神。士而勤，万里青云可致身；农而勤，盈盈仓廪成红陈；工而勤，巧手超群能动人；商而勤，腰中常缠千万金。噫嘻噫嘻复噫嘻，只在勤兮与懒兮。丈夫志气掀天地，拟上百尺竿头立。百尺竿头立不难，一勤天下无难事。”①

诗歌中反复出现的士、农、工、商，就是一直存在于封建社会的“四民制度”。在《管子·小匡》中，管子曾对齐桓公说道：“士农工商四民者，国之石民也。”四民与当时的社会就是国家的柱石之民，他们是国家稳定和社会发展的基础。而《勤懒歌》的作者运用对比性的修辞手法，劝导勉励以士、农、工、商为代表的各行各业的民众勤奋努力，发奋图强。只要勤奋，天下就没有做不成的事情。而唯有勤奋才能“百尺竿头更进一步”，取得个人成功，进而推动社会的发展。

三、从古至今，勤劳奋斗的杰出代表数不胜数

勤奋是中华民族的传统美德，在中华文明的世代传承中，先辈们用他们的勤劳，创造了举世瞩目的中华文明奇迹，为中华民族的发展作出了重要贡献。先辈们勤劳奋斗的精神，也在不断的传承中发扬光大。

（一）古代历史中的典型人物

孔子，我国古代杰出的思想家、教育家、政治家、儒家学派创始人。孔子读书勤奋用功，晚年又极喜欢读《周易》，因此花了很大的精力，把周易反复读了许多遍，直到把串连竹简的熟牛皮绳子都磨断了许多次。这就是出自《史记·孔子世家》的“韦编三绝”。这个典故体现了孔子严谨的学习态度和勤奋的学习精神。但是，是什么让孔子如此勤奋学习呢？孔子所处的时代，历代各国文献资料非常丰富，为了学有所成，就必须勤奋学习，并持之以恒。而作为儒家学派的创始人，孔子的另一个重要身份是“师”，他有弟子三千，贤人七十二，是他创办私学，把原来由贵族世家所垄断的教育推广至平民百姓。他的身份要求他毕生都要对学习勤奋不止，孜孜不倦。正是孔子勤奋的学习和不断的思考，他在教学的过程中把自己的知识，对社会的思考，对人生的领悟，悉数传递给他的学生、传递给后人，他的思想照亮了那个时代，也照亮了中国几千年的历史。

---

① 钱德苍．解人颐［M］．湖南：岳麓书社，2005.

司马迁，西汉史学家、散文家，以其“究天人之际，通古今之变，成一家之言”的史识创作了中国第一部纪传体通史《史记》。《史记》记载了上至黄帝时代，下至汉武帝太初四年间，总共三千余年的历史事件，由十二本纪、三十世家、七十列传、十表、八书组成，共一百三十卷，五十二万余字，《史记》语言形象鲜明，史料丰富可靠，被人们作为散文的典范，誉之为“千古之圣文”，被鲁迅先生盛赞为“史家之绝唱，无韵之离骚”。司马迁少时开始便勤奋学习，遍读古书，曾问故于孔安国，这为著述《史记》打下了良好的文学基础。成年后他曾三次出游，其间他考察了众多历史事件发生的地理环境，为著述《史记》收集了大量的历史史料。在《史记·七十列传·太史公自序》中记载了他二十壮游的经历：“二十而南游江、淮，上会稽，探禹穴，窥九疑，浮于沅、湘；北涉汶、泗，讲业齐、鲁之都，观孔子之遗风，乡射邹、峄；戹困鄱、薛、彭城，过梁、楚以归。于是迁仕为郎中，奉使西征巴、蜀以南，南略邛、笮、昆明，还报命。”① 他从二十岁就开始收集史料，到六十岁完成《史记》，前后历时整整四十年。这四十年间，司马迁经历了攻读、远游、承命、受辱的特殊人生机遇，但是他坚忍不拔，勤奋著书，他用胆识与才华成就了这部中国史学史上第一部贯通古今、影响深远的纪传体通史。

李时珍，是我国明代著名的医学家、药物学家。他科举三次落地，后继承祖业转而行医。在多年行医的过程中，他发现历史上各种版本的本草著作存在很多混乱和错误的情况，为了治病救人，于是决定重新编著一部内容全面涵盖丰富的本草著作。李时珍利用自己行医多年的知识和积累的经验，并且参考历代有关医药及其他书籍文献八百余种，游历七省，收集各种单方上万个，记载植物类药物一千一百八十种，动物类药物四百六十二种，汇总新增各种药物一千八百九十二种，历时二十七年，终成初稿。后又在十年间，前后修改三次，他用了四十年的时间编成了中国古代药物学巨著《本草纲目》。《本草纲目》在药物学方面所取得的成就举世瞩目，它整合并开拓了我国古代药物学的标准体例和结构，其所使用的纲目分类法在药物学和生物学领域具有划时代的意义，对国内外药学医学和科学的发展都产生了重大影响。李时珍的勤奋不辍、勇于探索的研究精神和实事求是、重视实践的科学研究态度为后人树立了光辉的榜样。

（二）当代中国具有勤劳奋斗精神的典型代表人物

进入现代社会，冲破阻碍，不断创新，追求卓越，精益求精的中华民族精神被广泛传颂，而这精神的核心全都离不开“勤奋”二字。中国劳动人民

---

① 司马迁．史记［M］．赵生群，编．北京：中华书局，2014.

就秉承着这传承了一代又一代的勤奋的劳动精神，经受了一次又一次的严峻考验，取得了一个又一个的辉煌成就。

屠呦呦，中国药学家，因发现了能有效降低疟疾患者死亡的青蒿素，而在2015年10月获得诺贝尔生理学或医学奖，成为首位获得科学类诺贝尔奖的中国人。屠呦呦的成功来自于她经年不懈的勤奋。在研制青蒿素的过程中，她带领团队成员，四处走访老中医，系统整理历代医药典籍，先后试验了两千多种中草药制剂，并从中选取了六百四十种与治疗疟疾相关的药方，又从二百余种草药中，提取到三百八十种提取物，并逐一进行抗疟疾实验，当实验进行了一百九十次之后，屠呦呦终于在第一百九十一次实验中取得了成功！这一串串数字的背后，是屠呦呦辛勤的付出和艰苦的劳动。屠呦呦从二十五岁参加工作开始，便深耕于中国传统医药学，直到2015年取得诺贝尔奖。已经八十五岁的她，在疟疾的预防治疗研究中坚持不懈地工作了六十年。屠呦呦用自己的不利与勤奋不仅为人类健康事业作出了巨大贡献，也为自己赢得了成功，实现了宝贵的人生价值。

袁隆平，农业科学家，杂交水稻之父，毕生致力于杂交水稻技术的研究、应用与推广，是世界上第一个将水稻的杂交优势成功地应用于生产的科学家，为我国粮食安全、农业科学发展和世界粮食供给作出了巨大贡献。中国是一个人口众多的国家，粮食安全问题对我国经济发展、社会稳定具有重要意义。因此在国家建设和发展的过程中，必须要保证中国人的饭碗牢牢端在自己的手里，袁隆平深知粮食安全的重要性，为了解决中国人民吃饭的问题，六十多年来，他一直在杂交水稻研究领域勤奋工作，从在水稻田里发现的第一棵变异的雄性不育株，到“三系法”种植水稻方法在中国水稻种植实践运用中获得的成功，再到我国特有的“两系法”水稻的育种方法，袁隆平用辛勤劳动换来的是中国水稻粮食产量的一个又一个的不断突破。现在袁隆平和他的团队仍致力于研究一系水稻的培育方法，在固定杂交水稻的优势特征的研究道路上，做着一次又一次的努力。一株稻禾虽小，但是袁隆平历经多年勤奋研究，用一株稻禾守护了国家的粮食安全。

樊锦诗，敦煌考古学家，毕生致力于敦煌石窟的考古、保护和管理工作，被誉为“敦煌的女儿”。1963年，樊锦诗从北京大学历史系考古学专业后，就进入了敦煌文物研究所，潜心进行石窟的考古研究，这一待就是四十多年。四十多年间，她勤奋工作，埋头苦干，继承了和发扬了常书鸿、段文杰等老一辈敦煌石窟研究工作者的艰苦奋斗精神，运用考古类型学的方法，完成了敦煌莫高窟北朝、隋及唐代前期的分期断代工作，推动立法和制定莫高窟总体保护规划，构建“数字敦煌”等重要文物研究和保护工程，她带领科研人员在石窟考古、佛教美术、文献研究等领域都取得了新成果。她撰写的《敦煌石窟研究百年回顾与瞻望》，是对 20 世纪敦煌石窟研究的总结和思考。由她负责编纂的大型丛书《敦煌石窟全集》，则是百年敦煌石窟研究的集中展示。国学泰斗饶宗颐先生对于《敦煌石窟考古全集》也给予了“既真且确，精致绝伦，敦煌学又进一境”的高度评价。樊锦诗在敦煌石窟的研究上，躬耕多年，勤劳不辍，她视敦煌石窟如生命，倾尽一生去守护敦煌石窟的安全，为敦煌石窟的研究和保护作出了巨大贡献。

塞罕坝林场建设者，河北省承德市北部的务林人。历史上，塞罕坝曾是水草丰沛、森林茂密的游牧之地，但是由于清代的过度开发和日本侵略者的疯狂掠夺采伐，到新中国成立初期塞罕坝已经退化成一望无际的荒漠，森林荡然无存，鸟兽不见踪迹。为了改善北京、天津地区的生态环境，减少风沙危害，涵养土地水源，从 1962 年开始，来自全国 18 个省 369 人的建设队伍，拉开了塞罕坝林场建设的帷幕。为了恢复塞罕坝这个高寒地区的绿色植被，塞罕坝的建设者们虽然经历多次失败，终于选育出适合塞罕坝生长环境的优质树种。他们又发明了“三锹半缝隙植苗法”，提高了在荒漠总里植树造林的效率，节约了造林成本。他们还在实践中发明了容器苗造林，提高了苗木在恶劣环境下的成活率。塞罕坝人用勤奋实践使这片土地焕发出了全新的活力。经过塞罕坝林场建设者三代人五十多年的辛勤建设、艰苦创业，塞罕坝现在已经成为全国最大的人工林场，终于把昔日风沙漫天、草木凋敝的茫茫荒原变成了传说中“山川秀美、林壑幽深”的美丽高岭。塞罕坝林场的建设者们用勤奋劳动创造了荒原变绿洲、沙漠成林海的世界奇迹。他们诠释了可持续发展的环保理念，用实际行动铸就了牢记使命、艰苦创业、绿色发展的塞罕坝精神。

北斗，作为司南的原型，自古以来就是中国人确定方向、测定季节的重要参照。北斗团队，是我国自主研发导航系统的中坚力量，为中国的导航事业的发展作出了不可磨灭的贡献。为了保证国家导航事业的安全，打破美国的 GPS 垄断，在中国卫星之父孙家栋和两弹一星功勋之一陈芳允的倡导和带领下，三十余万名科学家、四百多家单位陆续投入到了北斗卫星导航系统的建设中。

从 1994 年北斗一号系统建设正式启动，到 2003 年 5 月北斗一号卫星组网成功，北斗一号系统的投入使用满足了中国及周边地区定位、导航和授时需求。九年间，北斗团队勤奋不辍的努力工作，坚持不懈的攻坚克难使中国卫星导航定位事业发生了从无到有的巨大转变，北斗一号卫星系统的建成标志着中国在卫星导航领域的初步成功。中国也终于成为了继美国的 GPS，俄罗斯的格洛纳斯之后，第三个拥有自主知识产权、能够自主研发卫星定位导航系统的国家。

从2004年北斗二号系统建设启动，到2012年完成了14颗卫星的发射组网。八年间，中国创新构建了中高轨混合星座架构，创造连续三年成功发射14颗导航卫星的佳绩，建成了覆盖亚太地区的北斗二号系统。不仅实现我国领土和周边区域的高精度定位，还实现了测速、授时和短报文通信等多种服务功能。

从2009年北斗三号系统建设启动，到2020年6月北斗三号系统组网成功，中国用了十一年时间终于完成了北斗全球系统星座部署，北斗三号系统在为中国及周边地区提供星基增强、地基增强、精密单点定位和区域短报文通信等多种服务的同时，还能为全球用户提供定位导航授时、全球短报文通信和国际搜救等服务，在世界卫星导航领域中占据着重要的一席。

二十余年来，一代代的北斗人持续深耕天域，秉承着“自主创新、开放融合、万众一心、追求卓越”的北斗精神，突破阻碍，勤劳奋斗，自主创新，攻坚克难，实现北斗系统关键器部件100%国产化，攻克了包括星间链路在内的等一大批核心关键技术，为中国的国家建设、经济发展和国家安全保驾护航。

终一生而成一事，这是无数中国人用一生谱写的传奇。正是无数中国人用尽一生诠释了“生命不息勤奋不止”的奋斗信念，才有了国家的伟大进步和社会的巨大发展。这一信念已经完全融入我们的血脉，造就了一个百折不挠、拥有顽强生命力的勤奋的伟大民族。对美好生活的向往是中华民族勤劳奋斗的不竭动力，对信念的坚守是实现中华民族伟大复兴的重要保障。每个人在国家发展的道路上执着坚守于自己的工作，用一生的时间为之勤劳奋斗，就一定能在前行的道路上拥有充实丰富的收获，实现国家强盛和民族发展的共同目标。

第三节　大学生勤劳奋斗精神的培养

一、培养当代大学生勤劳奋斗精神有助于实现大学生的自我人生价值

伴随着国家实力的增强和社会经济发展的趋势，大学生拥有了更宽广的展示自身才华的舞台和更多的良好发展机遇。当代大学生思想活跃，富有创

新意识，充满激情，渴望实现个人价值，实现对美好生活的向往。然而天上不会掉馅饼，美好的生活是要通过勤劳的奋斗而实现的。当代大学生要想获得更好的学识、更高的能力、更好的工作条件、更好的生活追求，就离不开脚踏实地地勤奋劳动和艰苦奋斗。人类的历史已经无数次证明，人类文明的任何一次小小的进步，都离不开无数人的勤奋和努力。鲁迅先生曾经说过："伟大的成绩和辛勤劳动是成正比例的，有一分劳动就有一分收获，日积月累，从少到多，奇迹就可以创造出来。"

当代大学生要实现个人价值，追求美好生活，就要胸怀梦想，坚定不移地朝着自己的奋斗目标不断前进，在这个过程中可能会遇到各种诱惑和阻碍，但是只要脚踏实地地勤奋学习，扎扎实实地努力工作，就一定能实现自己的目标，收获美好的未来。美好的生活不是靠空想得来的，任何成功的取得都会经历艰难险阻，那些希望不费力气就能轻松达成人生目标获得成功的期望，都是不可能实现的。

当代大学生的学习和生活条件较以前更为优越，因此个人实践能力，自我管理能力和情绪抗压能力都有待进一步的培养。因此培养大学生勤奋的劳动精神，有助于学生在遇到学习、就业和个人生活问题时，能够忍受这些问题所带来的压力和挫折，能够忍受学习的枯燥，能够扛住实践的艰辛，能够顶住生活的压力，能够百折不挠、锲而不舍，用积极的心态全力向自己的人生目标稳步前行。

因此培养当代大学生的勤劳精神，有助于大学生认清事实，树立明确的人生目标，并为目标的实现不断勤奋工作，努力奋进。

二、培养当代大学生的勤劳奋斗精神，有助于大学生塑造正确的价值观

作为国家未来发展的重要推动力量，当代大学生的价值观取向决定了未来社会价值观的发展方向。大学生价值观的塑造是在大学期间逐步塑造完成的，因此培养当代大学生勤劳精神有助于大学生价值观的塑造。当今社会发展迅速，新生事物层出不穷，各种信息来源纷繁复杂，不同价值观交织碰撞，但是与此同时，大学生的个人阅历和实践能力有限，容易受到外界新鲜事物和各种价值观念的影响，尤其是在面对享乐主义，拜金主义和消费主义等不良价值观冲击时，容易出现困惑，放松自己，迷失方向。因此，要在大学生价值观尚未完全形成的时候，用正确的观念影响和塑造他们的价值观。要通过勤劳精神的培养，使他们树立正确的积极向上的价值观、人生观、消费观。当代大学生是祖国的未来，是民族的希望，与国家的发展息息相关，大学生

的价值观的确立和整个社会价值观的发展方向密不可分。大学生价值观的正确与否，直接关系到中华民族复兴伟大事业能否实现。培养当代大学生勤劳奋斗精神，引导大学生树立积极向上的价值观念，有助于大学生排解思想上的困扰，自觉抵制错误世界观和思想的侵袭；有助于大学生树立正确的社会价值观，树立积极向上的人生态度；有助于引导大学生成为积极践行社会主义核心价值观的倡导者和引领者。

三、培养当代大学生的勤劳奋斗精神，对全面实现中华民族伟大复兴具有重要意义

当代大学生肩负着全面实现中华民族伟大复兴的重要任务，要实现这个全体中国人民共同的理想目标，获得这项事业的巨大成功，就需要无数中国人的积极参与、拼搏付出，其中更包括了最富有希望和朝气的当代大学生。中国今天能够取得伟大的成就，靠的就是无数人用勤劳奋斗的。现在，中国人民比历史上任何时候都更加接近实现这个伟大目标，也比历史上任何时候都更有信心和能力实现这个伟大目标。当代大学生作为这项伟大事业的继承者和接班人，需要秉承前人勤劳奋斗坚持不懈的崇高精神，为实现伟大复兴的目标而奋勇拼搏。

在经济全球化、信息化影响深远的大背景下，国际形势日趋复杂多样。多极化继续发展，中国经济发展的赶超速度继续加快，国际力量对比出现新的变化；国际竞争日益激烈，大国之间各种关系面临新的调整，相互博弈情况加剧，给中国经济的发展带来更多挑战和变数；地区热点问题此起彼伏，世界和平及地区安全面临着新形势的挑战；新科技革命逐渐到来，大国间科技实力竞争日趋激烈，发展中国家与发达国家之间的数字鸿沟不断扩大。在国内，国家建设和经济发展虽然取得了巨大成就，但中国仍然处于社会主义初级阶段，与发达国家相比，中国在很多方面和世界先进水平仍有巨大差距；社会主义市场经济发展，促进经济发展，在平等、竞争、效率等观念深入人心的同时，也使拜金主义、享乐主义、奢侈浪费之风盛行；多元文化的发展方兴未艾，对主流文化和传统文化的发展带来了一系列的推动，但是也造成了一定程度的冲击。面对这一系列的复杂局势和问题，更需要当代大学生们勇于面对各种问题，积极应对各种挑战，用艰苦奋斗的精神、脚踏实地的干劲担当起国家富强、民族复兴的伟大历史任务。所以，培养当代大学生勤劳奋斗的精神，为当代大学生实现中国梦和个人价值树立明确目标，使大学生在拼搏实践中始终能保持艰苦奋斗、昂扬向上的精神状态，在重大历史任务面前能够勇于担当、甘于奉献，成为国家和人民的伟大建设事业的中坚力量。

中华民族是一个勤劳的民族，勤劳奋斗的精神已经成为中华民族的优秀传统，融入了中华民族的血脉之中，潜移默化地成为整个民族的行动准则。正是因为勤劳奋斗的精神，中华民族才创造出了历史悠久的灿烂文明；也正是因为勤劳奋斗的精神，中国才最终实现了脱贫攻坚的伟大胜利；也因为勤劳奋斗的精神，中国才能在一次次的挑战面前攻坚克难，化挑战为机遇，逆风而行乘势而上获得更大的发展。在全面建设社会主义现代化国家新征程中，要继承和发扬勤劳奋斗的精神，认清基本国情，沉着应对和防范发展道路上的各种困难和风险，不断提高学习能力和工作水平，积极发挥主观能动性和创造性，为中华民族的伟大复兴贡献全部力量。

第七章　大学生文化品格之公道正派

公道正派是中华传统文化所推崇的处世之道。革命先驱孙中山把“天下为公”奉为至理，一生为之奋斗不息。公道正派是世人所推崇的做人哲学和传统美德，是维系人们正常社会交往和社会稳定的一项最基本的品质要求和行为准则。所以，深刻认识公道正派的内涵和表现，对于新时期大学生品格培养将起到重要作用。

社会主义核心价值观是社会主义核心价值体系的内核，体现社会主义核心价值体系的根本性质和基本特征，反映社会主义核心价值体系的丰富内涵和实践要求，是社会主义核心价值体系的高度凝练和集中表达。其中倡导的“自由、平等、公正、法治”是社会层面的价值取向，正是这其中的“公正”二字赋予了公道正派新时期新的内涵，将其纳入到社会主义核心价值观的层面去理解，并作为社会层面对大学生品格培养的要求，才能更好地发挥其应有的作用。

公道正派的深刻内涵与社会主义核心价值观中的公正和法治的内涵有着高度的精神一致。实现法治社会的前提之一是有良好的社会基础，通过对大学生进行公道正派的品格培育，也可以为法治社会的实现提供良好的社会和人才基础。

第一节　公道正派的内涵

所谓“公道”，就是公平、客观、合理，遵循事物发展和人类社会关系中的基本法则，尊重事物的本来面目；所谓“正派”，就是作风、品行要规矩、光明、严肃，要符合社会大众的道德意识、思维方式和行为方式。《现代汉语词典》解释：公道：公正的道理、公平、合理。正派：（品行、作风）规矩严肃、光明正大。

以“公”为“道”，不偏不倚；持“正”为“派”，不歪不斜，才称得上公道正派。公道正派是为人处世的基本道德准则和行为规范，是人们普遍认同的处世态度和价值取向，它具有一定的社会历史性和阶级性，在不同的历史时期，有着不同的表现形式，具有鲜明的时代特征。

先哲云，“君子坦荡荡”“大贤秉高鉴，公烛无私光”“其身正，不令而行；其身不正，虽令不从”。我国历代恪守公道正派的人物事迹总能得到历史的记忆和传颂。大公无私、礼贤禅让的尧舜；公而忘私、尽职尽责的李冰父子；秉公执法、不徇私情的北宋包拯；清正廉明、刚正不阿的明代海瑞。

当代社会公道正派的丰富内涵体现出社会对公正和公平的价值观，要求我们立足国情研究中国社会现实，遵循社会发展规律，坚定道路自信、理论自信、制度自信、文化自信，走出一条有中国特色的社会主义道路。

大学生正处于身心发展、“三观”养成的关键时期。大学正是为国家和社会输送建设者和接班人的重要场所，为了培养高素质的社会主义建设人才，必须以新时代社会主义核心价值观中的公正价值观培育大学生品格养成。

一、社会主义核心价值观

党的十八大以来，中央高度重视培育和践行社会主义核心价值观，中办下发《关于培育和践行社会主义核心价值观的意见》。党中央的高度重视和有力部署，为加强社会主义核心价值观教育实践指明了努力方向，提供了重要遵循。我们要以培养担当民族复兴大任的时代新人为着眼点，强化教育引导、实践养成、制度保障，发挥社会主义核心价值观对国民教育、精神文明创建、精神文化产品创作及生产传播的引领作用，把社会主义核心价值观融入社会发展各方面，转化为人们的情感认同和行为习惯。

党的十八大提出，倡导富强、民主、文明、和谐，倡导自由、平等、公正、法治，倡导爱国、敬业、诚信、友善，积极培育和践行社会主义核心价值观。富强、民主、文明、和谐是国家层面的价值目标；自由、平等、公正、法治是社会层面的价值取向；爱国、敬业、诚信、友善是公民个人层面的价值准则。这 24 个字是社会主义核心价值观的基本内容。

“自由、平等、公正、法治”，是对美好社会的生动表述，也是从社会层面对社会主义核心价值观基本理念的凝练。它反映了中国特色社会主义的基本属性，是我们党矢志不渝、长期实践的核心价值理念。自由是指人的意志自由、存在和发展的自由，是人类社会的美好向往，也是马克思主义追求的社会价值目标。平等指的是公民在法律面前的一律平等，其价值取向是不断实现实质平等。它要求尊重和保障人权，人人依法享有平等参与、平等发展的权利。公正即社会公平和正义，它以人的解放、人的自由平等权利的获得为前提，是国家、社会应然的根本价值理念。法治是治国理政的基本方式，依法治国是社会主义民主政治的基本要求。它通过法制建设来维护和保障公民的根本利益，是实现自由平等、公平正义的制度保证。

二、社会主义核心价值观中的公正

任何时代、任何国家，社会发展进步都离不开精神动力的内在推动。文化中的价值观念占据着核心位置。公正价值观体现了综合性的价值目标和价值要求。

公正涉及社会、政府、制度的正当性与合法性。公正是社会主义的本质要求和基本特征。公正的内涵有不同的说法，现代社会通常会把公正作为其追求的基本价值目标。党的十八大报告指出："必须坚持维护社会公平正义。公平正义是中国特色社会主义的内在要求。"公正作为社会主义核心价值观的首要价值目标也是广大人民群众的现实要求。那么，何谓公正？对社会主义社会而言，公正就是社会的政治利益、经济利益和其他利益在全体社会成员之间合理而平等的分配。它意味着权利的平等、分配的合理、机会的均等和司法的公正等。公正带来和谐，社会和谐的实现必须要有公平正义的维系与调节。

公正价值观既包含自由与平等的要求，也对自由与平等各自可能出现的偏颇问题能够给予适当的解决。作为一种综合性的价值目标，公正包含以下几个相互联系的原则：

（一）基本权利平等原则

社会公正的这个原则要求保护每一个公民的自由权利，排除非法的强制，除非违反法律受到法律的追究。公正还要求在基本权利的享有上，每个人应该完全平等。也就是说，国家或社会给予每个公民平等地担当社会角色以及享有社会角色的权利，平等地履行社会角色的义务。这个原则否定只享受权利不履行义务的合法性。所有社会价值——自由和机会、收入和财富、自尊的基础——都要平等地分配，除非对其中的一种价值或所有价值的一种不平等分配合乎每一个人的利益。

（二）分配公正原则

权益的获得必须以其贡献为前提，并且以贡献相匹配，这就是通常称之为分配公正的原则。那么，权利与义务究竟如何分配才是公正的？简单来说，就是国家或社会根据成员的贡献大小分配其相应的利益，收益与其贡献成正比。社会成员在获取权利的同时必须担负相应的义务。贡献在先，权益在后，贡献是权利的源泉和依据。只有当每个人先为社会创造价值或作出贡献，然后社会才会有利益分配给个人。社会分配给每个人利益的多少，只能依据个人对社会贡献的多寡。公正分配本质上是一种特殊的对等交换，其原始形式是合理地互通有无。不提供贡献而获得的利益意味着某种不公正的剥削。由分配公正原则可以推导出公正的第二原则，即权利与义务相称的原则。马克思认为："没有无义务的权利，也没有无权利的义务。某一社会角色所能获得最多的权利必须相当于所承担的义务。"

（三）所得限制原则

所谓所得限制就是在同一个国家社会内部，一个人或者一个家庭所拥有的资源不应该多到其余人不能维持基本的生活需要。这条原则是为了防止个人垄断社会财富。这也是不少国家都出台遗产税和赠予税的原因。所得限制原则可以避免少数人占有大量社会资源，形成对社会资源的浪费，造成其他社会成员生存发展的困难。

（四）最低保障原则

这个原则目的就是要保障每个人的基本生存条件，防止社会上出现不能生存的穷人。也就是通常所说的免于匮乏的权利。所得限制和最低保障之间的限度就是社会公正的范围。这两条原则有着内在的关联，这两条原则既适用于经济领域，也适用于政治方面。从经济方面来看，富人可以拥有财富，但是，社会的最穷者必须拥有最基本的生存资料。通俗地说，就是富人可以更富，穷者不能赤贫。就政治方面而言，社会的弱势群体必须享有基本人权。通俗地说，就是强者可以担任高级官员，弱者必须是自己的主人。

（五）侵害补偿原则

侵害补偿原则就是任何人有意侵害了他人的权益和社会公共利益，就必须对被害人或者社会作出相应的补偿，这条原则又称为惩罚原则。这种惩罚性公正是必不可少的，忽视或者放弃惩罚性公正就会导致不公正。如果不去惩罚各种侵害他人和社会的危害行为，就意味着纵容不正义的行为，那就等于允许侵害人谋取不正当利益。因此，社会公正要得到真正的维持，甚至是某种程度的维持，都需要惩罚性公正作为一种可以随时实施的威慑力而存在。

上述五条原则是社会公正的基本遵循，也是衡量一个国家或者社会是否公正的基本标准。公正不仅是社会主义核心价值观的首要价值目标，也是社会发展的动力功能和社会秩序的凝聚功能之所在。公正是推动社会发展的动力机制，人们对社会生活是否公正的预期与判断，是人们形成行为动机的心理基础。一个公正的社会机制是凝聚人心、鼓舞干劲的重要力量，有利于调动大多数人的积极性。从形而上的意义来看，公正就是每个人创造幸福生活所需要的价值保证。作为新时代的大学生，树立公正的价值观，有助于推动社会公正的实现。

三、公正价值观的价值

首先，公正能够保证良好的社会公共秩序、价值取向和制度安排。社会公正价值取向属于政治法律的公共领域，具有普遍性，共识性的特点，能够造就人的行为规则的统一性，进而促使社会形成良好的公共秩序，构成社会共识的基础。而上层建筑其他领域，如道德、宗教、哲学则具有多元性特点。正是这种普遍性、共识性的特点，能够让现代社会人们多元的价值观、思想意识保持大体一致，为社会和谐与良好的公共秩序提供精神共识。另外，社会公正作为一种制度安排具有法律的强制性，要求人们都要遵守。这样一来，人的社会行为就有共同底线来防止行为失范。在这种基本共识与行为底线下，人们可以追求个人的完善完美，践行自我的价值标准和价值取向，也可以以不同的生活方式来体现社会的丰富与活力。这种普遍性、底线性思维和规范既有利于社会和谐，又有利于社会的丰富。

其次，公正有利于和谐社会的构建。公正具有基础性、共识性的价值目标与制度安排，是具有最大公约数的价值函数，它是利他与利己的辩证统一。只利己容易导致无序与冲突；大部分人做不到利他，还会带来伪善。公正价值观主要体现为制度安排和规则运行，具有的利他和利己的辩证统一，构成社会和谐的行为规范与制度基础。利己而不逾底线，不损人利己；利他出于自觉自愿，而不是唱高调的机会主义作秀。人们按照公正这一共识性、基础性规范去行动，就能形成社会的相对和谐状态。

最后，公正可以化解矛盾和冲突，从而推动社会和谐。国家制度和国家机关的设立按照公正的原则和价值目标来运行，同时按照公正规则来分配基本的权利、义务，这样就能合理地处理社会个体与国家的关系，产生良好秩序与和谐文明。国家和社会以公正的制度和规则来调节社会不同阶层、人群的权利和义务关系，并以此来维护个人的基本权利和自由。如此，社会各阶层之间，个人和国家之间的矛盾与冲突就能够得到化解。形成社会不同阶层之间、个人和国家之间的和谐。

总之，公正涉及的是社会制度与规则的正当性和公平性，这种正当与公平能带来社会和谐。培育当代大学生公道正派的品格，就是要理解其深刻内涵，将公道正派与社会主义核心价值观中的公正价值观相结合，使公道正派在新时代焕发新的活力。

第二节　公道正派品格培养的意义

社会主义核心价值观是当代中国的文化共识，也是青年学生必须牢固树立的理想信念与积极践行的行动指南。公正是社会主义核心价值观的重要组成，是彰显道德价值的重要品质，是各种价值观的道德交集与实现基础，树立积极健康公正观是培育社会主义核心价值观的重要抓手。个人只有塑造公道正派的道德素养，才能由此激发诸如友善、诚信、敬业等其他道德品质；相反，公正观的扭曲容易影响大学生对现实社会的基本认知，对各种社会现象产生错误的价值判断，降低对社会的正面评价。因此，必须加强深刻认识公道正派的深刻内涵，从树立公正价值观入手，使公道正派具有现实意义并产生良好的社会效果。

一、公道正派品格培养是时代给出的命题

（一）有利于维护社会公正

随着经济、社会结构转型，市场化意识诱发逐利性思维，进而挑战传统道德观念。社会生活中事关公平正义的新问题不断显现，让公正成为人们最为迫切实现的个人价值追求，以及对国家治理能力与治理水平的评价依据。正确的公正价值观能够引导大学生建立对于社会公正的科学认知，提高分析、解决各类社会问题的基本能力，形成自身的公正正气，继而强化他们的社会责任感与使命感，驱动他们同社会不良社会风气进行斗争。随着高等教育的不断发展，未来主导社会发展的精英阶层绝大多数都拥有大学学习经历。大学生是先进思想、先进文化与崇高道德的引领者与传播者，他们对社会公正的认知、态度与评价事关社会主流意识，是社会舆论的重要组成。通过科学的价值引导与教育，大学生能够对外彰显自身最科学、最理性、最符合社会发展需要的价值观念与行为准则，从而带动全社会共同树立良好的公正价值观，有效进化社会风气，全力维护社会公正。

（二）有利于维护社会和谐

大学生处在特定的生理发育阶段，容易出现情绪激动，如果没有正确的公正观加以引导，很容易对社会发展过程中的一些阶段性矛盾产生非理性情绪与行为。改革开放四十多年来，伴随着经济的高速增长而产生的贫富分化、阶层分化等社会公正问题容易动摇一些阶层群体的公正信念。越处于弱势地

位的阶层，对社会公正的评价越低，个人利益的诉求越强烈，对高势位阶层的仇视也越明显。高校是社会的缩影，大学生身上承载着家族固有的阶层意识，尤其是来自社会弱势阶层家庭的大学生，在进入大学之前已经长期受到父母所灌输的，具有阶层意识的公正观影响；这其中不乏一些仇视主流阶层、精英阶层的消极观念。树立客观、理性的公正观，能够帮助大学生理性客观看待现实存在的社会问题，构建对于社会公正的科学评价标准；能够帮助大学生进行心理调适，缓解自身不公正感，进而增进各阶层之间的相互理解、包容与认同，维护社会和谐稳定。

（三）有利于构建社会秩序

社会道德水平是社会公正的基础，两者相互促进、相互影响。良好的道德秩序与个人道德水平能够促进人们的公正意识不断加强，而正确的公正价值观又是提升整体道德水平、优化道德环境的现实条件。一个缺乏公正意识的人，很有可能缺失基本道德理念，从而善恶不分、是非不明。一个没有公正的社会，有可能面临着道德信仰的崩塌与社会秩序的瓦解。当前，我国既是经济增长速度换挡期，又是结构调整阵痛期。在这样特殊的发展背景下，我国的社会道德领域将不断凸显新的问题，面临新的挑战。各种外来文化思潮与本土落后文化思想持续冲击我国公民的道德意识。在一些群体、一些领域当中不断出现的道德失范现象，成为社会不公正现象产生的重要源头。大学生即将跨出校门，走上社会，正确的公正价值观能够有效提升大学生的道德水平，引导他们积极参与维护社会公正的道德实践活动，以更高层次的道德规范约束自己的行为，构建良好的社会道德秩序。

二、公道正派品格培养是大学生成长成才的客观需要

（一）端正人生态度、树立理性思维的需要

当前，我国大学生群体的主流是健康向上的，但也存在一些消极表现。大学生群体中违反公正原则的行为时有发生。部分大学生对社会公正问题毫不关心、态度冷漠，对不涉及自身利益事件完全不予理会；个别大学生受到不良风气的侵蚀，公正意识淡漠，价值观扭曲；一些大学生在利益面前知行不一、内外有别。一方面坚决维护个人利益，另一方面却视他人利益于不顾；部分大学生在面对社会不公正现象时缺乏理性思辨，在个别网络舆论的错误引导下盲目泛化义愤，对各种舆论事件口诛笔伐，进行道德绑架；部分大学生崇尚“佛系”生活，以“吃瓜群众”的心态看待现实存在的公正问题，将正义感与社会责任抛之脑后。通过公正价值观教育，能够有效传导社会主流

价值观念、价值标准等，有助于大学生端正人生态度，树立远大理想，规范个人行为；同时，也能够帮助大学生树立理性思维，进而向社会积极传播公正文明与正能量。

（二）构建和谐人际关系的需要

在当今高校，学生们来自五湖四海。他们彼此的家庭经济状况、阶层地位、社会资源以及天赋能力上都各不相同。阶层地位与家庭经济水平的差异容易引发部分大学生内心的不公正感。同时，当前大学生面对的社会竞争压力较大，这种压力不仅存在于毕业生群体当中，还渗透到高校在校生中间，引发许多大学生的思想困惑，以及对个人前途与职业发展的迷茫。这种迷茫心态有可能导致心理失调，产生一些非理性行为，甚至激化人际矛盾，诱发冲突，阻碍了彼此之间友善关系的形成。通过大学生公正价值观教育，能够有效调适大学生的心理困惑，化解消极情绪与朋辈之间的紧张关系；能够让大学生正确面对外部压力，逐步化解压力带来的不良效应。使他们在发现自身与朋友、同学在某些方面存在较大差距时，能够认真看待差异，增进相互之间的理解与包容，与他人建立良好的合作关系，实现共同进步、共同发展。公正观教育能够让不同阶层、不同类型的大学生建立共同的价值追求，在面对社会问题时形成比较一致的是非判断，避免出现价值对立与分歧，增进彼此之间的沟通与感情，形成和谐、友善的人际关系，助力美好人生的实现。

（三）增强社会责任意识与诚信意识的需要

培养大学生公道正派的品格，开展大学生公正价值观教育，能够有效唤醒大学生内心的责任意识与诚信意识。责任感是正确公正价值观的必要组成部分。维护社会公正是公正价值观的题中应有之义，也是社会责任意识与担当意识的充分体现。公正是社会道德体系的基础，对推动社会公正的不懈追求能够激发个体内心的道德情感，引导他们自觉树立建设社会主义现代化强国与实现中华民族伟大复兴的责任意识与使命担当。开展大学生公正价值观教育，能够引导大学生正确分辨社会公正问题，有效处理各种社会矛盾，努力同各种消极思想与负面行为作斗争，积极帮扶社会弱势群体，惩治社会腐败，维护社会秩序。这些正义行为有助于激发大学生的社会责任意识，引导大学生在维护社会公正的过程中主动承担国家责任、社会责任、集体责任以及家庭责任。另一方面，公正与诚信之间具有较大的价值交集。公正既讲求权利，又讲求义务；既要求平等与共享，又强调付出与贡献。正确的公正价值观要求大学生在与他人、集体、社会交往过程中遵守基本的对等原则与互惠原则，让他们充分认识到想获得就必须付出，得到权利就必须承担相应的义务。

第三节 大学生公道正派品格的塑造

党的十九大报告指出："要以培养担当民族复兴大任的时代新人为着眼点，强化教育引导、实践养成、制度保障，发挥社会主义核心价值观对国民教育、精神文明创建、精神文化产品创作生产传播的引领作用，把社会主义核心价值观融入社会发展各方面，转化为人们的情感认同和行为习惯。"

2017 年 12 月，教育部发布了《高校思想政治工作质量提升工程实施纲要》，提出"充分发挥课程、科研、实践、文化等方面工作的育人功能，挖掘育人要素，完善育人机制，优化评价激励，强化实施保障，切实构建'十大'育人体系"。党和国家领导人的一系列重要讲话、重大举措充分说明了高校思想政治工作是一项涉及全员、全方位、全过程的系统工程。公正观教育作为社会主义核心价值观培育的关键内容，是高校思想政治工作的重要组成，应当遵循基本育人规律，充分依托教学、科研、实践、文化等多个阵地，打造家庭、社会、学校三者育人合力，将学校教育、社会教化与家庭教养有机结合，共筑育人共同体。通过学校的一系列教育活动，逐步端正大学生的公正认知，筑牢公正情感，培育公正意识，培养公正行为；通过社会的制度保障与环境优化，逐步提升大学生对社会公正的认同，消除疑惑，达成共识；通过家庭教养方式转变，营造大学生公正观生成的生活环境，推动大学生公正观自我培育。其中，高校应发挥主导作用，在课程、管理、文化等方面不断探索实践；社会应当发挥保障作用，为大学生公正观教育提供政策支撑与现实语料；家庭应当发挥亲缘优势，树立权威、端正家风，凝练家训，为大学生公道正派品格培养，公正价值观养成持续注入养料。

一、公道正派的表现

公道正派的品格不是无源之水、无本之木，而是人们在实践探索中追寻的，在实践中表现出来的高尚无私的社会精神。若要理解公道正派在新时期的含义，必须立足我们生活的当下，着眼于我们身边的人和事。

(一) 河南农业大学老教授王泽霖

在河南农业大学家属院的一个老房子里，生活着一位衣着朴素的古稀老人，这位老人把毕生科研转化结余的 8208 万元全部捐给学校。他就是年近 80 岁的河南农大老教授王泽霖。

王泽霖，1942 年出生在江南水乡苏州，从小生活十分困苦。1967 年从北京农业大学兽医专业毕业，35 岁考取南京农业大学传染病专业硕士研究生，1984 年来到河南农业大学，从此扎根中原大地。

当时正值改革开放初期，社会各项事业蓬勃发展，集约化养殖业兴起、国际贸易增加。随之而来的是新城疫也就是俗称的鸡瘟等禽类老病频繁暴发，禽流感、法氏囊病等新病相继传入并蔓延，造成家禽大批死亡，严重危及我国养禽业发展。王泽霖很早就创新性开展了产学研协同创新模式，采取和企业合作的形式实现了滚动发展，走出了一条以服务生产促教学、科研，以教学和科研提升服务能力的良性循环道路。

那时候，他每天马不停蹄地上课、门诊、出诊，还得抽空儿对养殖技术员进行培训，还有对研究生的培养工作也要进行。就这样通过办培训班、禽病诊疗、化验、为农村养殖户服务等形式，十年间王泽霖带着禽病所积累资金 400 多万元盖起了两座实验楼，买进来了当时很先进的高速离心机、超速离心机、冻干机等仪器设备。为了学科发展需要，如今他已经把自己的全部捐给了所在的牧医工程学院。

近四十年来，在没有向国家申请经费的情况下，王泽霖先后获得 3 项发明专利和 12 个新兽药证书，其主持创建了重大禽病病毒种质资源库，创立了浓缩灭活联苗研发平台，打破了国外垄断，彻底攻克了新型高效鸡新城疫、传染性法氏囊病等多种重大禽病防疫难题，被誉为“给中国鸡宝宝撑起了国产保护伞”，个人和团队也因此获得国家科技进步二等奖。

由于王泽霖每一项研究都紧跟生产需要，也因此他的科研成果先后在全国 20 多家著名生物制品厂规模化生产，成果转化率 100%，平均每年为社会增加 100 多亿元的经济效益，让全国数以亿计的鸡宝宝得以健康成长，成为百姓的餐桌上的放心肉。王泽霖和其创办的禽病研究所累计获成果转化费近亿元，目前还有两家上市公司因为使用王泽霖专利技术，需要将每年 8% 市场销售额作为专利使用费，连续十多年支付给王泽霖和河南农业大学。

2008 年汶川地震后，出差回来的王泽霖径直来到学院，掏出身上仅剩的 2000 元现金交给学院领导。回到家，又立即让爱人设法筹措 20 万元现金捐给学校，这也是当年河南高校个人最大的一笔捐款。

王泽霖尤为鼓励青年科学家投身禽病防疫事业，捐款 230 万元改善禽病所科研条件，捐款 100 万元为中国畜牧兽医学会禽病学分会设立创新基金，捐出两家企业连续 12 年的专利使用分成款设立学院科研创新基金。

2019 年王泽霖又一次找到学校，坚持要将毕生科研转化所得结余 8208 万元全部捐给学校，希望用来建设高水平的生物安全防护三级实验室，即业界俗称的 P3 实验室。就这样，王泽霖干了一辈子，取得了很多科学家无法企及的成就，收获了多少人无法企及的财富，但他只是挥一挥衣袖，毫不犹豫地捐出所得。

生活中的王泽霖衣着简朴，甚至有点“抠”。秋衣的两个袖子都磨得破边了，领子也松松垮垮的。年近80岁的他至今还坚持着能步行不骑车，能骑车不坐公交，能坐公交车绝不打出租车的出行原则。

“创新是推动生产和社会进步的动力，也是发展的希望所在。”王泽霖说。人生很短暂，在有限的人生中要想做成几件事，最重要的就是要看准，要看准一个抓一个，抓一个就要成功一个。

屡屡做大事、成大事的背后，是他一直以患病的身体扛着重担，是他心中有国家，眼里有百姓，唯独没有自己。以所学为社会发展作贡献，捐款设立的科研创新基金助力寒门学子飞得更高更远，新时代的英雄就是像他那样公正无私。“就想让我们国家发展得再快一点，就想让老百姓生活过得再好一点”。

王泽霖，一辈子为了我国家禽事业不懈奋斗至今不休，一辈子科研建功为社会作出巨大贡献却总是说“做得还不够”，将一辈子科研转化的巨额财富全部捐出，一辈子“苦行”却说工作是他最大的快乐、公益是他最大的满足。王泽霖以其对中国禽病防疫的卓越贡献，获颁“庆祝中华人民共和国成立70周年”纪念章。

（二）2012年法治人物公益律师佟丽华

佟丽华，1971年6月出生，河北青龙人，毕业于中国政法大学。尽管拥有许多头衔但他最重要的标志是公益律师。他发起组建了中国律师未成年人保护志愿协作网，推动在全国建立了40家专门为农民工、青少年、老年人等提供公益法律服务的专门机构，培养了一批在全国有广泛社会影响力的公益律师。

佟丽华来自河北省青龙县一个偏远农村。1991年，佟丽华考入中国政法大学。在校期间，他创立了中国政法大学准律师协会。直到现在，这个学生社团每年招新时依旧火爆。毕业之际，对律师职业的向往和使命感，促使佟丽华成为一名专职律师。

最初，佟丽华做的是商业案件代理，风险小、收入高，又很体面。可是，后来有一段时间，他反而经常要向朋友借钱。这是因为，他踏上了一条专业化公益法律服务道路——不仅不挣钱，自己还要掏钱。

佟丽华最开始涉及的是儿童保护领域。两个小女孩绝望和迷茫的眼神，让佟丽华至今难忘。当时，有两个外地女孩被父亲遗弃在北京的一家小旅馆，佟丽华去地下室看望她们，两个孩子一个11岁，一个7岁，蜷缩在墙角。佟丽华安排律师把她们带回老家。本想追究父亲的法律责任，但很难，最后是孩子的姑姑承担起抚养责任。

“当时，大家都在谈如何预防未成年人犯罪。预防犯罪固然重要，但是如果忽视前期的权利保护，是解决不了后期的犯罪预防问题的。”佟丽华说。当时，他认为自己应该担当起这样的责任，推动未成年人保护发展。

1999 年，佟丽华带领律师事务所联合中国青少年犯罪研究会，共同成立了全国第一家青少年法律援助中心——北京青少年法律援助与研究中心。

为了让更多律师参与到公益法律服务中，在佟丽华的倡议和推动下，2001 年，北京市律师协会成立了未成年人保护专业委员会；2003 年，全国律师协会成立了未成年人保护专业委员会；遍布全国的“中国律师未成年人保护志愿协作网”，让权益受到侵害的孩子们可就近向当地律师寻求帮助。一项最初个人的公益事业，由此转变为行业的公益事业。

20 多年来，北京青少年法律援助与研究中心共接待免费法律咨询 6 万余人次，直接办理重大疑难案件 1000 多件，通过中心筹集的爱心资金共向全国 1000 多个孩子提供了帮助，开办普法培训 600 多场，直接受益人群超过 10 万人。

不只在青少年保护领域，在农民工权益保障方面，佟丽华也倾注了很多心血。2003 年，两个儿时的伙伴在外打工被欠薪，佟丽华替他们要回了钱，这也促使他关注起农民工维权问题。

2005 年 9 月，佟丽华创建的农民工法律援助与研究中心，成为我国第一家公开为农民工提供免费法律帮助的机构。

当时，身边有些人认为佟丽华“头脑有点发热”。

“这是个硬骨头，得投入巨大精力。我来自农村，我了解农民工这个群体，这个事情就适合我来做。”佟丽华毅然坚持了下来。

如今，农民工法律援助与研究中心已经直接办理农民工法律援助案件 1 万多件，为他们讨回各项赔偿款超过两亿元。一面面锦旗，成为对佟丽华最好的回报。

“一个案件只能帮助一个人，但一部法律可以让更多人受益。律师接触大量真实案件，更了解法律在执行中存在的问题。”这些年来，佟丽华带领同事们基于大量案件开展实证研究，推动国家立法、政策改革。他先后出版了《未成年人法学》等研究书籍，接受教育部、民政部等部门委托，对相关政策改革开展研究，深度参与了未成年人保护法、社会保险法等法律法规的起草和修订，共同推动立法层面不断加大对维护弱势群体的保护力度。

2019 年 10 月，司法部发布《关于促进律师参与公益法律服务的意见》，佟丽华受邀出席新闻发布会。他说："中国律师不仅要考虑拓展有偿服务市场，也要服务那些经济条件困难、无法获得专业法律服务的人，只有国家法治整体上不断进步，律师行业才能实现长久健康的发展。"

让公正的阳光照进现实，让追求公正的脚步永不停止。这就是公道正派的佟丽华律师以维护社会公平正义为己任，为弱势群体发声的20多年，也体现了中国社会层面公正法治意识觉醒。

佟丽华将自己的全部身心都投入到帮助弱势群体的工作上，在未成年人和农民工权益保护法等公益领域享有较高的声誉。他本可年薪百万元，却分文不取，举着微弱的火把与黑暗照面。他通过自己的知识、热情和奉献精神为弱势群体铺洒了一片阳光，对中国公益事业的发展起到了巨大的推动作用，用自己的力量为构建和谐社会奠定基础。

2018年12月18日，佟丽华荣获改革开放40周年政法系统新闻影响力人物。2020年1月，他被评为司法部律师服务为民好榜样。

一个健康的社会，不该允许恃强凌弱、为非作歹、玩弄法律。有光明的地方就有阴暗，有黑暗的地方也有光明。是让黑暗吞噬光明，还是让光明驱散黑暗，让明天变得更好的权利，在每一个人手里。

二、公道正派品格的塑造

高校是开展大学生公正价值观教育的主体。应将大学生公正价值观教育作为高校思想政治工作的重要内容，依托思想政治工作的各种渠道，形成课程育人、组织育人、文化育人、实践育人、心理育人相统一的教育格局，不断深化大学生的公正认知，筑牢公正情感，培育公正意识，培养公正行为。

(一) 建设大学生公正价值观教育的课程体系

通过大学生公正观现状调查发现，部分大学生还存在公正认知模糊的问题。对此，应当充分发挥高校课堂教育的主渠道作用，进一步加强公正观相关理论教育。据了解，国内几乎没有高校开设公正价值观教育的专门课程，多数高校仅仅在思想政治理论课的部分章节中体现了党和国家领导人关于社会公正的相关论述。部分哲学社会科学专业课程中虽涉及公正问题，但仅仅将其作为学术探讨，并未作为大学生核心价值观教育的内容予以对待。事实上，在国外的不少高校，"公正"已经成为一门专门课程，甚至还通过网络并面向社会开放。高校应当建立以思想政治理论课为主体的公正价值观教育课程体系，打造大学生公正价值观教育的课堂阵地。

1. 将公正价值观教育融入大学生思想政治理论课教学体系。全国学校思想政治理论课教师座谈会提出，"思政课教师，要给学生心灵埋下真善美的种子”“推动思想政治理论课改革创新，要不断增强思政课的思想性、理论性和亲和力、针对性”。公正是富有思想性与理论性的永恒价值；是人世间“基本的善”；是个人美德的重要体现。思想政治理论课是高校思想政治教育的主渠道。在思想政治理论课教学过程中开展大学生公正观教育，是强化高校思想政治理论课思想性、理论性，提升课程亲和力与针对性的有效途径；是培育真善美，传承道德信仰的重要抓手。目前，本科高校的五门思想政治理论课从内容上都能够和大学生公正观教育有效衔接。对此，高校应当积极推动思想政治理论课教学改革，不断创新教学方法、丰富教学内容，优化教学设计，完善教学载体，将马克思主义公正观、公正伦理观、社会主义制度公正观等内容与每门课程有效衔接，不断巩固大学生公正观教育主阵地。

2. 将公正价值观教育融入高校哲学社会科学教学体系。作为哲学社会科学领域开展学科交叉研究的热门问题，社会公正研究横跨了包括哲学、社会学、伦理学、政治学、法学在内的多个学科；这些学科领域的专业课程是帮助大学生充分理解政治、经济、文化以及生态等领域的公正问题，建立公正意识的重要渠道。因此，除了思想政治理论课这个主渠道，还必须牢牢抓住哲学社会科学专业课这个阵地，通过这些课程将与公正相关联的道德与伦理知识传递给学生，引导学生将公正问题与各自专业的学习结合起来。对此，高校可以将公正观教育贯穿于哲学、经济学、法学、政治学、社会学、伦理学等专业课教学中，尤其要将平等原则、权利与义务统一原则、应得原则、共享原则这些公正的基本伦理准则融入课程教学，与相关专业课程相衔接。人文类专业课程教师必须坚守马克思主义在哲学社会科学领域的指导地位，将各门专业课程中的公正思想与马克思主义历史唯物主义公正思想有机结合；同时，要防止诸如功利主义、自由至上主义、结果主义等带有明显西方意识形态烙印的公正思想影响学生公正观，将西方经典公正思想中的合理部分与马克思主义公正思想进行系统整合，引导学生厘清马克思主义公正观与罗尔斯、诺齐克、麦金太尔等西方学者的公正思想的耦合与分野，用符合马克思历史唯物主义公正思想的公正理论指导学生。

3. 将公正价值观教育融入公共选修课程体系。由于部分专业类高校缺少哲学社会科学学科，大学生公正观的课堂教育只有思想政治教育理论课单一渠道。事实上，开设以讲授社会公正为主要内容公共选修课程完全可以作为公正价值观教育课程体系的必要补充。目前，在我国以社会公正为主题的网络在线课程大多面向党政机关的党员领导干部开放，针对大学生的此类课程十分匮乏。各高校应当主动开设以讲授社会公正理论、引导大学生正确分析社会公正问题为主题的公共选修课程，面向全部专业学生选修。在课程教学方法上，教师可以让学生在问题探讨与角色变换的过程中逐步建立分析社会问题的道德逻辑；在教学素材选取方面，可以多引用国内一些被广泛关注的社会热点问题，以此引发学生的共鸣。

（二）将公正价值观教育融入大学生日常教育

全国高校思想政治工作会议指出：“要遵循思想政治工作的规律，遵循教书育人规律，遵循学生成长规律，不断提高工作能力和水平。”调查显示，部分大学生的公正意识与个人利益诉求之间存在价值冲突，其根本原因在于大部分高校缺乏必要日常思想政治教育引导，没有将公正观融入学生日常生活当中，以至于学习与实践脱离。学生团体是大学生校园的基本组织，是学生日常生活的基本单元。将公正观教育融入各类校园组织的日常管理、活动当中，能够有效推进公正观教育的生活化，引导大学生将公正相关理论知识不断内化，与自身成长相结合，充分调动了大学生接受公正观教育的主动性、积极性。

1. 以班级开展为常态。班集体是高校育人工作的基本单元，班级整体的道德氛围与管理水平，对学生公正观有着潜移默化的影响。加强班级建设，提升班级民主管理水平，塑造良好班风学风，维护班级公正，是开展大学生公正观自我教育的有力保障。高校要将公正原则融入班级日常管理当中，充分发挥班委会的重要作用，规范班级的各项制度建设，建立科学民主的管理机制与监督机制，提升班级的管理水平。在班级管理过程中，对涉及班委选拔、同学评优评先、奖学金评定、经济困难学生认定、奖助学金认定等事关学生切身利益的事务，班委会应坚持民主集中制管理原则，建立公开透明的选拔机制，科学合理的评议机制以及全员参与的监督机制与反馈机制，切实保证每个事项都能公平公正处理，防止个别同学为求私利，弄虚作假。各个班级要充分利用主题活动开展公正观教育，广泛开展以“公正”为主题的班会、团训、无领导小组讨论、圆桌会议、工作坊等形式多样的主题活动，组织班级同学开展社会问题大讨论，引导同学积极发表意见，强化道德感悟；还可以积极开展社会实践与志愿服务，强化班级同学的公正信念，提高他们维护社会公正的意识与能力。

2. 发挥党组织作用。党的十九大报告中指出，“要坚持党对一切工作的领导”。基层党组织是高校党建工作的主阵地，是开展大学生思想政治教育工作的主渠道之一。高校学生党员是学生中的先进分子，在各个方面起到示范带头作用。他们政治立场坚定，理想信念远大，对党忠诚，是在学生当中传播先进思想的主力军。共青团是中国共产党的后备军，在联系高校学生方面有着天然优势，团支部则是高校最基本的基层组织形态。当前多数高校都构建了“低年级有党员、高年级有党支部、班班有团支部”的党团组织结构体系。高校要充分发挥党支部的理论武装与战斗堡垒作用，依托党员民主生活会、组织生活会，以批评与自我批评的形式开展道德体验式教育，让广大党员不断反思、审视过去，牢固树立道德意识，规范个人行为；可以依托党、团支部活动开展公正观教育，以支部论坛、团日活动、道德讲堂、真人图书馆等多样化的校园活动作为公正观教育的创新载体，让公正观教育贴近学生、贴近生活；可以依托支部先进人物事迹开展公正观教育，在各个支部选树典型，推广事迹，扩大影响。

3. 以学生社团组织开展为补充。学生社团是高校学生团体的有力补充，是丰富校园文化生活的关键载体。社团成员拥有共同的兴趣爱好和人生理想，在许多方面能够产生超越同班同学的默契。这种默契有利于开展团队协作，可以起到提升主题活动与主题教育的效果。同时，社团成员大多具有超过平常人的特定才艺、技能，能够增强主题活动的吸引力与观赏性，让活动更具有亲和力与获得感。高校社团应结合自身特点，将公正理念融入社团建设与各项活动开展过程当中。可以通过丰富多彩的校园文艺活动开展公正观教育，可以通过理论学习、征文、知识竞赛等形式开展公正观教育，提高全校学生的公正理论知识水平；可以通过组织开展志愿服务、心理咨询、法律援助、健康服务等形式传播公正观。

（三）创新大学生公正价值观教育的网络阵地

信息技术是当代全球发展速度最快，渗透性最强，对人类生活生产方式影响最大的技术。高校思想政治教育者应当加快信息化改革的步伐，应对当前高校思想政治工作的新趋势、新要求。大学生公正价值观教育作为高校思想政治教育的重要组成，应当充分依托信息化技术与互联网平台，同可能影响大学生公正观的不良信息进行交锋，争夺话语权，使大学生公正观教育彰显时代特征，焕发时代活力。

1. 开发网络课程资源。当前，信息化的高速发展引发了高校教学方式的不断革新，以慕课为主力的网络在线课程体系已经越来越受广大在校大学生青睐。国家推动在线精品课程建设。各式各样的网络公开课平台成为大学生进行在线学习、继续教育的重要载体。2017 年教育部提出，“开展系统性精品在线开放课程公共课，核心课程群建设，认定一批国家级精品在线开放课程”，这进一步加强了高校建设网络公开课的动力，也能够有效弥补部分专业类高校由于缺少哲学社会科学学科体系，公正价值观教育的课堂教学载体单一的缺陷。事实上，关于社会公正的相关理论与现实问题完全可以作为专门课程，以网络公共选修课的形式开展。通过将课程上传到公共在线课程平台，能够在更大范围内将公正观教育的教学内容向其他高校学生以及社会青年推广。由于社会公正问题具有较强的话题性，对广大学生具有一定吸引力。通过公正价值观教育的网络课程体系构建，能够减少互联网上的负面新闻与评论的错误引导对学生带来的消极影响，使学生面对社会公正问题的网络表达得以正面引导。上文提到的热门在线课程《公正——该如何做是好?》便是信息化教学的成功实践，值得各个高校借鉴。

2. 有效利用新媒体。全国高校思想政治工作会议上指出，“要运用新媒体新技术使工作活起来，推动思想政治工作传统优势同信息技术高度融合，增强时代感和吸引力”。新媒体的蓬勃发展，进一步拓宽了高校思想政治教育的渠道，但也带来了新的问题与挑战。高校思想政治教育工作者应当充分抓住契机，迎接挑战，深入开展新媒体使用与建设的探索研究，将新媒体作为大学生公正观教育的有益补充。

（四）发挥社会实践的突出作用

我国著名教育家陶行知曾指出：“没有生活做中心的教育是死教育，没有生活做中心的学校是死学校，没有生活做中心的书本是死书本。”科学的公正观既是理论智慧，更是实践智慧与生活智慧。大学生正处于心理发展与自身社会化的阶段，涉世未深，社会体验明显不足，在看待社会公正问题时容易出现极端情绪。一些大学生在面对问题时麻木不仁、态度冷淡；一些大学生处理问题“知行异位”“内外不一”。对此，必须通过积极有效实践活动让公正价值观教育具象化，将抽象的道德理论转化了稳定的道德行为。实践锻炼是思想政治教育者有目的、有计划地组织、引导受教育者参加各种社会实践活动，促使受教育者在实践中形成良好的思想品德。开展社会实践，能够增强大学生感受社会公正的发展与主流公正观的流变，减少消极、麻木、非理性情感表达与行为，消解社会不公正现象对大学生公正价值观的负面影响。高校要将公正价值观教育融入各类实践教学、实践活动当中。

1. 充分利用主题活动开展实践。主题实践活动是大学生社会实践的主要形式。通过组织大学生外出实践，开展主题活动，能够引导大学生更清楚地了解和认识国情，感受新时代发展脉搏，增强使命感与责任感。通过社会实践，大学生还能够向社会宣传和弘扬公正价值，从而进一步深化对社会公正的理解，增强践行公正观的主动性与积极性。

2. 充分利用好高校自身的学术科研平台开展实践。哲学社会科学学科院系可以将社会公正问题作为本科生、研究生毕业论文、毕业设计选题方向。教师可以指导学生开展社会公正问题的科学研究与社会调查，研究经济、政治、文化、社会管理、教育、法治、生态等各个领域的公正问题。在各种研究与调查中逐步体验当前社会公正的具体状况，了解各个领域人们的生活状态、现实需求以及对社会公正的现实愿景，丰富自己的阅历，增强自己的情感体验，思考解决现实问题的路径与对策。

3. 充分利用课程教学的实践环节。实践教学是高校教学活动的必要环节。高校教师在开展实践教学过程中，应当针对一段时期内社会上发生的关系公平正义、具有较大影响的热点问题进行讨论式教学，鼓励大学生依托互联网各类社交平台充分参与社会问题讨论，踊跃发表意见，并从公正观的科学理论中寻找认识问题的理论依据与解决问题的现实途径。

4. 积极开展志愿服务活动。在诸多大学生课外实践活动中，志愿服务是开展最为广泛，形式最为多样的一种类型。党的十九大报告中指出："加强思想道德建设，推进诚信建设和志愿服务制度化，强化社会责任意识、规则意识、奉献意识。"志愿服务对提升大学生公正观的最直接意义就在于唤醒大学生的社会责任意识以及对于弱势群体的关怀意识。大学生在这个过程中能够充分体会、领悟志愿服务行为的个人价值与社会价值，感受公正的社会力量，在实践中不断激发社会公正的自觉意识。

三、丰富大学生公正价值观教育的方式方法

公正价值观教育是知识教育与道德教育的结合，这要求教育者一方面要运用传统的教育教学方法，让大学生吸收经典的公正思想，为树立公正意识品格，践行公正行为奠定理论基础；另一方面，又要注重大学生知、情、意、行的统一，将知识传授、启发诱导、因材施教、身教示范有机结合。开展大学生公正观教育，既不能拘泥于理论知识传授，也不能为了追求课程趣味性而忽视了基本理论规范。

（一）以知识讲授巩固理论基础

讲授法是教师通过语言向学生传授理论知识，并表达价值情感与价值观念的教育方法。它是古往今来最广泛、最普遍的教育方法。讲授法的主要载体是教师的语言、板书以及课件内容。它以教师个人语言为主线，将板书、课件等教学资源有机串联在一起。其主要内容包括理论的来源、概念与特征、内涵及外延、理论的现实指导意义与适用范围等方面。大学生公正观教育不论是纳入思想政治理论课教学，还是其他哲学社会科学课程，都必须以讲授法为首要方法。在大学生公正观教育中，运用讲授法应注意以下几个问题：一是要确立理论指导。作为一种意识形态教育，应当明确马克思主义公正思想的指导地位。将马克思主义公正思想作为公正观知识传授的最根本内容。二是要厘清公正理论的内容体系。正如文章所述，社会公正具有复杂的内容

体系。从公正的内涵层次来看，包含了伦理准则、社会制度与个人道德；从公正涉及的社会活动领域来看，包含了经济、政治、法律等方面；从社会活动的过程来看，又包含了权利公正、机会公正、规则公正以及结果公正等环节。因此，对社会公正理论不能泛泛而谈，不能只讲制度，不讲道德，只讲结果公正，不顾及过程性公正。要从不同的角度讲授社会公正的整体生成逻辑与其在不同社会领域的具体表现。三是要注重讲授的逻辑顺序。教育者必须既让学生明确社会公正的重要性，又搞清楚社会公正的具体内容，还要进一步了解实现社会公正的现实目标与实践途径。

（二）以情境构建强化情感体验

构建虚拟情境开展教育是大学生公正观教育的特有方法。教育者选择一个涉及公正的相关话题事件，架构符合现实生活的虚拟场域，能够充分提升大学生在接受教育时的情感体验，帮助大学生寻求情感共鸣，促进公正情感生成与公正意识的培育。当前，以探讨公正问题为主题的情景构建方法主要有道德冲突讨论法与道德体验法两种。

1. 道德冲突讨论法。道德冲突讨论法又称道德对话法，是美国著名心理学家、教育学家柯尔伯格提出的一种基于道德认知发展理论的重要实践方法。“它是通过引导学生对道德两难问题开展讨论，诱发认知冲突，促进积极的道德思维，从而实现道德判断发展的方法”。在现实中，许多涉及公正的具体社会问题实质上都能转化为道德两难问题。究竟如何分配利益才是最公正的？如果不进行具体的个案研究与利弊权衡，是很难得出完美答案的。因此，在国外许多涉及社会公正问题研究的课程教学中都运用了道德两难冲突法。

道德冲突讨论法最大的作用在于激发学生基于道德层面的理性思维，它不同于简单的交流研讨，而是针对具体的现实问题，设置两个相互冲突的解决方案，通过学生针锋相对的交流辩论，引发学生深层次的理性思考，激发思维碰撞，最终实现学生认知变化。具言之，这些问题应当便于理解、贴近现实，并遵循必要的原则。

2. 道德体验法。道德体验法由我国当代著名教育学家刘惊铎教授提出的，它是“一种含有价值判断的关系融通性体验”。它通过重构、回顾、再忆个人切身经历过的道德事件，达到加深道德情感，形成新的道德意识、价值判断与道德观念的目的。在公正观教育过程中，教师应当给学生们创造条件，引导学生在模拟的情境中亲历某些关乎公正的社会事件，参与道德评价，实践道德行为，感悟公正本质，形成正确的公正观。目前，道德体验法在实际操作中比较普遍采用的是叙事体验，即由他人创设情境，并向体验者叙述事件，让体验者获得道德体验，生成道德情感。在叙事过程中，体验者将自己“置身局中”，与讲述者实现价值连通与情感共鸣，体验讲述者当时的道德感受，从中寻找新的道德感悟。讲述者可以向他人讲述自己曾经遭受的不公正伤害，也可以讲述他人遭受的不公正伤害，还可以就自己对他人所造成伤害的不公正行为进行回溯。通过讲述各类道德失范事件，能够让讲述者和旁听者共同经历道德事件，完成道德体验与道德思考，激发道德情感，形成情感共鸣。

当前高校基层组织活动是实行道德体验法的重要渠道。班级的班会、团支部大会等集体常规活动都可以作为开展道德体验法的主要渠道，部分有条件的班级、年级可以通过学生党支部大会、民主生活会以及组织生活会的形式开展。例如，可以在高校党支部组织生活会、民主生活会上使用道德体验法。在以“批评和自我批评”为主题的组织生活会上，每个学生党员都对自己和组织的其他成员进行剖析，回溯大家曾经的不足之处，特别是一些违反公正原则的行为，开展批评与自我批评。在整个过程中，所有参与者仿佛上了一节深刻的道德教育课，这种形式与道德体验法相类似，能够起到良好的效果。

四、营造大学生公正观教育的社会环境

价值观的生成除了受到个人教育经历影响，在很大程度上还受到外部环境的影响。正如马克思所说：“人们的观念、观点和概念，一句话，人们的意识，随着人们的生活条件、人们的社会关系、人们的社会存在的改变而改变。”引导大学生树立科学、正确的公正观，不仅需要依托高校的思想政治教育活动，更加离不开社会外部环境的坚实保障。通过优化社会环境，能够增强正向信息的摄入，提升大学生对社会公正的认同感，进一步端正巩固公正认知，筑牢公正意识。具言之，经济制度的不断完善，国民生活水平的显著提升，收入差距水平的显著缩小，能够降低青年人对社会公正的负面感受；良好健全的法制体系，完善的司法监督体系，能够从源头上杜绝各种错案发生，让广大人民在关注焦点案件过程中感受到社会公正；全面系统的社会保障制度，良好的教育制度，能够有效缓解当代青年大学生的社会生存压力，提升生活的幸福指数，提高对社会公正的正面评价；积极健康的社会文化环境，能够根本去除社会歪风邪气，消除不良社会心态的影响，引导大学生弘扬社会正气，营造向上向善的道德氛围。

（一）公平竞争的经济环境

经济活动是最基本的社会活动，平等、公正是一切经济活动共同的伦理

指向。公平正义的经济环境能够提升经济主体的诚信意识，能够增强全体社会的道德共识。通过规范市场秩序与经济主体行为，能够营造公平正义的经济环境，对规范个人公正观起到良好作用。

1. 规范市场秩序。公平、开放、竞争、有序的社会主义市场经济体系需要健全的市场机制和市场秩序。经济体系运行过程中出现的各种不正当竞争、损害市场经济规则的现象，不仅会对相关经济主体本身带来利益损失，同时还会严重破坏整个社会的诚信体系，影响广大人民对社会主义市场经济公正的评价。经济活动是当代大学生普遍关注的重要社会活动，尤其是对市场经济主体市场行为的关注，成为大学生评价市场经济体制的重要参考依据。经过多年的市场经济改革，我国的已经初步建立的社会主义市场经济体制，但“市场秩序不规范，以不正当竞争谋取经济利益的情况还广泛存在，市场规则不统一，部门保护主义和地方保护主义大量存在”。党的十八届三中全会指出：“经济体制改革的核心问题是处理好政府和市场的关系，使市场在资源配置中起决定性作用和更好发挥政府作用。”要维护整个社会主义市场经济的公平正义，提高广大民众对经济公正的评价水平，必须依托政府这只“看得见的手”进行调解、监督、管理。同时，对于违反法律法规的市场主体，尤其要对在食品安全、药品安全、工程质量安全等涉及公共安全的领域造成严重社会危害，民众反响强烈的市场主体进行严厉打击。根据相关法律法规依法取缔，吊销执照，并严肃追究相关人员法律责任。只有这样才能彻底规范市场秩序，让广大青年学生充分感受公平正义的市场环境，提高对市场经济的公正评价，树立良好的公正意识。

2. 构建诚信体系。诚信是市场经济的基本道德规范，构建诚信体系，树立诚信意识，是推动经济公正，引导社会形成良好公正观的道德基础。市场诚信体系的建设，既要依靠强而有力的奖惩举措，加强对不法分子的打击力度，又必须依托高效、便捷的市场信息平台，加强对全体市场参与者诚信状况的动态管理。当前，社会上出现了一批长期不守诚信，违反基本市场原则的“老赖”群体。特别是在金融、证券等备受民众关注的重点领域，一些社会公众人物违反诚信原则的事件时有发生。这些行为虽然没有对社会造成较大危害，但也引发了相当程度的负面效应，在许多人脑海中形成了“老实人吃亏”的错误观念，严重违背的市场主体公正原则。对此，市场诚信体系的构建不仅需要加强对参与相关企业的监督管理，还需要对全体参与市场活动的公民的个人信用状况进行实时监管，建立个人诚信信用档案，完善诚信信息记录，并与其他信息档案实现共享。要建立黑名单制度，将个人信用状况作为个人实现经济权利的重要依据，对诚实守信者予以政策支持与必要的物质激励，对失信者给予相应处罚，限制其参与经济活动的权利与行为。

3. 促进公平竞争。公平公正的市场竞争环境是激发市场主体活力，维护经济领域公正的内生动力。在改革开放过程中，由于国有经济和民营经济所处的竞争环境不同，经济主体地位的不平等性已经成为民营经济从业者这一阶层及其子女的思想共识。政府应当努力转变国有经济、民营经济主体之间在经济地位、经济资源获取上的不平等状况，让国有经济与民营经济在平等的市场规则与均衡的政策制度供给的前提下有序竞争，防止国有经济对民营经济的过度挤压。营造公平公正的市场竞争环境，对此，政府必须打破个别领域的地区封锁，消除个别大型国有企业的行业垄断，对各级政府和部门制定的关于市场准入、行业标准的制度进行检查，对具有歧视性的、指向性的、阻碍公平竞争原则的制度予以废除；应当对一些公共基础设施建设领域开展特许经营，引入竞争机制，逐步放开部分自然垄断行业的竞争性业务。通过一系列举措，优化市场竞争环境，让各种类型的市场主体能够享受同等的政策待遇，公平竞争。

（二）共享共创的民生环境

"国以民为本，社稷亦为民而立"。发展中国特色社会主义必须首先解决好"为了谁、依靠谁"这个根本问题。良好的民生制度，是彰显以人民为中心的价值导向，持续推动社会公正的有效手段。全面系统的社会保障制度，合理的收入分配制度，有序的人才竞争环境，能够有效缓解当代青年大学生的社会生存压力，提升生活的幸福指数，提高对社会公正的正面评价。

1. 加快收入分配体制改革。加快收入分配体制改革，遏制社会两极分化，是社会公正的基本要求，是化解大学生群体对社会公正负面评价的重要着力点。政府应当进一步巩固按劳分配与按生产要素分配相结合的基本分配制度，增强公有制经济对分配领域的作用力与影响，建立资本与劳动相互协调、共赢的分配机制。

持续开展精准扶贫工作。贫困治理工程是缓解贫富分化，促进社会公平的重要手段。政府要充分发挥"增长极"的带动作用与中心城市的辐射作用，以区域产业结构转型升级与产业梯度转移为主要动能，引导发达地区劳动密集型产业向贫困地区转移，在中西部以及其他贫困地区形成新型产业集群，为贫困地区打造经济"增长极"，激活经济造血功能，带动贫困群体生产性收入、劳务性收入和财产性收入水平的提升，不断提高生活水平、改善生活质量。政府要继续加大贫困地区的社会保障体系建设，通过财政转移支付等方式加强贫困地区教育、文化、医疗等方面公共物品的投入和供给，使贫困群体健康状况得到改善，提升其后代子女的文化和科学素养与生存技能。

2. 创造公平公正的社会竞争机会。机会公正是大学生最关心的一种社会公正形式。机会是否公正、平等，不仅指向机会本身，还是作为“指向调节结果平等的一种起始性条件”。各种社会资源的获得是否公正，直接关系到大学生毕业后的生存发展，关系他们自身切身利益。对此，政府部门要不断加强工作监督，确保广大青年学生在个人发展过程中获得平等的机会。对此，政府相关部门应当从以下几个方面着手。

第一，要规范完善公务员、事业单位公开招考制度。政府职能部门应当加强对招聘岗位设置、条件设置的规范管理，加大对招聘过程与结果的监督检查，确保各类行政机关、企事业单位、社会团体招聘考试的公开、公正、透明。

第二，进一步降低行业准入门槛。政府应当进一步加强人力资源制度改革，使更多行业、职业面向全体大学生开放。要主动取消各类准入考试、资格考试对大学生职业选择与职业流动的限制，不断降低人才负担和制度成本，持续激发市场和社会活力，促进广大青年学生就业创业提供更加宽松的社会环境与更加公平的社会机会。

第三，进一步推动青年大学生继续教育与技能培养。提升青年大学生的技能水平是确保个人发展的重要前提条件。目前，高等教育在校期间的学习与实践，还远远无法满足青年大学生毕业之后工作岗位的需要。由于部分企业缺乏必要的人才培养机制，导致大学生工作技能不高，职业发展受阻。政府要建立覆盖绝大多数高校毕业生的职业教育培训体系，并根据社会需要调整教育内容，提高教育水平，使青年大学生在毕业后能够不断获得职业技能的提升以及个人道德、人格方面的发展。

3. 保障基本公共服务。保障基本公共服务是社会治理普惠性与公平性的重要体现。党的十七大就曾提出“必须更加注重实现基本公共服务均等化”这一重大社会发展战略，这说明了基本公共服务之于现实社会公正的迫切需要。公共教育、就业服务、社会保障、医疗卫生、人口计生、住房保障、公共文化以及基础设施建设等领域的建设与完善，都是加快基本公共服务均等化的重要手段。国家应当着重在户籍制度改革、就业指导、医疗机构体制改革、住房体制改革等领域持续发力，有效降低青年学生就业后的生活成本与压力，提升生活质量，减少不良的公正感受与非理性诉求。

（三）良法善治的法治环境

法者，天下之公器。法律是维护社会公正的最后一道防线，是规范个人道德的制度约束。促进社会公正，推动人们的公正观养成，离不开法治的有力保障。大力推动新时代中国特色社会主义法治建设，深化法律制度改革，实现立法公正、司法公正与守法公正，是维护社会公正，提升公民公正观与道德素养的最直接手段。对此，要建立完备的法律制度，完善司法程序，确保立法、司法公平正义。同时，要广泛开展普法教育，提高法律意识，树立法律权威，切实提升法律对非正义行为的震慑力，确保守法公正。

1. 加强科学立法。党的十八届四中全会指出，“法律是治国之重器、良法是善治之前提”。立法工作是法治工作的起点；科学立法，提高立法质量，建立健全良好的法律体系，是提升法律公信力，强化社会法治观念的必然前提。党的十九大报告中强调，“推进科学立法、民主立法、依法立法，以良法促进发展、保障善治”，进一步明确了立法工作在推动全面依法治国战略中的重要地位。公正是立法的核心价值，是法律精神的实质所在，衡量着法的好与坏、优与劣。一旦失去这个核心价值，法律不但无法成为维护人民群体权利与尊严的利器，相反会成为罪恶愚弄社会的帮凶。科学立法、民主立法、依法立法三者统一于中国特色社会主义法治建设的实践，是全面依法治国的根本环节。只有坚持科学立法、民主立法、依法立法，法律才具备扬善惩恶的正义价值，才能被全体人民所普遍认同，共同维护。完善科学立法工作，首先应当建立和完善立法审查制度。党的十八届四中全会指出，“依法保障公民权利，加快完善体现权利公平、机会公平、规则公平的法律制度”。作为国家的根本大法，宪法规定了国家的一切社会制度，是一切法律、制度的源泉，是社会制度的正义所向。一切违背宪法精神的法律与制度都应当被及时修正或废除。

2. 完善司法监督机制。“凡法事者，操持不可以不正”。具有公正向度的法律要得以最终实现，必须依赖于法律的有效实施。只有实现司法公正，各方当事人才能获得公正的权能关系，才能更好地维护自身的合法权益。长期以来，我国司法机关在维护人民合法权益、维护社会公正等方面发挥了极其重要的作用，但也出现了个别人员有法不依、执法不严、有罪不究、有案不立，甚至以权谋私、贪赃枉法、知法犯法，破坏了司法公正，严重损害了党和国家的形象，降低了人民群众对政府的信任度。一些因司法不公而引发的冤假错案，在大学生群体中引发了十分强烈的反响与质疑，大大降低了大学生对社会公正的信心与评价。党的十八届四中全会提出：“加强对司法活动的监督，完善检察机关行使监督权的法律制度，加强对刑事诉讼、民事诉讼、行政诉讼的法律监督，完善人民监督员制度，绝不允许法外开恩，绝不允许办关系案、人情案、金钱案。”规范和约束司法权的行使，是对司法活动进行监督的关键所在。

首先，要发挥人民检察院与各类监督员对司法活动的监督，扩大监督范围，转变监督方式与程序。加强对司法活动各个环节的法律监督，防止冤假错案发生。要完善人民监督员的选任方式与管理方式，防止出现“自己选人监督自己”的问题，拓展人民监督员监督案件范围，最大程度确保监督员的知情权与参与权。

其次，要充分发挥公民监督作用。目前，我国已经初步建立以宪法为基础的公民监督法律规范体系，然而，在健全完善法律监督机制方面依然任重道远。加强司法监督应当充分听取人民的声音，接受来自各方的监督与质询。司法部门要广泛运用网络、微博、微信、直播平台等新媒体技术，开展舆论监督，确保司法机关能够及时回应社会关切，广泛听取媒体意见，认真核实核查社会监督所提出的问题与质疑。同时，也要规范媒体行为，提升媒体责任，防止媒体不实报道对司法工作的影响。

最后，要加强对司法腐败的打击力度。持续整治司法部门、司法人员存在的各种不正之风，坚决破除司法腐败，努力根除司法作风的顽瘴痼疾，以改进作风的新成效取信于民。

3. 大力推动全民普法教育。《中华人民共和国宪法》规定，一切国家机关、个人都必须遵守宪法和法律，任何组织或者个人都不得有超越宪法和法律的特权。党的十九大报告强调：“加大全民普法力度，建设社会主义法治文化，树立宪法法律至上、法律面前人人平等的法治理念。”法律权威的确认，有赖于民众对于法律体系发自内心的信任与拥护，依托于民众对法治建设毫无保留的认同与赞赏，最终表现为公民自觉的守法意识与守法行为。要引导公民树立守法行为与守法意识，必须加强全民普法教育。国家“七五”普法规划提出：“要加强对法制宣传教育的领导，健全完善党委领导、人大监督、政府实施的法制宣传教育工作领导机制，加强各级法制宣传教育工作组织机构建设。”政府应当充分发挥各职能部门作用，依托宣传、文化、教育以及各类社会组织，加强普法宣传，指导各个学校、社区、企事业单位广泛开展普法宣传教育活动；要加强各类守法模范、优秀法制工作人员的典型示范作用，加强先进人物、先进事迹的宣传力度；要将“权利与义务相统一”的观念注入普法教育当中，引导广大青年一代切实履行自身的法定义务，把守法内化到个人道德义务当中。

（四）风清气正的文化环境

良好的社会文化环境是公正观赖以生存的土壤。社会舆论对人们公正观的形成负有引导责任，优秀文化产品是传播社会正气，引领社会风尚的重要载体。将公正理念融入社会文化建设当中，是端正大学生公正观，塑造富有正义感与社会责任感的时代青年的重要手段。

作为意识形态的一种重要表现形式，文艺具有思想性、政治性，是开展思想政治教育的重要载体。然而，从当前大众文艺作品形式与内容来看，文艺作品的思想政治教育功能还未得到充分挖掘。一些文艺产品存在格调不高、内容低俗、导向不正确的问题。社会泛娱乐化现象比较凸显，内容严肃的各类主旋律文艺作品在相关领域所获得的关注度不高；而不少娱乐性、话题性强的庸俗作品却获得了社会大众，特别是广大青年人的喜爱。低俗文艺作品给大学生思想文化领域带来了巨大的冲击和挑战，同时，也给大学生展现了极度扭曲的价值取向。党的十九大报告指出："社会主义文艺是人民的文艺，必须坚持以人民为中心的创作导向，在深入生活、扎根人民中进行无愧于时代的文艺创造。"文艺工作者应当坚持以人民为中心的创作原则，努力创造能够经受得起市场考验和人民检验的优秀文艺作品。政府应当牢牢把握以人民为中心的创作导向，依托优秀文化艺术家，引领新时代的文艺风尚，充分发挥优秀文化作品的育人功能，向青年学生传递健康、向上的价值取向，将他们从那些充斥着负能量与煽动性的不良文艺作品中解放出来，消解不良文艺作品带给他们的对社会的错误评价。近年来，先后出现了一批坚持以人民为中心，兼具思想性、艺术性与观赏性，充分彰显社会公正的优秀文艺作品，得到了社会各界的一致好评，在大学生群体中引发了强烈反响。政府应当推动各类文艺团体、文化事业、企业文艺作品创作转向，减少劣质的文艺作品供给，坚持"以人民为中心"的创作标准，树立思想性、艺术性与观赏性相统一的创作方针，努力创作一批弘扬社会正气，以讴歌党、讴歌祖国、讴歌人民、讴歌英雄为主题的主旋律电影、电视剧、歌曲、舞蹈，不断净化当前的文化市场环境，提升文化作品的品位，让公平正义的价值理念融入每一个文艺作品当中。

五、加强大学生公正观教育的家庭熏陶

家庭是个人教育的起点，是道德与信仰生成的原点，对大学生价值观构建具有至关重要的作用。父母是孩子的第一个老师，在个人价值观塑造过程中承担着启蒙作用。调查发现，家庭教育中的公正信仰缺失是大学生公正观教育的主体困境之一。加强家庭教育，对推进大学生公正观教育具有重要的现实意义。

（一）科学选择教养方式

美国心理学家鲍姆林德认为，家庭的教育方式分为独裁型、权威型、宽容型与放任型。不同的教育方式对青少年价值观有着不同程度、不同方向的影响。这其中，独裁型教养方式以高标准、严要求、强惩罚著称。在这种教

养方式的影响下，父母可能在必要的时候采取极端的方式教育子女。这种教养方式看似严格，实则消极，容易破坏家庭氛围，让子女变得孤僻、冷漠，不利于公正观的形成。放任型教养以放任自由为主旨，主张家长宠溺与放任子女，管理宽松、杜绝惩罚。这种方式看似和谐，但却忽视了惩罚在行为养成中的重要作用，使下一代缺乏规则意识与纪律意识，容易造成下一代过度利己、不受控制、性格孤僻、自由散漫、不易交往，甚至产生一定心理问题。权威型教养方式是一种温情支持、积极反馈、合理限制并期待子女作出适当、成熟行为的教养方式。在权威型教育为主导的家庭环境中，每个家庭成员彼此尊重，父母与子女相互之间公平对待彼此，家庭内部既有良好的规则与制度环境，又不失宽松性与正常的沟通。研究表明，“权威型教育模式最能够引导下一代形成良好的道德品质、社会责任感与公正世界信念”。从我国过往家庭教育的发展演变过程来看，放任型教育与独裁型教育一直是家庭教育的主要类别。父母对下一代的爱护固然无可厚非，但必须建立在正确的价值观念与道德规范的基础之上，如果超出这个范畴，那便成了溺爱与娇宠。多数情况下，这样的家庭培养出来的孩子自我意识较强，心理承受能力较弱，社会责任心差，容易因为过分追求个人私利而出现一些损人利己的行为，这些都不利于良好的公正观的形成。另外，受到我国传统思想的影响，也有部分家庭过分放大了家长与子女之间的尊卑地位，父母为了让子女能够出人头地，以极其严格，甚至近乎严酷的方式教育下一代。这种教育方式显然破坏了家庭和谐，忽视了下一代的个性发展，更加不利于养成良好的道德素养和勇敢正义的个人气质。相比而言，权威型教育本身与公正就具有显著的内在关联。社会公正所蕴含的制度与道德双重维度都具有权威性的基本属性。社会制度是具有权威性的法律、法规、规章与准则，制度的正义性以及社会成员对制度的遵循与服从是社会公正的首要判断标准。而个人道德虽然从属于伦理范畴，但作为社会公民应具备的基本行为规范，道德不同于制度权威，具有软权威特征。对道德的遵循与传承是维护社会公正，消除不公正影响的重要表现，遵守道德规范则成为个人被社会所认可的重要依据。因此，要引导下一代树立良好的公正观，就必须在家庭教育环境中树立权威意识，以权威型教养主导家庭教育。首先，家长必须以身作则，带头树立典范，以自身的公正品质感染子女。其次，要建立平等沟通的民主氛围。家长要让子女感受到和谐、公平的家庭环境，从小养成重视权利，履行义务的公正意识；要注重引导子女合理维护自身权益，不得无故侵犯子女的正当权利，同时，也要积极引导子女培育保护个人权益以及维护他人权益的意识。最后，家长要对子女的不当行为进行合理限制。合理限制不同于严酷惩罚，不能以打骂、体罚以及损害自尊心的人身攻击为教育方式，而是在引导他们建立基本的是非观与善恶观，让子女自主思考个人行为以及其他社会行为的是非对错，同时勇于承认错误，承担对家庭、集体、社会的责任。

（二）树立良好家风

家风是指家族发展中长期形成的，体现家族成员精神风貌、道德品质、审美格调和整体风尚、气质的家族文化风格。良好的家风家训是家族通过几代人的努力不断传承，延续下来的道德标准与行为规范的集合与结晶；是家庭价值观念、家庭精神和文化氛围的集中体现；是家庭成员立身做人的行为准则。家风家训教育是道德生成的原始场域，是个人“基本善”生成的源流。良好的家风能够使大学生从小形成优秀的道德品质与行为习惯，树立基本的善恶观、是非观，进而明晰公正的内涵旨趣，领会公正所蕴含的行为准则，对于家庭成员公正观的养成具有润物无声的“教化”之功；换言之，低劣的家风可能让大学生从小养成错误的价值观念与行为习惯，让他们浸淫在一种是非颠倒、善恶不分的价值环境当中，继而对今后的道德品质产生负面影响。在传统文化中，家风主要体现在祖先定下的家训和家规中。中国历史上许多承载优秀传统文化的家风家训都对家族世代的发展奠定了道德基础。相比于严刑峻法，道德教化能够将恶性防患于未然，消解于萌芽。虽然它不及严刑峻法那样具有威慑力，但却能够让人自觉遵守一定的社会准则与道德规范。对教导子女自觉遵守社会制度，防止出现侵犯他人权益的行为，具有鲜明的警示作用。中国历史上关于家风家训的书籍不胜枚举。例如，司马光的《温公家范》、南宋朱熹的《朱子家训》、曾国藩的《曾国藩家书》等，这些家训典籍包含了和谐观念、交友之道等内容，给当前开展思想政治教育提供了理论源泉与现实指引。公正作为中国古代思想体系中的重要内容，反映中华民族世世代代对正义与公道的向往与召唤，但对于当代人树立公正的思想意识与行为规范，依然具有十分重要的现实意义。

《孟子·离娄（上）》中记载“义，人之正路也”，《礼记·中庸》中提到“义者，宜也”。“义”就意味着公平公正，是合理的、应当的，是善的和美的，是宇宙万物存在的根本原则。充分发挥家风家训文化对大学生公正观的教化作用，就必须深入挖掘中华优秀传统文化中关于社会公正的思想渊源，将公平、正义思想融入个人家庭家风家训建设当中。首先，要依托家庭的职业理想，将公正、正义作为家风家训的重要内容，融入子女的职业生涯规划当中。家长要从家庭的职业类型与职业道德文化特质当中选取表征公平正义的家风家训，让下一代尽早树立公正意识，建立人际交往准则与个人行为准则。其次，家庭要深入领会中国传统文化中经典家风家训的真实意蕴。防止不良家风对子女思想造成侵蚀。虽然传统文化中不乏引人向上、发人深省的经典语句，但也必须看到传统文化思想中的糟粕。诸如“三纲五常”“三从四德”等带有旧社会礼法观念的传统家训，本身就具有不公平取向。对于这类传统家训文化，应当坚决摈弃，以防子女的公正意识遭到扭曲。最后，在构建家风家训文化时要注重时代化的语境转换。传统文化在其形成和发展过程中，不可避免会受到当时人们的认识水平、时代条件、社会制度的局限性的制约和影响，因而也不可能避免会存在陈旧过时或已成为糟粕性的东西。应当引导子女将传统文化中的道德要件用符合社会主义政治与法治生活的制度规范与话语体系进行创造性转化，用法与制度取代封建传统宗法观念与礼教观念。当代人不能简单地将弘扬家风家训理解为要以传统文化中的道德观指导现实生活，在传承优良家风家训的同时，也要告诫子女应当遵守当下的国家法律法规，遵循社会的基本制度。

(三) 提升父母教育能力

父母的教育能力与水平同样是影响家庭公正观教育的重要因素。广大学生家长必须充分意识到个人道德品质与公正信念在子女公正观与公正意识培育中的作用，将日常对子女的教化与个人公道、正派的道德品质联系起来。然而，在现实生活中，大部分家长或多或少会受到复杂的社会环境影响，在对孩子进行言传身教时，往往是一面努力实现“言传”，争取在家庭教育中提升孩子的公正意识，但另一方面却又不断弱化“身教”，在自身道德行为中存在缺陷，自身教育方法上存在不足。首先，在当前先进的社会发展环境中，大部分父母都会有较高水平的家庭教育意识，也明确自身在大学生公正观教育中的重要地位，但仍会出现父母将不良的社会风气影响至孩子，如缺乏底线、忽视规矩、一边教育一边犯错的行为，这样的言行不一只会让孩子价值观错乱，极大程度地影响孩子的正确价值判断，进而影响他们正确公正观的形成和培养。同时，家长对子女教育的方式方法也是影响公正观效果的重要因素。其次，由于大学生多在外地就读，平时与家长接触的时间远少于中学阶段，家庭的管理与教导在这一时期或多或少会出现弱化。子女在这一时期逐步独立，尤其是大学生谈恋爱之后，与父母的关系更加疏远，家庭教育的影响力逐步减弱。最后，不少家长个人教育能力有所欠缺，家庭教育的弹性不足、话语把握不当、语料不够丰富，教育过程中可能掺杂了较多主观、片面的内容，从而导致教育效果不佳。

对此，父母可以从以下几个方面逐步提升教育水平与教育效果。第一，严于律己。父母正确的行为示范是家庭教育的根本。家长应不断提升自身素质和家教水平，强化自身公正意识，在确保正确的“言传”之上，做到与其一致的“身教”，用实际行动在日常生活中不断教育和引导孩子积极践行社会公正。第二，提高公正情境创设能力。家庭情感是细腻而丰富的，更是复杂而多元的，家长在孩子的成长教育中，应着力提高公正情境创设能力，创造机会与孩子共同参加促进个人公正观养成的各种亲子活动，在活动中学习和领会公正意义，克服不良心理障碍，促进家长与子女共同形成良好公正意识。第三，关注子女成长环境，丰富教育语料。家长必须密切关注子女成长环境的变化，对子女的个人爱好、兴趣、特长等方面有充分的了解。例如，可以从青少年主流文化需求环境与公共社交环境入手，全面了解子女平时喜爱的影视剧、影视明星、体育明星、游戏，经常关注的公众号、微博号，平时经常浏览哪一类的网络信息。这些信息有些是子女主动分享的，有些是子女不愿意主动透露的，家长可以通过加强和学校老师、同学的沟通交流，侧面了解相关信息，并加强对这些领域的关注，做到有所涉猎。这样不仅可以丰富家庭教育的现实语料，建立共同话题，也可以动态监督子女的成长环境，防止不良文化对子女的冲击。第四，学会“借力”与“借势”。所谓“借力”就是借助一些在子女心目中具有特殊地位的公众人物的传播之力，加强公正观家庭教育的附着力。此外，家长还要学会“借势”，即借助社会热点之势开展公正观教育。引导学生密切关注民生热点，及时了解学生对事件的态度，对潜在的违背公平正义原则的苗头予以及时遏制，将学生向符合主流观念的方向引导。

公道正派和新时代中国特色社会主义核心价值观结合，使其作为一种高尚的精神品格焕发出时代风采。作为新时代中国特色社会主义合格建设者和接班人的大学生们，肩负着引领中国走向社会主义现代化强国的历史使命，应当引导他们树立正确地认识公正，坚定地信仰公正，持续地践行公正，客观地评价社会的公正水平，是贯彻党的十九大精神，推动社会公正的思想保障，具有重要的现实意义。

大学生公道正派品格培养也应坚守基本原则与教育目标，以马克思主义公正观为指导，以公正伦理观为道德指引，以中国特色社会主义公正观为国情依据，以现实领域的公正观为实践指向建构了公正观教育的内容体系。应当将学校教育、社会教化与家庭教养三者有机结合，构筑育人共同体，逐步引导大学生端正认知、情感、意识和行为，提升大学生对公道正派的认同，形成共识，强化大学生自我培育能力。

第八章　大学生文化品格之敬业奉献

敬业奉献是源远流长的中华文明孕育出的宝贵精神品格。中国共产党领导人民在革命、建设和改革历史进程中，坚持马克思主义对人类美好社会的理想，继承发扬中华传统美德，创造形成了引领中国社会发展进步的社会主义道德体系。

2001 年，党中央颁布《公民道德建设实施纲要》，对在社会主义市场经济条件下加强公民道德建设提供了重要指导，有力促进了社会主义精神文明建设。党的十八大以来，党中央高度重视公民道德建设，立根塑魂、正本清源，作出一系列重要部署，推动思想道德建设取得显著成效。

中共中央、国务院 2019 年 10 月印发实施《新时代公民道德建设实施纲要》是为了加强公民道德建设、提高全社会道德水平，促进全面建成小康社会、全面建设社会主义现代化强国制定的。其中明确提出要把社会公德、职业道德、家庭美德、个人品德建设作为着力点。推动践行以爱岗敬业、诚实守信、办事公道、热情服务、奉献社会为主要内容的职业道德，鼓励人们在工作中做一个好建设者。

2017 年 10 月 18 日，党的十九大报告中指出，要培育和践行社会主义核心价值观。指出“爱国、敬业、诚信、友善”是公民基本道德规范，是从个人行为层面对社会主义核心价值观基本理念的凝练。它覆盖社会道德生活的各个领域，是公民必须恪守的基本道德准则，也是评价公民道德行为选择的基本价值标准。

坚持和发展中国特色社会主义，需要物质文明和精神文明全面发展、人民物质生活和精神生活水平全面提升。中国特色社会主义进入新时代，加强公民道德建设、提高全社会道德水平，是全面建成小康社会、全面建设社会主义现代化强国的战略任务，是适应社会主要矛盾变化、满足人民对美好生活向往的迫切需要，是促进社会全面进步、人的全面发展的必然要求。

大学生将离开学校投身到社会主义各项事业的建设中去，投身到各种职业中，必须培养其敬业奉献的优秀品格才能推动社会热爱职业、崇尚职业道德的风气，从而使大学生通过敬业奉献获得美好幸福的人生，从职业道德角度培养敬业奉献的品格是关系大学生一生的大事，也是实现社会主义国家和社会对人才培养的最终目标的大事。培养大学生敬业奉献品格，也应以培养新时代职业价值观为实现路径。

第一节　敬业奉献的内涵

敬业指用专心致志、认真严谨的态度对待自己的学业、事业与职业。敬业是对公民职业行为准则的价值评价。要求公民忠于职守，克己奉公，服务人民，服务社会，充分体现了社会主义职业精神，是社会主义核心价值观核心内容。党的十八大把“敬业观”作为社会主义核心价值观要求的一部分。

“奉献”一词从词源上追溯，最初二字是单独使用的。《说文解字》中将“奉”解释为“奉，承也”，是敬承、敬奉的意思；“献”的解释为“宗庙犬名羹献，犬肥者以献之”，可理解为祭祀犬牲的意思。《现代汉语词典》则把“奉”解释为“给，献给”，把“献”解释为“把实物或意见等恭敬庄严地送给集体或尊敬的人”。由此可见，古代“奉”“献”二字的字面意思相近，都可理解为由下对上的一种进献，是一种无条件的给予。随着社会进步发展，“奉”“献”二字逐渐演变成“奉献”一词，不同时代对奉献的理解也不一致。在战争年代，奉献就是为国家和民族冲锋陷阵、英勇杀敌、舍身忘己，甚至奉献自己宝贵的生命，捍卫国家和民族的利益；奉献是一个人社会责任感的集中表现，对国家、对人民来说是精神支柱。大学生背负着家庭的希望、祖国的厚望，他们的奉献精神关系着国家的繁荣昌盛、家庭的和谐与稳定。

在新时代理解敬业奉献的内涵，必须立足于《新时代公民道德建设实施纲要》，结合社会主义核心价值观，更要结合中国特色社会主义国家对人才培养的职业道德相关要求。培养大学生敬业奉献精神品格，就是要把大学生敬业和奉献精神作为大学生职业价值观的核心内容来培养。

一、职业道德和职业价值观

职业道德的概念有广义和狭义之分。广义的职业道德是指从业人员在职业活动中应该遵循的行为准则，涵盖了从业人员与服务对象、职业与职工、职业与职业之间的关系。狭义的职业道德是指在一定职业活动中应遵循的、体现一定职业特征的、调整一定职业关系的职业行为准则和规范。不同的职业人员在特定的职业活动中形成了特殊的职业关系，包括职业主体与职业服务对象之间的关系、职业团体之间的关系、同一职业团体内部人与人之间的关系，以及职业劳动者、职业团体与国家之间的关系。

价值观是人们基于一定的认知、理解和判断，对客观事物及自身行为结果的意义、作用、效果等作出的总体评价。价值观反映了人们的认知和需求状况，并对人们的行为动机具有重要的导向作用。作为个人价值体系的重要组成部分，职业价值观是人们对职业的认知和态度，以及对职业目标的追求和向往，是价值观在职业领域的具体体现。职业价值观对职业理想的确立和职业发展方向的选择具有导向作用，也对工作中的职业态度和职业意志有重要影响。

二、敬业精神

党的十九大报告中指出，“要建设知识型、技能型、创新型劳动者大军，弘扬劳模精神和工匠精神，营造劳动光荣的社会风尚和精益求精的敬业风气”。“敬业”是社会主义核心价值观公民个人层面的一个价值目标和要求，是职业道德的核心要求，是激励、凝聚和促进社会发展和提升综合国力的无形力量。高校承担着培育大学生社会主义价值观的重要任务，大学生作为社会主义现代化的建设者和接班人，高校应更加重视他们的敬业观培育。在当前实践育人模式中，大学生的以敬业为核心的价值观是否完善，直接关系到大学生的就业以及社会经济的发展。而被时代赋予了新的内涵的敬业精神，也应包含职业认同、职业责任、职业道德、职业成就等方面。

“敬业”正是社会主义核心价值观在个人层面提倡的重要价值，是对个人在职场态度的重要要求。敬业的坚守不仅关系到国家的经济实力，更关系到国家的软实力，进而影响国家在国际上的地位。基于“敬业”的重要作用，在社会主义核心价值观宣传教育中必须给予高度重视。比如，一些人受利益驱使，片面追求物质利益，忽视道德修养，割裂集体和个人的关系，这些都体现职业道德的严重滑坡已然对广大青年学生产生了不良影响。

高校不仅是传授知识的重要场所，更是培养德行的重要场所。面对道德滑坡的现象，高校应肩负起育人的职责，加强敬业精神的教育，只有这样，才能使学生自觉抵制社会环境的不良影响，才能引导学生树立新时代提倡的敬业品格，才能真正培育社会主义的合格建设者和接班人。

三、奉献精神

在社会主义建设阶段，奉献就是率先垂范、以身作则、踏踏实实做好本职工作，在遵守社会主义道德的基础上为国家的社会主义现代化建设贡献自己最大的力量；在社会主义迈入新时代的今天，奉献就是在坚持社会主义核心价值观的基础上努力实现个人价值，为中华民族伟大复兴和中国梦的实现贡献自己的力量。不同的学者从不同的角度对奉献的理解也不一致，有的人认为“奉献是一种真诚自愿的付出行为，是一种纯洁高尚的精神境界”，也有人认为“奉献是当个人利益与社会集体利益或他人利益发生冲突时，主动让渡或舍弃个人利益的一种高尚品格”。

有人觉得，市场经济靠的是利益驱动，其本质是“利己”的，利益原则是市场经济的首要原则，而奉献精神的本质是“利他”的，因此两者完全对立，何来统一之说。其实，这是一种误解。唯物史观认为，在人类社会历史进程中奉献精神与利益原则总是统一的，社会就是在这种统一中才不断发展的。

所谓奉献精神，就是指为了正义和真理，为了国家、集体和他人的利益，个人能自觉地让渡、舍弃自身利益的一种高尚品格。它是建立在对个人利益与社会利益关系的正确理解基础上的，具有两个显著的特征：一是谦让性，即在个人利益与他人利益、社会集体利益发生冲突时，个人能够让渡自身利益；二是高度的自觉性，即奉献行为是一种高度自律的行为。奉献精神的最基本要求是切实承担起个人对社会的责任和义务，即所谓的“尽伦尽职”。由此，它既是一种高尚的情操，又是一种无所不可为、无时不可为的平凡精神。也就是说，社会上每个人都可以成为具有奉献精神的人。

人类从洪荒时代走入信息社会，归根到底是靠生产力的发展。而生产力的发展又离不开人类的奉献精神。可以说，如果只有索取，没有奉献，就不会有人类社会的今天。马克思说过，人的本质是社会关系的总和。而人类的社会关系通常表现为奉献关系、攫取关系和交换关系三种基本形态，它们代表着人类社会发展的三个阶段。原始社会是一种较低层次的奉献关系，其范围比较狭窄，主要局限于家族和部落内部，这种关系后来发展为阶级社会的攫取关系。但随着无产阶级的出现和阶级的最终消灭，人类社会又将发展为奉献关系，这种奉献精神是针对全人类而言的，它是道德的最高境界。实践已经证明，人类的幸福以及社会的进步源于无私奉献，人类的灾难和社会的倒退源于纯粹攫取。因此，奉献精神是人类社会存在与进步永恒的道德内核。

奉献精神和利益原则尽管各自内涵不同，存在着重大区别，但在人类社会发展进程中，二者又是相辅相成、内在统一的。坚持这种统一，实质就是正确处理个人同社会的辩证关系。马克思主义认为，社会上没有抽象的个人，每个人都是具体的，是置身于社会之中的具体的个人。个人与社会的关系是双向和相互的：一方面，个人依赖于社会，没有社会就没有个人，社会可以使个人的利益得到满足，使个人的能力和个性得到发展；另一方面，个人影响并作用于社会，社会在一定意义上也依赖于个人，依赖于个人对集体的作用和贡献。马克思指出："人们的社会历史始终只是他们的个体发展的历史，而不管他们是否意识到这一点。"这就是说，正确处理个人同社会的辩证关系，是促进个人和社会全面发展和进步的前提，也就是同时满足社会需要和个人需要的问题。其中，满足社会需要就是强调奉献精神，满足个人需要就是强调利益原则，坚持奉献精神与利益原则的统一，是同坚持个人与社会的辩证统一完全一致的。

无论是不同时代人们对奉献的认识，还是站在不同角度的学者和专家对奉献的理解，虽然在表面上的说辞不尽相同，但是究其本质内涵并没有实质性变化，即在社会中当个人利益与他人利益或是社会利益发生冲突时，个人发自内心地、主动地、自愿地舍弃或者让渡个人利益，以保全他人利益或集体利益，这是一种高尚的、无私的、利他的道德品质，是中华民族的传统美德。

2020年7月，国务院发布了关于同意设立"中国人民警察节"的批复。自此，人民警察这个群体和教师、记者、医师、护士一样，有了属于自己的行业性节日。

和平时期，公安队伍是牺牲最多、奉献最大的一支队伍。面对不法分子，警察不怕牺牲，在关键时刻挺身而出；面对重大任务，警察担当作为，连续奋战；平凡的工作岗位上，警察无私奉献，用心用情回应群众诉求。广大人民警察用汗水乃至生命，为捍卫政治安全、维护社会安定、保障人民安宁筑起了坚不可摧的铜墙铁壁。将1月10日设立为"中国人民警察节"，是对近年来人民群众和社会各界呼声的回应。

中国之所以成为世界上最安全、发展最快的国家之一，人民群众安居乐业，人民警察功不可没。"中国人民警察节"的设立，是肯定也是信任，人民警察是特别讲奉献、讲忠诚的群体。新中国成立以来，全国仅公安机关人民警察队伍就有1.4万余名民警英勇牺牲，10余万名民警负伤，3700余名民警被评为烈士。在2020年上半年疫情防控和维护安全稳定的工作中，共有169名公安民警因公牺牲。在国家层面专门设立节日，正是对人民警察队伍为党和人民利益英勇奋斗的充分肯定，"中国人民警察节"的设立，是荣誉也是责任，更是对人民警察职业的最大理解和尊重。因此公安院校更应该注重培养大学生的职业价值观，特别是敬业奉献的品格。

第二节　敬业奉献品格培养的意义

以敬业奉献品格为核心的职业价值观有助于引导大学生在一定的自我认知和职业认知的基础上作出合理的职业选择，以乐观积极的态度和不断提升的职业技能战胜职业活动中的挫折和困难，在职业生涯中获得更好的发展。正确的职业价值观强调个人价值和社会价值的协调统一，强调职业活动中对爱岗敬业、诚实守信、办事公道、服务群众、奉献社会等职业道德的坚守，是建设社会主义现代化强国和实现中华民族伟大复兴的重要保障。

（一）培养敬业为核心职业价值观的意义

1. 正确的职业价值观是实现大学生人生价值的现实需要。随着我国高等教育由“精英化”转向“大众化”，高校毕业生面临着日益严峻的就业挑战。除了就业市场供需结构性失衡的原因，缺乏正确的职业价值观作为指引也是造成当前大学毕业生就业困难的重要因素。作为人生目标和人生态度在职业领域的集中体现，职业价值观对大学生的择业观念、就业行为、工作态度等都有重要影响。正确的职业价值观是大学生获得职业生涯长足发展，实现人生价值的重要基石。树立正确的职业价值观，有助于帮助大学生形成理性的职业认知，正确处理“所愿”与“所能”之间的关系，综合考虑自己的兴趣爱好、性格特点和职业岗位要求，在基于对自我的准确定位和对职业的科学认知的基础上进行合理的职业选择，找到最适合自己的成长成才之路；树立正确的职业价值观，有助于引导大学生自觉以中国特色社会主义共同理想为指引，胸怀共产主义远大理想，坚持个人职业目标与国家、民族奋斗目标的有机统一，确立崇高的职业理想，与国家和民族共奋进、同发展，在实现中国梦的实践中实现自己的职业理想；树立正确的职业价值观，有助于帮助大学生理性看待理想与现实之间的差距，积极面对职业生涯中遇到的困难与挫折，发扬工匠精神，诚实劳动，刻苦钻研，勇于创新，不断提高自身的综合素质和职业技能，在职业发展中实现自己的人生价值。

2. 正确的职业价值观是促进中华民族伟大复兴的时代要求。青年大学生是国家的希望、民族的未来。作为社会主义现代化强国建设的中坚力量，青年大学生的价值观念取向决定了我国社会未来的基本走向。树立正确的职业价值观，既是大学生实现人生价值的基石，也是实现中华民族伟大复兴中国梦的保障。实现中华民族伟大复兴，需要凝聚人心，团结力量。正确的职业价值观强调个人价值和社会价值的统一，倡导人们将自己的职业追求与国家、社会的需要结合起来，在各自擅长的工作岗位中勤勉劳动，为实现中华民族的伟大复兴贡献自己的青春和智慧。实现中华民族伟大复兴，需要艰苦奋斗，砥砺前行。正确的职业价值观重视发挥人的主观能动性，鼓励人们在职业实践中主动担责，迎难而上，积极作为，以个人职业能力的提升促进我国各行业整体实力水平的提升，迎接百年未有之大变局中的时代挑战。实现中华民族的伟大复兴，需要化解矛盾，促进和谐。正确的职业价值观坚守职业道德准则，要求人们在职业活动中遵循一定的道德规范和行为准则，杜绝形式主义、官僚主义、享乐主义和奢靡之风，消除职业领域中的消极腐败现象，引领社会正能量。

3. 有助于解决青年学生职业价值观出现的问题。当前，世界处于百年未有之大变局，国际国内形势发生深刻变化，我国发展迎来重大战略机遇期。如何在风云变幻的世界格局中把握我国社会的发展大势，担负起新时代所赋予的历史使命，抓住机遇，迎接挑战，以正确的职业价值观为引领，在为人民服务和奉献社会中实现自己的人生价值，是每一位青年大学生所面临的时代课题。

总体而言，新时代大学生是有理想、有本领、有担当的新青年，其职业价值观呈现出积极向上的良好发展态势。在与新冠肺炎疫情的斗争中，不少青年大学生勇挑重担，积极作为，在抗疫一线志愿服务工作中贡献自己的青春力量。但与此同时，受西方腐朽落后文化和社会浮躁之风的影响，部分大学生在职业选择时表现出功利主义、个人主义等不良倾向，工作中的享乐主义作风也亟须纠正。

一是重视功名利禄，淡化理想信念。改革开放以来，我国以经济建设为中心，解放和发展生产力，大大提高了人民的生活水平。与此同时，市场经济的趋利性也在一定程度上强化了人们的物质利益意识。经济报酬、福利待遇、社会地位等因素在职业评价中的地位日益突出，拜金主义、功利主义等不良思想在部分大学生群体中滋生蔓延，一些学生受西方“经济人”理论假设的影响，把实现自身利益最大化作为一切行为选择的根本出发点和落脚点，其职业价值观也存在功利主义倾向；有的学生仅仅把工作看成是谋生的手段，以“薪资高、福利好、压力小”作为确立职业目标的唯一标准，只考虑工作带来的物质利益，而忽视了自身的职业兴趣和职业理想；有的学生在职业活动中存在急功近利的心态，对“来钱快”的工作趋之若鹜，却不愿沉下心来给自己“充电”提高，只考虑工作给自身带来的短期利益，而忽视了个人能力的提升和长远发展。功利主义的职业价值观重视功名利禄，淡化理想信念，严重阻碍了大学生自我价值的实现。

二是个人意识强烈，集体观念淡薄。互联网的发展打破了传统的时空界限，加速了各国文化在世界范围内的传播。当代大学生是伴随着互联网成长起来的一代，其思想观念更为开放，也受到更多外来文化的冲击和影响。由于社会阅历有限，一些学生对网络上难辨真假的海量信息和多元化的价值观念缺乏正确的认知和理性的判断，容易被一些似是而非的错误思想观念所迷惑，导致不能正确理解和处理个人与集体、社会之间的辩证关系，其职业价值观也存在个人主义的倾向。有的学生缺乏“天下兴亡，匹夫有责”的担当精神，在选择职业时只考虑个人的发展，忽视了国家社会的需要。相较于扎根在基层和偏远地区为人民服务，更热衷于到经济发达的一线城市就业；有的学生缺乏“肝胆相照，荣辱与共”的团队意识，只顾自我业绩的提高，忽视了团队集体的利益。在工作中以自我为中心，对其他同事的困难漠不关心，贪功诿过。个人主义的职业价值观个人意识强烈，集体观念淡薄，不利于大学生职业生涯的长远发展。

三是追求安逸享乐，缺乏进取精神。得益于我国经济的高速发展，当代大学生拥有更好的成长环境，大部分又是家里的独生子女，从小在饮食、医疗、教育等各方面得到周全的照顾。优越的物质生活条件和温室般的成长经历，使当代大学生普遍对父辈的艰苦奋斗精神缺乏深刻理解。近年来，“佛系”一词在青年大学生群体中悄然流行，面对升学和就业的压力，一些学生以“佛系青年”自居，追求轻松自在、安逸舒适的生活方式，推崇“今朝有酒今朝醉”，其职业价值观也存在享乐主义的倾向。有的学生对工作丧失热情和信心，抱着“做一天和尚撞一天钟”的心态，精神萎靡，贪图安逸，不思进取，得过且过，缺乏忧患意识和创新精神；有的学生在工作中存在畏难情绪，缺乏刻苦钻研和顽强拼搏的精神，不愿担责，不敢担责，不能担责，以频繁的“跳槽”逃避工作中的压力和困难，最终导致职业生涯止步不前，一事无成。享乐主义的职业价值观追求安逸享乐，缺乏进取精神，是大学生成长成才的绊脚石。

（二）培养奉献精神为核心的职业价值观的意义

总体上讲，多数大学生能够正确看待索取与奉献的关系，能够正确认识个人价值与集体价值、社会价值的紧密联系。但也有相当比例的学生奉献意识淡薄，受多元文化及思潮影响，不能正确看待奉献与索取、个人价值与社会价值之间的关系。因此，在大学生思政教育中强调奉献精神，既是培育社会主义核心价值观的需要，又有利于大学生人生价值的积极正确实现。新时代需要奉献精神，尤其是党的十九大以来，在决胜全面建成小康社会、夺取新时代中国特色社会主义伟大胜利，为实现中华民族伟大复兴的中国梦的关键时期，更需要奉献精神。

大学生作为未来社会主义合格建设者和接班人，更应当作表率发扬和践行奉献精神。随着市场化的进行和改革开放的深入推进，多元文化价值观涌入校园，影响着大学生的学习、生活，甚至左右着他们的言行。

现代社会中，社会、校园联系日趋紧密，社会上各种生活方式等冲击着大学生的价值观。这给高校大学生的思政教育工作带来了极大的挑战。

一是部分当代大学生道德情感冷漠，缺乏奉献精神。当下大学生多是独生子女，又处在改革开放的快速发展年代，享受着高科技带来的极其便利的物质生活，这样家庭的学生如果不正确引导，容易唯我独尊，追求物质享受，不去考虑他人的利益，谈何奉献；由于各地经济发展水平不同，部分地区改革发展成果有所欠缺，经济上较为贫困，导致部分学生因为经济压力过大，对学校的各种奖励及补贴十分计较，“锱铢必争”，没有开阔的心胸，奉献精神更是不够；还有一部分大学生存在心理上的问题，或是独立处世能力缺乏，或是人际关系紧张，不擅长与人交流，自我封闭，更谈不上奉献精神；还有一部分学生急功近利，唯利是图，对自己有利有好处的积极去干，对自己不利无好处的以各种理由推托。

二是部分大学生言行不一，责任意识淡漠。大学生对奉献精神的认同，多是在言语上表示乐于奉献，一旦到了实际行动上大多不能以身作则，对他人要求具有奉献精神，对自身却没有要求。无法正确处理个人利益与他人、集体、国家利益的冲突，未将他人、集体、国家利益置于个人利益之上，算不上具有奉献精神。有责任有担当是个人与社会高尚纯粹道德义务关系的重要体现，大到国家，小到个人，作为一个公民应该履行自身的义务，这是一个有责任的人，“天下兴亡，匹夫有责”。作为一名大学生，在享受权利的同时，积极履行对社会义务，对学校义务，对父母义务，对老师、对学生自身义务，可算是有责任有担当的人，部分学生只有享受的权利，无义务可言，责任意识极其淡漠。有些学生对生命淡漠就可见一斑。

三是部分大学生功利化思想盛行，追求利益最大化。随着市场经济的高速发展，教育事业面临教育的多元化，高等教育收费的提高等新挑战，“使得教育的效益观念、产业观念和成本观念深入高校教育的基本办学思想和管理服务体制中，而相应的利益分化，风险责任和优胜劣汰等意识又直接作用于广大学生的价值观念，积极作用与消极影响并存”。受市场化功利思潮影响，大学生过于计较个人得失，拈轻怕重，一切以经济利益为主要标准，忽略了奉献精神、社会实践活动、公益活动、义务劳动。在勤工俭学中，也更注重经济利益，工作中讨价还价，斤斤计较，对工资低、较苦、较脏的工作避而远之，不愿意到艰苦的地方就业等。

第三节　大学生敬业奉献品格的塑造

树立以敬业奉献品格为核心正确的职业价值观，既是实现大学生人生价值的现实需要，又是促进中华民族伟大复兴的时代要求。高校肩负着培养社会主义建设者和接班人的重要使命，应以青年马克思职业价值观为引领，引导大学生树立正确的职业价值观，正确处理个人与社会的辩证关系，理性看待职业理想与现实之间的矛盾，努力促进大学生职业道德认知向职业道德实践的转化，培养能担当民族复兴大任的时代新人。

一、敬业奉献的表现

(一) 第七届全国敬业奉献模范获得者张玉滚

张玉滚是河南省南阳市镇平县高丘镇黑虎庙小学校长。2001 年 8 月，一次偶然的机会，刚从师专毕业的张玉滚走进自己当年就读的河南省镇平县高丘镇黑虎庙小学。“破桌子，破水泥台子，里面坐着十来个土孩子”的现状，让他鼻子一酸。“出去闯一闯，比窝在大山里受穷强”的念头瞬间被现实改变。就这样，21 岁的张玉滚放弃了“高大上”的个人梦，转而成为一名民办教师。

黑虎庙小学有一些孩子失学，这是张玉滚到来之后竭力要解决的痛点，当然也是难点。孩子失学原因错综复杂：既有缺乏管教而产生厌学的，也有家庭贫困而导致辍学的。要想教好学，就必须保证孩子们有学上。张玉滚靠着一双腿、一张嘴，摸清楚了情况：学生中有将近三分之一是留守儿童，有的父母常年在外打工，孩子跟着爷爷奶奶生活，老人年纪大了，需要格外操心；每名学生在哪儿住，谁上学需要接送；张玉滚一一记在心上。掌握情况后，张玉滚因人施策、因事施策：家庭贫困的，他便拿出工资倾囊相助，并与相关部门联系，实施教育扶贫，从而解决了“上不起学”的问题；有的孩子全靠爷爷奶奶照顾，他就多上一份心，上学和放学的路上格外关注，让孩子们感受到学校的温暖；学校原来没有食堂，孩子们在教室后面临时搭建的棚子里生火做饭，他便想方设法办起了食堂。不缺办法的张玉滚，让“一个孩子都不会失学”从承诺变成了现实。对教育的炙热情怀化成一股强劲力量。17 年间，黑虎庙村没有一个孩子失学，还陆续培养出了 16 名大学生。

黑虎庙小学处在大山深处，教学条件艰苦。为了“不耽误一节课，千方百计上好每一节课”，张玉滚靠着一股子钻劲，摸索出一套寓教于乐的直观教学法。数学课上，张玉滚亲手制作钟表表盘、长方体、正方体，引导学生积极参与进来，在做中玩、在玩中学、在学中乐，既活跃了课堂氛围，也使学生愿意学、学得会；科学课上，面对生硬难懂的科学原理，他不走灌输式教学的老路，而是带着学生们动手做实验，在这个过程中感悟自然科学的魅力，激发学生们热爱大自然、探究大自然的兴趣；语文课上，他优化教学环节，减少自己“说”的时间，留给学生“思”的空间，锻炼他们独立思考和学习的能力；体育课上，缺少体育设施，他便把乡土游戏融入课堂，自己成了“孩子王”，学生们实实在在地锻炼了身体。正是这种“在教中学，在学中教”的教学理念，最大限度地开拓了学生的视野，丰富了学生的知识。

“给学生一瓢水，老师要有一桶水。”张玉滚说，正因为有这个压力，才使自己不断钻研各种新型教学方法、填补知识空白。为了让学生英语发音标准，他自掏腰包买录音机和磁带，跟着录音一遍一遍学，自己学懂了、会说了，再教给学生。如此往复，孩子们的英语说得越来越好。

教书，教的是知识，育的是心灵。张玉滚注重知识的传授，更关注学生心灵的培育。大自然一年四季的变化，蕴藏着丰富的时序体验，张玉滚创造性开展“自然教学”。春夏秋冬，他带着学生接触自然、感悟自然，同时还针对季节里特有的自然现象，讲授相关知识。这种近距离与大自然接触的教学方式，让孩子们净化了心灵、陶冶了情操。

不仅如此，张玉滚还把爱心培育融入日常教学中。在他看来，学生不仅要有丰富的知识，还要有一颗爱心。他以自己的行动作出表率：有的学生头疼脑热，他总能第一时间发现，药箱里常备着感冒发烧药；有的学生一时交不上餐费，他就悄悄掏腰包垫上。

这种教育方式，让张玉滚教出来的学生富有爱心、懂得感恩。曾经是他学生的张磊大学毕业以后，怀揣着教书育人的梦想，和女友一起回到黑虎庙村。张玉滚的付出，正以另外一种方式在大山深处延续和传承。

2018 年 9 月，中宣部授予张玉滚“时代楷模”称号。2019 年 2 月，荣获“感动中国 2018 年度人物”荣誉。2019 年 4 月，荣获“中国青年五四奖章”。2019 年 9 月，荣获第七届全国道德模范“全国敬业奉献模范”。2019 年 9 月，被授予“最美奋斗者”称号。这些荣誉背后，是张玉滚的默默付出，也是他对乡村教育探索和实践的真实写照。

（二）“共和国勋章”获得者、时代楷模张富清

2018 年 12 月 3 日，在湖北省恩施州来凤县人社局退役军人信息采集点，张富清在工作人员聂海波的见证下打开了一个红色包裹，里面有报功书和军功章，由此揭开了张富清不为人知的红色过往。

三枚军功章、一本立功证书，还有时任西北野战军司令员兼政委彭德怀签发的《报功书》。平日里普普通通、朴实无华的父亲，居然是一位枪林弹雨中出生入死的战斗英雄。而这样一位大英雄，在这个偏远的小县城隐藏了64年。

张富清的故事，要从71年前的1948年说起。那年，出生在陕西洋县贫苦家庭的张富清刚刚24岁，他在瓦子街光荣入伍，成为西北野战军赫赫有名的三五九旅的一名战士。

1. 战争年代的舍生忘死。

1948年6月壶梯山战役，他担任突击队长，攻下一个碉堡、缴获一挺机枪、击毙两名敌人，获师一等功和战斗英雄称号，他的右臂和胸部被燃烧弹烧伤，留下一片片疤痕；7月在东马村，他带领6名突击队员，扫清外围之敌，占领敌人碉堡，获团一等功；9月临皋战役，他先敌抢占制高点，压制消灭敌人，圆满完成截击任务，获师二等功。

1948年11月的永丰战役。张富清所在的六连是永丰战役突击连，连队要挑选3名技战术最好的班长担任突击组长，张富清又一次主动请缨。那个深秋寒夜，敌人在城内修筑了星罗棋布的明碉暗堡，东北角的两个五六米高的碉堡是主要火力点，吐着两条火蛇，不断吞噬着战友的生命。张富清和两名战友，子夜出击，他把自己唯一的一条白床单撕成几条，把两个炸药包紧紧地捆在身后，在腰上插满手榴弹，再带上冲锋枪和子弹，足足有六七十斤，几乎是他负重的极限。趁着夜色，他们沿着坑道摸近寨墙，抠着砖缝迅速爬上墙顶，张富清第一个从四米多高的寨墙上跳下去。脚刚落地一转身，已经被十多个敌人团团围住。矫捷敏锐的张富清端起冲锋枪就是一顿猛扫，一下子就撂倒了七八个。这时，他突然感觉头部被重重地砸了一下，头晕目眩，有点发蒙。用手一摸，发现头皮被子弹掀起来一块，满脸满手都是鲜血。如果子弹再下来一点点，他就当场牺牲了。但当时战况激烈，顾不得细想，满脑子都是消灭敌人。他拔出刺刀，迂回接近到敌人碉堡底下刨出一个土坑，铺下八枚手榴弹，压上一个炸药包，再盖上一层土，张富清心想，用导火索引爆来不及了，晚炸一秒战友就会多牺牲一个，于是他把手榴弹的引线连在一起，再系上一条绳索，向旁边一个侧滚，顺势一拉，随着惊天动地的一声巨响，敌人的碉堡飞上了天。张富清被穿云破石般的爆破震吐出一口鲜血，满口牙被震松，3颗大牙当场脱落。硝烟还没散去，他又飞快逼近另一座疯狂扫射的碉堡，用同样的方法，将其炸毁。

张富清在永丰战役中因作战英勇，贡献突出，荣立军一等功，并赢得“战斗英雄”称号，王震将军亲自给他佩戴了军功章，彭老总握着他的手亲切地说："你在永丰立了大功，我把你认准了，是个好同志！"随后，西北野战军总部加授他特等功，并专门向他家寄送报功书。上面写着："张富清同志为民族与人民解放事业，光荣参加我西北野战军第二纵队三五九旅七一八团二营六连，任副排长。因在陕西永丰城战斗中勇敢杀敌，荣获特等功，实为贵府之光，我军之荣"。

1950 年，西北军政委员会对解放大西北的英雄进行表彰，张富清被授予"人民功臣"奖章。

在战火硝烟中，信仰是血与火的淬炼，意志是生与死的抉择，正是因为张富清和千千万万革命军人为人民抛头颅、洒热血、打江山、谋幸福，新中国才迎来了勃勃生机，才巍然屹立在世界的东方。

2. 和平年代的奉献青春。

1953 年年初，原本准备参加抗美援朝的张富清，被安排到解放军防空部队文化速成中学学习，从此他化剑为犁，开始了以知识和汗水建设社会主义的新征程。

1954 年年底，张富清以优异的成绩毕业。作为战斗英雄和部队学校的优秀学员，张富清面临着不同的道路选择：一是留在大城市工作，海阔天空，发展空间更大；二是回到陕西老家，与未婚妻孙玉兰组成温馨的小家庭，颐养望眼欲穿的老母亲；三是响应党的号召，到祖国最需要的地方去，到基层最艰苦的地方去。他毅然选择了那个最艰苦的地方——湖北省来凤县。

1955 年 1 月，张富清即将转业。他用一块红布，包好用生命换来的军功章和报功书，塞进这只箱子的最底层，从此，封存了那段戎马岁月，也深藏了非凡的功与名。就连他的妻子和四个子女都"只知道他当过兵"，不知道这箱子里竟深藏着一段可歌可泣的烽火记忆，这一藏，就是 60 多年。

从转业那天起，张富清和新婚的妻子孙玉兰从武汉，经巴东，历经一个星期的艰难跋涉，才抵达了恩施土家族苗族自治州来凤县。这里是湖北最西南的偏远角落，当时县城里只有三街九巷 5000 多人，经济落后，民生困难，干部紧缺，生活条件极其艰苦。

"党叫我去哪里，我就去哪里，这儿是苦，这儿是累，可是共产党员不来，哪个来？"张富清夫妻正是奔着这份艰苦来的，这一来，就是一辈子。

张富清在来凤县的第一个岗位，是城关粮管所主任。组织考察评价他："能够带头干，群众反映极好"。后来被提拔为粮食局副局长，不久又担任纺织品公司党支部书记。1959 年，刚刚上完党校，他就被派往更远、更需要他的地方——来凤县的"穷窝子"三胡区担任副区长。

那时，区里粮食十分短缺，他暗下决心：一定要把生产搞上去。他直接住进了最艰苦的村。可村里的社员并不欢迎他，认为这个说陕西话的外乡干部干不了农活，是来添乱的。张富清就用实际行动来打消社员的疑虑。白天，他和大家一起栽红薯、种苞谷；晚上，他组织研究生产计划，宣传党的政策；空暇时间，他帮社员挑水、打扫院子。那会儿“手上的血泡从没断过”，张富清对当时的艰苦仍记忆犹新。他说：“说实话，下乡驻村的时候，比带突击组打仗都难。”但不管多苦、多累，张富清一天到晚总是笑呵呵的。

春风终化雨，人心换人心。社员们对张富清，从冷漠抵触到情同手足，当年就顺利完成了供粮储粮的任务。随后他又搬到另一个困难村去。过个一两年，他就要转移一次“阵地”。究竟住过多少村，张富清已经记不清了，只记得从原来三胡区到后来卯洞公社的 20 年里，自己像突击队员一样，从一座山，搬到另一座山，攻坚战一场接着一场。他牵头建立护林员制度，带领群众开荒把四五千亩的山坡变成梯田，他办起桐油和茶叶基地、林场、畜牧场，每个小队年收入都增加了两三千元，群众生活明显改善，卯洞公社在全县出了名，连外省都来人参观了。

1975 年，年过半百的张富清又把联系点选在最困难的高洞管理区。那里与湖南、重庆交界，与世隔绝的村寨都在四面悬崖、海拔 1000 多米的高山上。看到身背满篓子烟叶、艰难攀爬在羊肠小道上的村民时，张富清想，再艰难也要把这条路修出去。

在施工最难啃的地段上，张富清说：“党员干部光当指挥官不行，更要当好战斗员，应该带头啃硬骨头。”天刚蒙蒙亮，他就带领大家上工地，一直干到满天星光。没有专业工具，就用挖锄开山刨石，没有机械设备，就靠人力肩挑背驮，实在凿不动，才舍得用贷款买的炸药，一点点炸开。在最难最险的鸡爪山，瘦弱的张富清腰系绳索，像蜘蛛一样趴在岩壁上，握钢钎、抡大锤、打炮眼。一百二十多个日日夜夜，在那个缺衣少食的年代，张富清他们又完成了一次突击任务，硬是靠一双手从悬崖绝壁上凿出了一条生命之路！两年之后，道路全线贯通，2000 多名土家族、苗族儿女走出大山的世代梦想终于实现啦！而此时，张富清最幸福的事，就是终于可以回到家中，吃上一碗妻子做的热腾腾的陕西菜疙瘩，拉着四个孩子围着油灯，说一夜的家常。

1979 年夏天，张富清要调回县城了。消息传开，许多群众翻山越岭要来送别。尽管公社提前通知了各村只选派一两名代表送别就可以了，可是回城那天早上，张富清一开门，自发等了半宿的乡亲们纷纷捧着土鸡蛋、米粑粑、腌干菜涌上前来。这时张富清和他们，就如土地和庄稼已经紧紧地连在了一起。

来凤，传说是凤凰飞来的美丽地方。从张富清踏入来凤，已经 60 多年过去了。如今，原来卯洞公社所辖的二三十个村，已全部脱贫出列；高洞管理区的悬崖山路，已拓宽硬化，变成康庄大道。张富清几十年的奉献和付出，不都是为了今天吗。读懂这些，也就读懂了这位深藏功名、为民造福的老人之心、之志、之情、之义！从浴血奋战的战场到建设家园的战场，年代在变，岗位在变，张富清忠诚党和人民的这一颗初心，滚烫依旧，感召日月。莫道无名，人心是名。在他的心中，人民幸福就是最大的功名。

3. 改革开放的敬业奉献。

1981 年，张富清调任县建行副行长。当时县建行只有 5 个人，借用其他单位的一间土瓦房办公，人少事多，条件十分艰苦。但张富清和这些建行元老一心改变现状。那时正逢建行“拨改贷”改革，国营的田坝小煤矿是当时最大的贷款户。为保证把放出去的贷款安全收回来，张富清干脆打起背包，在厂里支张床，与工人们同吃同住，帮助企业抓生产促销售。当年，建行放出去的贷款，没有一笔呆账。行里的经营也很快实现了良性循环。到 1984 年张富清离休时，建行盖起了崭新的办公楼和职工宿舍，职工人数也从当初的 5 个人增加到 10 个人。

离休 30 多年了，他仍居住在当年建行宿舍的二楼。两室一厅的家里，水磨地面磨得发亮，木质窗户已经看不出原来的颜色，斑驳的油漆墙面有的地方呈粉片状，好像随时都会掉落。吃饭用的小竹椅、小木桌至少都用了 30 年以上；沙发边的木质茶几，桌面坑坑洼洼，上面印的“离休纪念——县建行赠”字样依稀可辨。张富清的家里虽然简陋，但是整洁得像个军营，床铺、被褥、箱子、书籍都摆放得整整齐齐，好像随时准备出发。

馒头、白粥、清水面，是张富清最常吃的食物；他们子女几个凑钱买了几年的空调，几乎都没开过。有一次他陪父亲去医院打针时，衣袖顺着张富清抬起的右手裂开一条很长的缝，布满青筋的手臂全露了出来，那一瞬间烂衣服暴露在别人面前，儿子感到很不好意思，但张富清却不以为然。其实子女们给他买了很多新衣服，但他却把新衣服叠得整整齐齐放在箱子里，一直舍不得穿。他的理由是穿旧衣服对皮肤好。

张富清有一句名言：“工作上离休了，政治上、思想上绝不能离休。”所以，他一直保持着读书学习的习惯。老人家说，他每天六点起床，七点就开始翻阅新闻。即使年事已高，视力大大下降，也从来没有间断过。老人家还说，他最爱读的是《人民日报》《求是》《半月谈》，每晚必看《新闻联播》，特别关注的是国际新闻和“海峡两岸”。

张富清老人有自己的摘抄心得和学习收获专用笔记本，时刻不放松政治学习，上面工工整整地记录着：“要不断改造主观世界，加强党性修养，加强品格陶冶，老老实实做人，踏踏实实干事，清清白白为官，始终做到对党忠诚、个人干净、勇于担当。”

坚守初心的人，公和私分得是很明的。张富清家有一条铁的纪律：任何人都不能吃老爷子的药。大儿子张建国和父亲一样患有高血压。有一次，张建国去父亲家里，忘了带降压药，想找老爷子要几粒降压药救急，却遭到了拒绝。张富清的理由很充分：“我是离休人员，我的药费是公家报销的。只能我用，其他人不能占公家的便宜。”为了管好自己的药，张富清甚至找了把锁，把装药的抽屉给锁住了。

不仅不占国家的便宜，张富清还处处想着为国家节约。因为年岁已高，他截肢后残肢有些萎缩，和用旧了的假肢不匹配，可他却一直不愿换新的，而是自己塞上皮子垫了又垫，生生把早已愈合的伤口给磨出了血。

在他的心里，总是先想着党、想着国家、想着人民，而一定是把自己摆在最后的位置。这就是老英雄张富清一生不变的精神境界，更是一名老共产党员坚持了一辈子的初心。

2019 年 5 月，入选中国好人榜；6 月，中宣部授予张富清“时代楷模”称号，中共中央授予张富清同志“全国优秀共产党员”称号；7 月，被表彰为全国模范退役军人；8 月，公示为“共和国勋章”建议人选；9 月，获得第七届全国道德模范“全国敬业奉献模范”奖；9 月，全国妇联授予张富清家庭“全国五好家庭”荣誉。根据十三届全国人大常委会第十三次会议 17 日下午表决通过的全国人大常委会关于授予国家勋章和国家荣誉称号的决定，张富清获得“共和国勋章”。2019 年 9 月 25 日，被授予“最美奋斗者”荣誉称号。2020 年 5 月 17 日，被评为“感动中国 2019 年度人物”。

二、敬业奉献品格的塑造

（一）确立崇高的职业理想

马克思指出：“人的本质不是单个人所固有的抽象物，在其现实性上，它是一切社会关系的总和。”正确认识和处理个人与社会的辩证关系，是大学生实现顺利就业的前提。人生价值是自我价值与社会价值的有机统一，社会性是人的本质属性。人只有在不断推动社会进步的过程中，才能实现自我的发展。职业活动既是个人谋生的手段，也是个人奉献社会、实现自身全面发展的重要途径。一方面，个人通过劳动参与社会分工，从他人、社会中索取合理的劳动报酬，实现自我价值。自我价值的实现，是个人生存和发展的必要条件；另一方面，个人用专业知识和技能为社会创造物质财富和精神财富，促进社会的发展，实现社会价值。社会价值的实现，为个人的自我完善和全面发展提供了重要保障。“在选择职业时，我们应该遵循的主要指针是人类的幸福和我们自身的完美。”马克思在《青年在选择职业时的考虑》一文中为大学生确立职业发展目标指明了方向。新时代大学生要正确认识和处理个人与社会的辩证关系，统一自我价值与社会价值，将个人的职业追求与实现中华民族伟大复兴的时代使命有机结合，确立崇高的职业理想，在服务人民、奉献社会的过程中实现自己的人生价值。

（二）提高职业能力

个人与社会是辩证统一的，任何人都只能在一定的主客观条件下实现自己的人生价值。辩证看待理想与现实之间的矛盾，综合考虑个体自身因素和社会客观条件确立职业目标，是大学生实现职业理想的前提。一方面，职业理想的实现以一定的社会客观条件为基础。中国特色社会主义进入新时代，为大学生成长成才提供了良好的外部环境。大学生要珍惜和把握难得的历史机遇建功立业，在实现中国梦的伟大实践中创造自己的精彩人生。另一方面，职业理想的实现受个体自身条件的制约。大学生要在充分分析自身职业特质的基础上，结合自己的职业兴趣、职业性格特点和职业能力选择适合自己的职业发展目标，在自己擅长的工作岗位上为我国的社会主义现代化建设贡献力量。马克思在《青年在选择职业时的考虑》一文中指出：“如果我们选择了最能为人类福利而劳动的职业，那么，重担就不能把我们压倒，因为这是为大家而献身。”在实现国家富强、民族振兴、人民幸福的伟大征程上，机遇与挑战并存，希望与困难同在。新时代大学生要弘扬马克思的艰苦奋斗精神，辩证看待理想与现实之间的矛盾，在工作中练就过硬本领，为中国特色社会主义建设添砖加瓦。

（三）培养高尚职业道德

事业的成功离不开对职业理想的不懈追求，也离不开对职业道德的坚守笃行。实现职业理想，要有干一行爱一行，钻一行精一行的敬业精神，要有诚实守信，办事公道的职业操守，也要有服务群众，奉献社会的责任担当。新时代大学生要在职业生涯中获得长足发展，个人专业知识技能的提升与高尚职业道德的培养同样重要。高校应积极承担起培养大学生良好职业道德情操的重要职责。一方面，要加强与专业相关的职业道德规范教育，着力提高大学生对职业道德的认知和判断能力，涵养良好的职业道德意识，树立正确的职业价值观念；另一方面，要拓宽大学生职业实践渠道，通过勤工助学、兼职、实习等多种方式激发道德情感、磨砺道德意志、坚定道德信念、提高职业道德的践行能力。我们的使命绝不是求得一个最足以炫耀的职业，而是要通过职业生涯的追求，获取职业带来的幸福感和价值感，可以说职业是我们幸福人生的起点。

马克思在《青年在选择职业时的考虑》一文中对功利主义的职业价值观进行了深刻的批判。新时代大学生要学习马克思高尚的职业道德品格，将职业道德修养纳入成长成才规划，在日常学习和生活中自觉抵制拜金主义、个人主义、享乐主义等不良思想的侵蚀，积极参加社会实践活动，促进职业道德认知向职业道德实践的转化，培养高尚的职业道德情操。

（四）增强自身奉献意识

良好的校园文化建设对大学生人生观价值观的培育具有重要作用，培育大学生积极奉献精神离不开校园文化这一深厚土壤。无人不网，无处不网，是大学生日常生活的常态。利用自媒体，以短平快及学生喜闻乐见的方式推送当今奉献精神的典型代表。上海退伍军人张志勇散尽家财行善十余年，资助百余名贫困生；四川巴中聂正远老人祖孙四代 80 年接力，守护 3000 座无名红军墓；援藏医生董伯岩精心服务藏族同胞，留下一支“带不走”的医疗队。通过这些有血有肉、生活在自己身边人物的真实事迹，感染大学生道德情感，培育大学生积极奉献的意识和观念。

（五）从需求中体现个人价值

当今社会供求矛盾，加之众多大学生不愿意面向基层就业，眼睛只盯着大城市就业，造成大城市人才积压、浪费，基层人才匮乏的状况，这一主观因素，导致当前大学生就业问题日益突出。大学生要增强创业意识，转变就业观念，拓宽择业视野，树立行行建功、处处立业的择业观，踏踏实实从基层干起，从小事做起，用勤劳和智慧开创自己未来的事业。就业不只是教育投入之后的经济收入，更重要的是人生价值的实现和体现。年轻人谁没有精彩的人生梦，但实现个人的人生梦需要有社会进步的发展空间。基层拥有广阔的发展空间，年轻人在此大有可为，在此奉献青春，既能为中国梦的实现贡献自己的力量，又能实现自身的价值。积极引导大学生到基层、到祖国需要的地方就业，不单是贯彻党教育方针的重要体现，更是检验学校思政教育成效的关键。

（六）树立正确人生观和价值观

2016 年 12 月 7 日至 8 日，全国高校思想政治工作会议在京召开，国家领导人发表重要讲话：要坚持把立德树人作为中心环节，把思想政治工作贯穿教育教学全过程，实现全程育人、全方位育人，努力开创我国高等教育事业发展新局面。谈到干部选拔标准时指出，德才兼备以德为先。在传授大学生专业技能的同时，必须重视大学生的品德建设。充分利用思政课主体作用，结合时代特征丰富教学内容，创新教学方式，小班化教学和研讨，让学生在讨论中理解人生的意义和价值，真正将奉献精神入脑入心，并自觉践行。“天下兴亡，我有责任”。自觉将个人人生价值的实现融入祖国的建设，将自己的人生梦自觉融入中国梦，做有理想、有奉献精神的时代弄潮儿。

（七）培养大局意识

高校思想政治教育应结合青年人的特点，面向高校青年准确分析当前国际国内形势，寻求更加有效的方法，将个人与社会、个人理想与社会理想之间的关系，自己所承担的社会和时代责任等开展思想政治教育，使青年学生形成大格局意识。正如孙中山先生所说，“要立志做大事，不要做大官”。告诫学生脚踏实地做好每一件事，为实现自己的理想不懈奋斗，就是在做我们人生的大事，激励更多的青年学生，敢于立下大志，把一个个小目标、小理想融入社会、民族、国家的发展事业。唯有这样，青年人才能够担起社会的责任，才能实现自己的人生价值。

总之，青年学生将离开高校奔赴社会各个岗位上，每人身上承载着大到国家，小到家庭的殷切希望，没有学校的培养，没有象牙塔的光环，只剩下内心深处对职业理想的向往能为他们幸福的人生加持。因此，青年学生们在学校注重对职业领域的了解，进行合理的职业规划，树立良好的职业价值观，由培养职业兴趣入手，提高职业能力，并将其转化为职业优势，每个人就能绽放生命的光彩。

第九章　大学生文化品格之崇尚和平

一直以来，和平都是人类的永恒追求，在当今世界的发展过程中和平具有重要意义，它事关国家安定、社会发展、人民幸福。人们都希望拥有和平安定的生活，能够远离战争、暴力、饥饿、贫困。但是现实世界依然残酷，霸权主义和强权政治仍然大行其道，部分国家和地区依然战火绵延，资源枯竭和分配不均所带来的地区不稳定因素逐渐加剧，战争和冲突所带来的灾难和贫困持续威胁着人们的生存和发展。要想改变这种状况，只靠一个国家单打独斗很难完成，因此只有国际社会共同携手、同舟共济，一起维护世界和平，才能促进所有国家的共同进步和发展。

联合国教科文组织在其组织章程《和平文化宣言和行动纲领》中强调，“Since wars begin in the minds of men，it is in the minds of men that the defenses of peace must be constructed（战争起源于人之思想，故务需于人之思想中筑起保卫和平之屏障）”。就是要将和平的理念深深植根于人们的内心，这对实现和平具有十分重要的作用。只有在内心拥有坚定的和平理念，才能真正在内心建立起防止战争的防火墙，从思想意识领域阻止霸权主义好战思维的出现，保护世界和平，以免后代再遭战祸，并且实现国家和地区的长久和平，社会的稳定发展和经济的稳定增长。

中华民族历来崇尚和平，自中华文明诞生的那一天起，就一直致力于与其他文明保持平等交流，相互学习，和平共存和共同发展。中国人自古以来就推崇“和”的理念，如“保合太和”“万国咸宁”“协和万邦”“兼爱非攻”“国虽大，好战必亡”，这些和平思想至今仍然在中华民族的文化中不断传承。当代大学生生于一个开放的世界，一定要牢固树立和平发展的理念。

《尚书》是中国最早的史书典籍，在《尚书·虞书·尧典》中就记载有“克明俊德，以亲九族。九族既睦，平章百姓。百姓昭明，协和万邦”。从中可以看出中国人民在那个时候就已把“和”的理念由小及大贯穿于个人美德、家族协调、社会和谐、国家和平，乃至国与国之间的和平共处之中。

在《周易·彖传·咸》中有“天地感而万物化生，圣人感人心而天下和平”。[①] 意思是因为有了天与地的互相影响，所以才有万物的生长变化，如果富有道德修养的君主能够体察百姓的心意，就会出现天下的太平局面。这里从国家治理的角度，讨论了为达到天下和平的社会局面，为政者就要体恤百姓、感化人心。可以想见，能够建设一个天下安定和平，百姓安居乐业的社会，是当时人们内心的殷切期盼。

在《庄子·内篇·齐物论》中讲到“天地与我并生，万物与我为一”，[②] 就是要把人、自然界和社会统一起来，人的发展应该遵循自然规律和社会规律，并且相互之间和谐共生。

在《论语·学而》中有子说：“礼之用，和为贵。先王之道，斯为美，小大由之。有所不行，知和而和，不以礼节之，亦不可行也。”[③] 所谓“和”，就是人们在事物差异性的基础上，能够达成和谐共识。从而使得人与人之间，团体与团体之间、国家与国家之间和谐能够达到融洽和平的状态。

在《荀子·天论》中，荀子说：“万物各得其和以生，各得其养以成。”[④] 表明中华文明历来尊重自然规律，强调人与周边事物和谐共生，相互尊重，相互理解，天人合一。

从古至今，对和平的崇尚和爱好已经镌刻进中华民族的精神世界，融汇于中华民族的血脉之中。而在 2008 年北京奥运会的开幕式上，由千人组成的活字印刷方阵，变幻出不同时期的“和”字，也向世界明确昭示了中国人民“崇尚和平”的美好祈愿。一直以来，“和”的理念在中国国际交流过程中都得以充分运用和展现，而且其一直是中国处理国际关系的基本准则。

中国曾一直处于世界发展的顶端，在这个阶段中国并没有恃强凌弱、穷兵黩武，而是一直遵循着“和”的理念，通过各种形式与世界各个国家和地区和平交流。丝绸之路之上来往商贾的驼铃声，国子监六学里各国留学生孜孜不倦求学的身影，郑和宝船起航齐声划动的船桨，无一不见证着辉煌的历史。虽然到了近代，列强的入侵和封建制度的腐败使泱泱华夏陷入到积弱积贫、被动挨打的境地，尤其是 1840 年鸦片战争爆发后，中华民族经历了百年的侵略和掠夺，饱受屈辱和伤痛，甚至一度到了亡国灭种的地步，但是历经磨难的中国人民更加坚信和平的理念，更加珍惜和平的来之不易，更加坚持对和平的坚定守护，也会更加坚定不移地走和平发展之路。当今时代，世界

① 周易［M］. 郭彧，译注. 北京：中华书局，2006.
② 庄周. 庄子［M］. 方勇，译注. 北京：中华书局，2015.
③ 论语·大学·中庸［M］. 陈晓芬，徐儒宗，译注. 北京：中华书局，2015.
④ 荀况. 荀子［M］. 方勇，李波，译注. 北京：中华书局，2015.

各国都了解和平的重要作用和意义，都对发展有着极度的渴望，因此中国和世界各国携手前行，共同走和平发展的道路，促进世界共同发展，就具有格外重要的意义。

第一节　和平的内涵

和平是指人民远离暴力和战争，在没有分歧的情况下幸福地生活和工作时的状态，是指在没有敌意和暴力的情况下，人与人之间友好与和谐地相处。在社会意义上，和平通常意味着个人或群体之间能够免于冲突和远离暴力恐惧。和平这种行为约束往往会使冲突减少、经济互动性增强，从而带来实质性繁荣。

在英语中与“和平”相对应的单词为“peace”。在英语词源学中，“peace”的含义是“固定，系紧”，以达到“稳固”的状态。在古印欧语中的形式为“pāk-”。12 世纪中期，“peace”的形式为来自诺尔曼时代在英国所使用的法语“pes”，意思是“免于内乱，国家内部的和平”。而在古法语中，“peace”的形式是“pais”，其含义为“和平，和解，沉默，许可”。在拉丁语中，“peace”的形式为“pacem”（主格形式为 pax），意思是“契约，协议，和平条约，安宁，没有战争”。在古印欧语中，“peace”的形式是“pag-”，意为“通过条约或协议捆绑在一起”。后来，“pag-”取代了在古英语中表示幸福的“frið”一词。在希腊语中，“eirēnē”一词被用于各种问候语，其含义确切地说是“安全、福利、繁荣”。

从公元 1200 年开始，和平一词出现了新的和内心相关的含义，表示“心灵、灵魂或良知的精神安宁，不受激情的干扰，内心的平和”。在这里内心的平和是指精神上的平和，拥有足够的知识和理解能力，使个人在压力面前保持坚强。而心灵的平静通常与幸福联系在一起。到了 13 世纪中期，“人与人之间的友好关系”这一含义开始出现。从公元 1300 年开始，“peace”开始出现了“停止战争或敌意的状态”的含义。尤其是到了公元 1400 年，开始出现更为具体的含义，即“发生冲突的各方之间为避免出现进一步敌对而订立的条约或协定”。从公元 1500 年开始，由于英语中的元音迁移，“peace”的现代拼写形式最终确立。

从“peace”一词在英语中的演化，可以看到该词的含义从最初的“稳固”发展到后来的“没有战争”以及“内心的平和”，词义的范围逐渐扩大。

而在中文中，“和平”一词更多的是由“和”来体现。“和”最早见于战国金文，在金文中的字形为从口禾声。口表示说话；禾声，表示音读，意思是声音上的互相应和，或是跟着乐曲伴唱或伴奏。而后在小篆、隶书、楷书中的字形都和金文类似。在《说文解字》中“和”解释为相应，在《现代汉语词典》中，“和”的意思指和谐、和睦，结束战争的状态。在《辞海》中解释为“和谐，协调”“结束战争或争执”等。

在汉代司马迁的《史记·卷六·秦始皇本纪第六》中就曾经提到：“今皇帝并一海内，以为郡县，天下和平。昭明宗庙，体道行德，尊号大成。”《宋史·卷二百八十八·列传第四十七·孙沔传》中有：“比契丹复盟，西夏款塞，公卿忻忻，日望和平。若因此振纪纲，修废坠，选贤任能，节用养兵，则景德、祥符之风，复见于今矣。”① 由此可见，自古以来，和平这个词语就饱含着中华民族对稳定幸福生活的美好企盼和愿景。

从中外文化里“和”这个词的含义的变迁和词义的发展中，我们可以看到无论是中华文明还是外国文明都对“和”有着深刻的理解，并对这个字赋予了“没有战争，共享美好”的含义。

在《道德经》中老子曾经说过：“和其光，同其尘。”和光同尘，其实强调的就是对不同事物要有兼容并包的能力。而中华文明对各种文化兼收并蓄的原因就是对和平的孜孜以求。

公元前 2 世纪，中国汉代特使张骞先后两次出使西域，中亚和欧洲在传播中国文化和技术的同时，也将良种马匹和农作物等产品传入中国，促进了中西经济文化的交流。唐代是中国历史上与其他国家交流合作最频繁的时期，先后与 70 多个国家互派使节，而在亚洲文化教育交流中心的长安，有大批来自日本、新罗、印度、越南等地的留学生在此学习。

明清时期的中外文化交流达到了新的高峰。中国明朝著名航海家郑和先后七次出海，到达了 30 多个国家和地区，最远至非洲东海岸的肯尼亚。这些历史都是中华文明与其他文明友好交往的见证。随着欧洲天文、医学、数学、几何、地理等知识传入中国，中国人开始以极大的热情学习现代科学技术，开阔了中国人的眼界。此后，中华文明与其他文明的交流互鉴更加频繁。在这个过程中，确实存在着冲突、摩擦、困惑和否定，但文明在各个方面的交流却没有停止过。

在思想方面，以利玛窦、汤若望、南怀仁为代表的天主教传教士将西方的科学技术和哲学思想带入中国，拉开了近代中国与欧洲接触对话的序幕。同时以儒家思想为代表的中国哲学思想也被反馈回西方，受到了西方众多思

① 脱脱，阿鲁图等．宋史［M］．北京：中华书局，1985.

想家和哲学家的推崇，对西方近代历史、文化和社会的发展产生了重要影响。

在文化艺术方面，东方文化注重写意的风格和西方文化注重写实的风格，在中西方文化交流的过程中发生了强烈的碰撞，绽放出了别具一格的融合之美，各种兼具中西方文化特色的艺术作品应运而生，体现在诸如衣着、家具、瓷器、绘画作品上，这种兼具东西特色的艺术风格受到了当时西方社会的追捧。中国艺术飘逸、自然的风格，为繁复华丽的欧洲艺术带来了一缕东方艺术特有的清凉。

在生活方面，以中国茶文化为代表的东方文化在近代中西文化交流中，对西方社会的生活方式产生了巨大的影响。中国茶叶正式出现在文献记载中是在西汉时期，两宋时期达到鼎盛，从中国明清时期开始，茶业逐渐进入了对外贸易的范围，极大地刺激了欧洲的经济和贸易的发展。随着中西方茶叶贸易的不断增加，饮茶这一习惯在欧洲开始盛行，茶文化在欧洲社会广泛传播，并从王室宫廷逐渐向普通百姓普及，逐渐融入了欧洲社会的日常生活习俗，欧洲人也渐渐形成了具有欧洲本土特色的饮茶习俗和独到的茶文化。以英国为例，在英国和中国频繁的茶叶贸易中，英国的茶叶消费量不断攀升，英国人逐渐养成了烦琐且富有规律的饮茶习惯。如：早晨起床就要喝的晨间茶（Early Morning Tea），吃早餐时要搭配的英式早餐茶（English Breakfast Tea），早午餐之间小憩时要喝到上午茶（Eleven's Tea），可以搭配简单午餐的午餐茶（Lunch Tea），而下午茶（Afternoon Tea）则被划分为四点半在矮桌上喝的低茶（Low Tea）与五点半喝的傍晚茶（High Tea），甚至还有晚餐茶（Dinner with Tea），饭后茶（After Dinner Tea），睡前茶（Night Tea）。繁复的喝茶习惯反映了西方人对茶的狂热迷恋与追捧，来自中国的茶成了当时欧洲社会仅次于咖啡的重要社交饮品和生活饮品，它改变了欧洲人的饮食习惯规律，拓宽了欧洲人的社交活动范围，丰富了欧洲人的娱乐生活内容，对欧洲社会的生活方式产生了重要影响。

中华文明自从出现以来，在一代代的文明和精神传承中，无不体现着崇尚和平的优秀传统，无论是秦结束韩、赵、魏、楚、燕、齐六国诸雄争霸，建立中国历史上第一个中央集权制国家，是西晋结束魏蜀吴的三国割据的时代，实现了当时中国的再次统一，抑或是隋朝结束了南北朝时期持续了二百七十年的分裂，建立了大一统的政权。中国历史和政治的每一次剧烈变化，都是要为维护一个更为长久的和平局面做出准备，进而带来社会的稳定发展和人民休养生息。一直以来，中国都是维护地区安定和世界和平的重要力量，在和平与战争不断交织的历史发展中，和平才是一切事物发展的最终目的。

进入 21 世纪，伴随着非西方新兴大国群体性崛起，世界性问题集中爆发，西方世界整体性下滑，中国在经济建设取得了重大成果，在国家实力不断增强的同时必须要面对不断变化的世界局势。因此建立和发展新型的国家间关系，共同实现以“合作共赢、共同富裕、相互依存”的发展目标，构建“人类命运共同体”，成为中国在构建新型国际关系关系的过程中，不断努力的方向和目标。中国传统文化中所蕴含的和平理念，以及中国数次站在世界文明发展的巅峰的光辉历史，都为当下中国的和平发展提供了可借鉴的启示。同时，当下国际政治经济相对复杂，无论是出于中国自身的发展需要还是世界各国的共同进步的要求，一切都只有通过和平的途径才能得以真正实现。在当今社会，真正负责任的大国发展不会再是依靠强权政治和霸权扩张来实现，拥有五千年文明历史的中国的发展，必然会通过和平共赢的方式，在世界发展中承担起更多的国际责任，为实现当代世界的“和”作出新的贡献。

第二节　崇尚和平的意义

纵观世界历史的发展过程，总是伴随着各种冲突。当人们面临资源稀缺，且缺乏完备制度保障的时候就会出现冲突。虽然冲突在解决资源分配、推动社会进步和经济发展发面也发挥着一定作用，但是它也会带来严重的社会暴力和社会矛盾，并在一定程度上导致战争。而和平不仅是没有战争，而且是在没有暴力和冲突的情况下，解决人们面临的问题，改善人们的生活，并使每个人都能够获得公平发展机会。美国著名政治学家塞缪尔·亨廷顿在《文明的冲突与世界秩序的重建》① 一书中认为，在冷战结束后，世界发展进入了一个新的历史阶段，西方文明不再是世界发展的单边主导者，未来的发展趋势是不同的文化和文明共存，而国家和地区间冲突的主要原因将是不同文明和文化间的差异。因此不同文明和文化间的和平发展对于世界发展有着极为重要的意义。和平对于发展至关重要，没有和平，就不会有发展。

一、“和”有利于经济发展

和平并不是一个抽象概念，它和个人以及社会息息相关。在现代社会中，建设和平的要素主要包括公平获得权利和收入的机会、公平的司法待遇、幸福感和安全感，这些要素相互作用，每一个要素都能够对其他要素产生影响。

经济是指与生产、生活、贸易和货币有关的人、活动、组织和机制之间

① ［美］亨廷顿．文明的冲突与世界秩序的重建［M］．周琪，译．北京：新华出版社，2010.

的相互作用。“经济发展是指创造和利用物质、人力、金融和社会资产的过程，以改善和广泛分享社区或社区的经济福利和生活质量。”① 经济发展通常能够为人们提供更多的工作岗位和平等的就业机会，使人们拥有更高的收入和消费能力，同时能够提高国家的财政收入并保证生态环境的可持续发展。

和平与经济发展的共通之处在于使人们平等地获得就业机会。就业、消费和充满活力的企业能够为国家创造财政税收，再加上良好的政府管理和可持续发展的生态环境，这既有利于增进民生福祉、推进社会安全发展和促进社会公平正义，又有利于进一步的投资和发展。

经济发展与和平之间的联系在一定程度上是直接相关，甚至是密不可分的，经济发展有利于和平，而和平也有利于经济发展。由于在经济发展中存在的各种主导利益，以及经济发展和冲突之间的已知联系，因此必须将和平建设纳入经济发展中来。这就意味着在制定经济政策、规划发展方案和推进重大项目的时候，必须在分析、规划和行动方面满足和平建设的需要。要考虑经济发展中长期利益和短期利益之间的平衡，要满足内部经济发展和对外开放机遇之间的需要。经济发展不会自动带来和平，和平是需要维护和争取的，因此我们需要致力于和平的建设与发展。构建稳定的世界环境和经济发展相结合，和平对于任何国家而言，都是一项艰巨的任务，只有拥有和平稳定的外部环境，才能持续稳定地进行经济建设，完成富国强民的历史任务。

就地理位置而言，中国处于亚欧板块的中东部，和中国接壤的国家共有14个，东接朝鲜，南连越南、老挝和缅甸，西南方连接印度、不丹、尼泊尔，西部接壤巴基斯坦和阿富汗，西北邻塔吉克斯坦、吉尔吉斯斯坦、哈萨克斯坦，北邻俄罗斯和蒙古，同时还和韩国、日本、菲律宾、文莱、马来西亚、印度尼西亚等国家遥遥相望。数千年来，中华民族因中国独特的地理优势，无论是在政治制度、经济发展，还是在科学技术、文化建筑方面都取得了巨大的成就，对周边国家和地区产生了强有力的吸引，令世界敬仰并心向往之。在《史记·大宛列传》中就记载了，汉武帝就曾经允许“外国客遍观仓库府藏之积，见汉之广大”，令这些外国客人“倾骇之”。因此经济交流不曾停止。

中国对外关系在总体上居于主动地位，因为张骞通西域后疏通了长安到西域的陆路交通，从汉朝的对外交流已不再局限于东亚，开始向更远地方的中亚和欧洲延伸。陆路丝绸之路的开辟，使汉朝和西域、西亚的经济关系迅速发展起来。中国的丝织品、茶叶等商品，以长安为起点，沿着在汉代文献中被称为“西域道”的“北丝绸之路”，被运送到中亚、西亚和欧洲的罗马。

① Seidman, Karl F. Economic Development Finance [M]. Thousand Oaks: Sage Publications, 2005.

在对丝绸之路沿线地区的考古发掘过程中，也曾出土过大量的汉代丝织物品。据罗马帝国时期的史学家弗罗鲁斯（Lucius Annaeus Florus）在《罗马史纲要》（Epitome of Roman History）中的记载，恺撒就曾在一次庆功宴会上，向众人展示了一件来自中国的丝绸织物。[①] 汉代的丝织品在古罗马要以黄金进行交换，成为当时不折不扣的奢侈品。除丝织品外，中国的漆器、铁器、铜镜、竹器、麻织品等也都成为丝绸之路沿线国家和地区的抢手货。

而盛产于中西亚和欧洲地区的毛皮和毛织品，各种植物和动物等物品也源源不断输入中国。如：在《尚书·大传》里出现过的“之西海之滨取白狐青翰”里出产于古代“西海”（现里海）附近的白狐青翰就曾被输入中国。在汉代通都大邑有许多规模巨大的商店，一岁可买卖“狐鼦裘千皮”（《史记·货殖列传》）。足见市场毛皮数量之多。中国商人不仅收购中亚、西伯利亚各地所产名贵毛皮被运至国内，也转运到印度、罗马去。普林尼说中国商人贩卖到罗马的除丝织品外，还有珍贵的毛皮及铁。

如在广州市横枝岗西汉墓中出土的三件深蓝紫色琉璃碗，就表明了汉代与罗马之间的贸易交流已经十分频繁。[②]《史记·大宛列传》中记载，“汉使取其实来，于是天子始种苜蓿、蒲陶肥饶地。及天马多，外国使来众，则离宫别观旁尽种蒲陶，苜蓿极望”。这里的“蒲陶”就是“葡萄”，而“苜蓿”就是当时被称为“天马”的大宛马所食用的优良牧草。汉朝使者从西域带回蒲陶、苜蓿的种子后，汉武帝遣人将种子种植在肥沃的土地上。后来到汉朝的天马和外国使者渐多，汉朝的离宫别苑旁也都种上了一望无边的蒲陶、苜蓿。中国的漆器、铁器、铜镜、竹器、麻织品等也都在当时的丝绸之路上。

经常流通的商品丝绸之路是历史上横贯欧亚大陆的贸易交通线，促进了欧亚非各国和中国的友好往来。

隋唐时期，丝绸之路的兴盛推动了中国西部地区和中亚地区的经济发展，同时唐朝与新罗、日本、天竺波斯和大食等亚非欧各国均有友好往来，长安成了当时的国际大都会。自汉代起就承载着东西方文明交流使命的中国西部、西域和中亚地区真正成为多种文明荟萃、各民族文化交融之地。《太平御览·卷八百四十四·饮食部二》中记载：“葡萄酒，西域有之……收马乳葡萄实，於苑中种之，并得其酒法。上自损益造酒。酒成，凡有八色，芳春酷列，味兼醍盎。既颁赐群臣，京师识其味。”[③] 这是关于大唐皇帝和他的臣民们第一次喝到葡萄酒的记载。商业贸易促进了城镇的发展，随着来往商贾的增多，

---

① Florus. Epitome of Roman History［M］. Harvard UniversityPress，1988.

② 周成慧．汉墓中出土进口玻璃和本土玻璃的比较研究［D］．南京：南京大学，2017.

③ 李昉．太平御览［M］．北京：中华书局，2011.

商业贸易的兴盛促进了小型的城镇和大型的城市的形成，商业活动在这些地区逐渐展开。如：位于乌兹别克斯坦的第二大城市撒马尔罕（中国古称“康居”），就曾是坐落在丝绸之路上的古老的商业城市之一，与这座城市相关的商业活动，就涉及了当时的波斯帝国、罗马帝国、古印度和中国等国家和地区。

经济交流也促进了中国和各个民族的交往。作为与唐朝进行贸易往来的主体和中间人，粟特人、突厥人、回鹘人和大食人的身影一直活跃在丝绸之路上。粟特人主要从事商品货物在不同国家间的转运。他们把丝绸、金银铁器、茶叶、皮革等从中国运到西方，同时又向中国运送琉璃制品、宝石饰物、名贵香料等。而突厥人和回鹘人则通过“贡赐”与“互市”和唐朝进行“绢马贸易”，他们用马匹换回丝绸，同时再把丝绸转售到西亚和地中海等地区。唐朝与大食人（现在的阿拉伯人）的经济往来涵盖了陆路和水路丝绸之路，在大食使者经陆路丝绸之路开始向唐朝进行朝贡之后，大食的商人便带着货物纷至沓来；与陆路丝绸之路交流的商品不太相同的是，水路丝绸之路运到中国的货物多是犀牙、珍珠、珊瑚、玳瑁、玻璃制品，而由中国运出的货物多以丝绸、陶瓷、铁器、纸张为主。随着两国间贸易的繁荣和兴盛，大量的大食商人留居中国，这些人被称为“蕃客”或“蕃商”。蕃字，意思是指外国的，在后来不断发展中国文化中可以看到相似的命名方法。如：自东南亚国家通过水路进入我国的外国事物，一般会以蕃字命名。如：洋葱，又叫番葱头；红薯，又叫番薯。而唐朝的兴盛又使大批的胡人从西域来到长安，他们聚集在长安“西市”最繁华的市场，不但带来了胡乐、胡舞、胡笳、胡服、胡饼，还把“胡”所代表的自西域而来经陆路丝绸之路进入中国的文化印记，深深地留在了中华文化中。唐代是中国封建社会发展的鼎盛时期，同时也是中国对外交流的和平稳定时期，这一时期是丝绸之路的空前繁荣时期，也是中国对外经济交流的空前活跃时期。唐代中国与中亚地区的丝绸之路贸易活动促进了彼此经济的发展，也为东西方物质和精神文化的交流，作出了巨大的贡献。

明朝前期，郑和七下西洋密切了我国同亚、非许多国家和地区的联系，将中国古代的对外关系推向高潮。明朝中期以前对外关系的兴盛，与国家统一、经济繁荣、科技先进、国力强盛、对外交通发达等具体条件有关，但从宏观的角度看，主要是因为这一时期的中国农耕文明充满活力，发展水平处于当时世界的前列，统治者也具有积极向上的进取精神、不断开拓的愿望和对外开放兼收并蓄的胆识。据《明史·郑和列传》记述，郑和“所历凡三十余国”。[①] 郑和船队前两次的出访均止于印度半岛南端，船队所经过的主要国家和地区有：越南南部，泰国，柬埔寨，孟加拉，印度，斯里兰卡，印度尼西亚的苏门答腊、加里曼丹和爪哇岛，马六甲，马尔代夫。郑和船队后五次的出访行程，向西越过印度半岛，行抵中东地区，最远到达非洲东海岸的赤道以南，所到达的主要国家和地区有：伊朗霍尔术兹、阿拉伯半岛东部、也门、索马里、肯尼亚、坦桑尼亚等。在到达这些国家和地区之后，郑和开展了频繁的外交活动。《明实录》多处记载：“永乐十四年十二月丁卯，古里……木骨都束……不剌哇……麻林……诸国及旧港宣慰司使臣辞还，悉赐文绮、袭衣。遣中官郑和等赍敕及锦绮、纱罗、彩娟等物，皆往赐各国王。”“永乐十九年正月戊子，忽鲁谟斯……不剌哇、木骨都束……十六国遣使贡名马、方物，命礼部宴劳之。癸巳，忽鲁谟斯等十六国使臣还国，赐钞币表里。复遣太监郑和等赍敕及锦绮、纱罗、绫绢等物，赐诸国王，就与使臣偕”。[②] 而郑和带回国的货物有 185 种之多，食品 3 种、木材 3 种、颜料 8 种、五金 17 种、动物 21 种、药品 22 种、珍宝 23 种、香 29 种、布 51 种，其中不乏珍奇异兽、矿物宝石以及各种名贵香料。

二、“和”有利于政治的稳定

政治稳定是指当前政府政权的持久性和完整性。这是根据国家和与国家有关的公民所表达的暴力和恐怖主义的数量来确定的。政治稳定有利于提高整个国家的公信力，有利于整个国家的发展，有利于提高国内经济增长和增加外国投资的可能性。但是纵观中国近代历史，中国国家的政治版图一直以统一和平为主要基调，为中华民族的繁荣和昌盛无不是在和平的背景下进行和得到进一步的发展和稳定的。

和平是政治稳定和社会进步的关键，和平对促进个人和社会的经济发展至关重要，同时对国家安全、个人权益、经济和社会发展等各个方面均产生影响。

和平与稳定是发展的必要条件，同时发展也能加强区域和平。和平与稳定有利于形成公平竞争的经济格局，并对整个社会产生积极影响。如果没有国家与国家之间、文化与文化之间的和平共处，就很难实现世界范围内的经济发展和增长。和平与政治稳定互为基础，二者共同构成了一个良性循环。经济的有效增长需要通过和平与政治稳定才能够实现。如果缺乏和平与稳定

---

① 脱脱，阿鲁图等．宋史［M］．北京：中华书局，1985.

② 明实录［M］．上海：上海书店出版社，2015.

的政治环境，人民就会遭遇贫困，无法接受教育，不能获得基本的医疗保健，丧失发展的机会，甚至失去生存的权利。

冲突社会和生产力的破坏显而易见，它给国家和人民带来灾难性的后果，对社会经济产生破坏，严重阻碍社会的发展，对社会文化和生态环境造成压力。造成冲突的原因多种多样，包括资源分配不均、社会压力过大、收入极度不平衡。尤其是在资源丰富、收入水平极低、缺乏有效制度保障的地区，当资源分配存在极度不平衡的情况时，冲突的可能性就会明显加剧。而且随着时间的推移，要实现冲突地区的发展、进步、和平或稳定也会变得更加艰难。

因此，建立持久的和平与稳定的政治制度，才能促进社会的繁荣发展。而要实现这个目标，就需要从实际出发，从国家民族利益出发，结合历史和现状，制定出符合国家发展的方针策略，需要注意的是这个过程是无法完全复制和生搬硬套的。

和平与稳定是社会建设发展的重要组成部分，也是所有发展的先决条件，二者对经济发展的重要性更加突出，抛开和平与稳定来谈经济、社会发展，无异于本末倒置。在战争风险和战略不稳定性日益增加的今天，中国享有的和平局面和稳定的政治环境来之不易，因此更加需要坚持正义，敢于斗争，维护国家政治稳定，不断维护地区稳定，世界和平，促进共同发展。

三、“和”有利于文化的繁荣

文化是对人类社会中的社会行为和社会规范的总称，它包括知识、信仰、艺术、法律、道德，以及人类作为一个社会成员所获得的任何其他能力和习惯。① 人类主要通过文化濡化和社会化来对不同的社会文化进行获取、吸收和利用。文化是一个抽象的概念，它是不断变化的，存在于人的头脑中，体现在文字里，镌刻在建筑物上，体现在风俗习惯、文化作品和人类经验中。

自古以来，文化的传承、交流和繁荣，只能建立在人类社会和平与安全的基础上。在人类历史上，各个文明之间交流的发生主要通过两种方式促成，一是因为冲突被动参与，二是因为和平主动交往。虽然在冲突的地区，文化也能够发挥作用，但冲突所带来的被动的文化交流，总是伴随着民众伤亡和经济损失，而且由于冲突常常所造成不同民族、文化之间的对抗，无法做到真正的交流融合。而和平交流却正好相反，在和平环境下文化是促进社会进

① Tylor，E. B. Primitive culture：researches into the development of mythology，philosophy，religion，art，and custom［M］. New York：Gordon Press. 1974.

步与繁荣的重要力量。在有形和无形的文化中，对文化的互相尊重和彼此开放，能够带来对彼此的理解和友谊的加深，能够促进团结合作，从而带来和平繁荣。随着历史的发展，不断增强的文化凝聚力，也会使人与人之间的团结增加，纵观中国文化的发展的高峰，无一不是与和平密切相关。中华文明历经千年而绵延不绝，得益于中华民族对和平的崇尚和各种文化的兼容并蓄。

汉代张骞两次出使西域，开辟了中西方文化交流的新纪元。西汉史学家司马迁在《史记·大宛陈列传》中对张骞给予了高度评价，“于是西北国始通于汉矣，然张骞凿空”。作为丝绸之路的开拓者，张骞无疑是第一个打开西域大门的人。他促进了西域与中原的直接文化交往，开辟了中西方经济文化交往的重要通道，建立了中原和西域各国的友好关系，带回了来自西域的丰富物产，向西域传播了东方文化和先进技术，中原文明和西域文明产生了早期的碰撞和接触。作为中国历史上第一位外交大使，张骞通过他的外交实践，首次提出了国家间平等诚信交往的外交理念，搭建了汉西友好交往的桥梁，为世界文明进步注入了新的活力。

自汉朝以后，中外文化经济交流的第二个里程碑就是唐朝。从 618 年唐朝建立到 907 年唐朝灭亡，在这 289 年里，唐朝历经了“贞观之治”“开元盛世”“元和中兴”，唐朝的国民生产总值在当时位居世界第一。从世界范围来看，唐朝对世界的稳定作用持续了百年，先后有 115 个国家和地区向唐派出了使者，[①] 此时的唐朝，在文化成就上受到万国景仰，在文化互相交流中无论胡汉，不分东西。“形器不存，方寸海纳。和而不同，通而不杂”。[②] 作为中国历史上仅有的一个没有修筑长城的大一统朝代，唐朝用无形的力量，融汇吸引了来自四面八方的文明。它对各个民族，不同宗教都拥有着惊艳于世界的兼收并蓄的能力，这是当时处于同时代的其他国家所不能比拟的。例如，在唐章怀太子李贤墓道东壁出土的壁画《客使图》中，三位分别来自东罗马帝国、新罗和靺鞨族的使者受到鸿胪寺三位官员的接待，就很好地反映了唐朝空前繁荣的外交盛况。而从 630 年开始的 260 多年的时间里，日本先后 19 次向唐朝派出遣唐使团来到唐朝学习，其外派规模之大、次数之多、持续时间之久，证明了唐朝文化对周边国家的巨大而持久的吸引力。唐朝文化的繁荣不但对周边国家的政治、经济、文化产生深远影响，而且直接推动了这些国家社会的发展，并且为促进中外友好交流与和平共处发挥了巨大的作用。

唐末宋初，伴随着中原经济重心的逐渐南移，手工和制造业的兴盛，航海技术的发展和造船技术的提高，不断发展和兴盛的海上丝绸之路使宋朝和

① 李大龙．唐朝和边疆民族使者往来研究［M］．黑龙江：黑龙江教育出版社，2013.

② 袁宏．后汉纪［M］．吉林：吉林出版集团，2005.

东南亚、西亚、非洲甚至欧洲等国家和地区进一步加强了经济联系，这种联系促进了宋朝和外国之间的贸易关系的稳定，保证了地区的政治安全，反过来也对宋文化的兴盛起到了积极促进作用。宋代是我国封建社会发展的最高阶段，其经济发展和科技文化发展达到了前所未有的高峰，从当时世界范围来看，宋代在文学、科技、天文、医学、水利、对外贸易方面所取得的成就也处于遥遥领先的地位。在两宋时期的对外经济交流中，最为突出的是先后以广州和泉州为起点的海上丝绸之路的兴盛。伴随着外国商船进入宋朝港口的数量增加，作为当时进口关税的“抽分”也相应增加，宋朝国库日渐充盈。而宋朝对外贸易的攀升，尤其是以龙泉青瓷、景德镇青白瓷为代表的“外销瓷”的大量出口，受到了西方世界的追捧。

从 1405 年开始，明朝政治家、航海家郑和凭借着当时领先世界的航海技术和造船技术，历时 28 年七次率领船队远航，到达并访问了包括太平洋西岸和印度洋沿岸在内的 30 多个国家和地区，促进了明朝与亚洲和非洲众多国家和人民之间的友好往来。郑和的远洋航行与西方的地理大发现完全不同，后者航行的目的是聚敛财富、扩张领土、征服其他民族、建立贸易帝国甚至重新划分政治版图。而以郑和为代表的明朝在科学技术充分发展，物质文明充分丰富的基础上，对于“家、国、天下”的观念已经发生了重大变化。郑和的航行遵循着“循礼安分，毋得违越；不可欺寡，不可凌弱，庶几共享太平之福”的理念，以“不征”为基本国策，不依靠武力炫耀和武力威胁，在国与国之间建立了以一种新的关系和秩序，维护了地区和平，播下了友好的种子，加深了各国人民的了解。

郑和船队所到之处与当地人民和平相处，向国外输出了中国的技术和文化的同时也带回了和这些地区相关的丰富的信息和物产，同时也促使众多国家积极向明朝派遣使团和使节，建立外交关系。据统计，仅在明成祖朱棣在位时期，就先后有 36 个国家派遣外交使团来访。有些国家甚至出现了国王亲自前往明朝进行交流的情况，如苏禄群岛（现为菲律宾西南部群岛）的三位国王就曾带领三百四十多人的包含亲眷官员的使团出使明朝。①

郑和在七下西洋的过程中，通过和平的手段，建立了中国的外交威信，不但使外交使节和外国商人源源不断地来到中国进行交流、学习、开展商贸活动，也为华侨开发东南亚，积极融入当地社会，传播中华文化创造了有利的条件。

郑和的七次远航是世界航海史的重要转折点，是人类文明从大陆向海洋

---

① 王冬青．论郑和下西洋与明成祖的威慑外交战略［J］．江苏社会科学，2005.

的延伸，对世界历史的发展产生了重要影响。在明朝与海外国家建立直接联系的同时，郑和的远航也直接震慑了从13世纪以来就不断骚扰中国和朝鲜沿海以及南洋地区的海盗集团。随着明朝的威望不断提升，也间接压制了蒙古北元势力，保护了明朝领土完整，保障了人民安全，展示了中华文明，维护了亚洲地区稳定，使中华文明的影响力不断由东亚扩展至整个亚洲、非洲、欧洲乃至全世界。

四、“和”有利于文明的延续

和平对于人类文明的延续有着积极的作用。在人类文明历史上，以古巴比伦、古埃及、古印度和中国为代表的四大原生文明，对世界文明的整体发展产生了深远的影响。美国人类学家克拉克洪（Kluckhohn）和英国考古学家格林·艾德蒙·丹尼尔（Glyn Edmund Daniel）曾经对一个文明的存在提出如下标准：是否存在城市、文字和重要礼仪建筑。[①] 根据这个判断标准，除了中华文明的三大文明都已经消失。曾经以通天塔而闻名的古巴比伦文明已经毁于战火。古埃及文明在近千年的时间里，在一次次的外族入侵和统治中已消失殆尽。而古印度文明也随着各区域外族的频繁入侵和异族宗教的介入，烟消云散。尤其在近代，印度沦落为英属殖民地，印度本土文化不断被西方文化取代，社会阶层分化严重，种族主义和种姓制度成为印度社会发展的隐忧。而中华文明在五千年的时间里，始终得到传承延续未曾发生过断裂。究其原因，除了中华民族伟大的民族向心力，高度完备的社会政治，更重要的是拥有强大生命力的中华文明一直都奉行“和”的理念。

自古以来中华文明所倡导的以儒家思想为代表的中国古代哲学思想，一直都在运用“和”的理念来处理国与国，人与人，乃至人与自然之间的关系。在国家层面，中华文明倡导国家之间无论大小都能做到谦让谦下，运用慎战和平等互利的原则来处理国家间的冲突，以达到“为万世开太平”的目标。如：先秦时期的哲学思想中的“和”就已经具备丰富的含义。在《道德经》中老子说过“和其光，同其尘”，在《论语·子路》中孔子谈到“君子和而不同，小人同而不和”，在《国语·郑语》中史伯向郑桓公提出“和实生物，同则不继”。[②] 这些都是强调无论是社会和个人都要对不同事物有兼容并包的能力，都是主张国与国、人与人之间的关系应该是和谐多样，兼容并收，而不是勉强附和强求一致。“和”是中华文明秉承千年的哲学理念，在政治和社

---

① Glyn Edmund Daniel . The first civilizations：The archaeology of their origins［M］. Book Club Associates，1975.

② 左丘明 . 国语［M］. 陈桐生，译注 . 北京：中华书局，2013.

会领域中就表现为崇尚和平、兼容并蓄的价值观。纵观中国历史上的大一统朝代，在国家实力发展，军事力量充实的背景下，谋求的不是对他国领土的侵略吞并，对异族文明的绞杀灭绝，而是与他国之间建立和平稳定的政治关系，国与国之间文化技术的兼收并蓄、平等交流，以及中华文化的广泛传播。

如，随着陆路丝绸之路的兴盛，各国文明和宗教文化在中国多有传播，在中华文明的影响下发展变化，成为中华文明的一部分。中华民族自古就善于在吸收异族优秀文化的同时，进行改革图新，寻求发展。例如，战国时赵武灵王实行军事改革，教民“胡服骑射”的故事就是不同民族间相互学习的范例之一。再如，以发源于尼泊尔兴盛于印度的佛教为例，佛教自汉代传入中国后，就与中华文明互相影响，获得了巨大的生命力。在法显、鸠摩罗什、真谛、玄奘等人的努力下，印度佛教传播到中国后，在中华文明的影响下逐渐形成了鲜明的中国特色。佛教中的观音菩萨受到中国道教文化的影响，自唐朝以后，由最初的男性形象转变为女性形象，其形象和职责同道教的慈航真人逐渐趋同。而中国古代哲学也在一定程度上吸收了佛教的有益成果，逐渐形成儒、释、道诸家思想并存的格局。一直以来，中华民族都是包容开放的，而中华文明也因为不断吸收异域和异族文化而得到持续的发展和进步。

在与中华文明接触碰撞过的少数民族文明甚至是异域文明，不但没能取代中华文明，反而被中华文明不断吸引，主动地向中华文明靠拢，并逐渐与中华文明融合，甚至成了中华文明的一部分，为中华文明的发展和积淀作出了重要贡献。为了稳固政权和社会稳定，少数民族文明建立的全国性政权或是地方割据政权都无一例外地借力于中华文明，从政治制度、经济制度、语言文字、生活习俗等各个方面进行学习，最终使各民族聚心合力，中华文明得到进一步的巩固和发展。著名的北魏孝文帝就采取了迁都洛阳、整顿吏治，实行均田制、学习中华文明中的典章制度和生活习俗等一系列改革措施，促进了北方民族的大融合。而作为中国历史上充分接受中华文明的少数民族政权，金国在政治体制上采取汉制一元化，在管理制度上采取三省六部制；在法律制度上，无论是《皇统制》《大定重修制条》还是《明昌律义》都无不以隋、唐、宋制度为圭臬；在文化思想上，尊孔重儒，同时对道、法、佛等诸家思想广泛吸收，提出“中华一统”的观念，对中华民族的统一和形成起到了重要作用；同时在生活习俗方面，改姓氏、易胡服、习汉字、禁胡语，快速向中华文明靠拢。

中华民族对外来文化兼收并蓄的能力，来自对本民族文化的充分自信，也来自对新事物的广泛包容，更来自对各种文化的融会贯通能力，中华民族文化的发展过程，就是人类文明和平交流的过程。

第三节 大学生崇尚和平理念的培养

中国人民珍视和平、热爱和平，不仅是因为和平已经融入中国人民的历史和文化，也是因为中国人民曾经饱受战争和侵略之苦。

从1840年鸦片战争的爆发以来，由于封建制度的落后，清王朝国力日渐衰微，无法适应生产力发展的更高要求，没能与世界发展同步；在外部，由于西方新兴的资本主义制度在原始资本积累阶段对资本的疯狂渴望，为了获得巨额的利润，西方列强不惜用各种手段撬开传说中“金瓦盖顶，金砖铺地”① 的神秘东方大国的国门。

鸦片战争爆发之前，英国对中国贸易逆差形成多年，这引起了英国统治阶级的强烈不满，因此英国意图通过对华鸦片贸易垄断，实现对华贸易顺差。在《鸦片贸易史》中，马克思对在中外鸦片贸易进行过调查研究中发现，从1767年到1834年的67年间，外国对中国的鸦片销量由每年不到200箱激增至每年21785箱，数量增加了109倍。为了达到向中国大量贩卖鸦片赚取高额利润的目的，英国政府想尽各种办法，穷尽各种手段，甚至为了掩人耳目在印度进行鸦片货物中转，利用拍卖把贩卖鸦片这一国家行为转变为貌似与英国政府无关的个人商业行为。鸦片源源不断地从境外输入，加剧了中国的白银流失，导致清政府国库空虚，削弱了清王朝的统治基础。从表面上看鸦片贸易似乎只是经济问题，但是从本质上看，却是新兴的资本主义制度进行资本剧烈扩张和落后的封建主义制度的因循固守之间的矛盾的问题。虽然以林则徐为代表的禁烟派在广东进行了声势浩大的禁烟运动，但是没有强大的国家实力作为后盾，中国在政治和军事上节节败退。资本主义制度在坚船利炮的掩护下，最终还是打开了中国的大门。中国自此开始由封建社会向半殖民地半封建社会沦落，弱国无外交，中国陷入到外强凌辱、积贫积弱、被动挨打的境地，丧失了和平的环境，丧失了政治上的话语权。由此可见，没有强大的国家力量作保证，要维护和平与国家主权的独立完整几乎是不可能的。

英勇不屈的中国人民在历经百年的磨难中，没有放弃，没有退却，一直坚持不断抗争努力奋斗，最终赢得了中华民族独立的伟大胜利，终于迎来了人民当家做主的伟大时代，终于进入了和平稳定的建设和发展时期。

新中国成立后，在马克思主义理论的指导下，中国一直奉行独立自主的

---

① Marco Polo. Travels of Marco Polo［M］. New American Library：Signet Classics，2004.

和平外交政策，坚持和平共处五项原则，维护我国的独立和主权，积极致力于建立国际政治经济新秩序，促进世界和平与共同发展，并且尊重世界各国人民自主选择的发展道路。这是因为中国同大多数第三世界发展中国家一样，经历过战火，遭遇过动荡，遭遇过同样的困难，面临着相似的问题，深知和平来之不易，因此对和平局面倍加珍惜。所以一直以来中国都坚决和第三世界国家一起，承担着共同的历史任务，为反对帝国主义、反对霸权主义、反对殖民主义而努力斗争，努力保卫来之不易的和平成果。

一、树立保卫和平意识

中国悠久的历史文化对和平的推崇，使中国人民自古以来都对和平倍加珍视。中国的和平未定对于亚洲地区乃至整个世界的和平稳定都具有重要意义。中国国家力量的强大就是世界和平力量的强大；中国地区的和平就是对世界和平的有力保障。而要维护珍视和平，就要捍卫和平，中国历史和世界历史都一次次的证明，不去侵略别国不等于别国不来侵略，从鸦片战争开始，第二次鸦片战争、中日甲午战争、八国联军侵华接踵而至，在中国领土上烧杀抢掠，强迫中国签订各种不平等条约，逼迫中国割地赔款，在列强纷至沓来的几十年间，中国毫无还手之力，只能任由它们瓜分宰割，维护和平根本无从谈起。在从1840年开始到1945年的百年间被侵略的惨痛经历足以说明，要维护和平，中国必须拥有足够的防卫力量。在古代兵书《司马法·卷上·仁本》① 中提到，“以战止战，虽战可也”。用战争制止战争，最终的目的就是和平。中国经济要发展，就必须有强大的军事力量做保障。在中国古代多数时期，不断出现的强大且统一的中央政权和军事力量，既有利于对抗外敌保卫国家安全，也有利于维护国内政治稳定和经济安全。但是到了第一次鸦片战争时期，清王朝的国民生产总值虽居世界前列，但薄弱的军事力量却无法守住国门。中国近代史上的一次次战争，反复证明了国富军不强，只能被动挨打。发展是硬道理，军事力量就是硬保障。发展经济的同时，更要发展军事实力，只有这样才能保卫和平环境，保护经济建设的成果，为祖国的发展保驾护航。中国一直积极参与国际事务，无论是新中国成立初期的“抗美援朝”，还是现在的“亚丁湾护航”和“非洲维和”，中国的军事力量在国际舞台上都发挥着越来越重要的作用。但是中国发展军事力量并不是为了炫耀军事实力，更不是为了称霸世界或是独自主导世界发展，而是为了建立国际新秩序，为了国际社会的共同发展建立和平新环境，只有全世界共同发展，

① 司马法［M］．陈曦，陈铮铮译．北京：中华书局，2017.

才能带来长期持久的和平局面，才能真正从根本上避免战乱、饥荒、贫穷和疾病。在和平面前，全人类的利益是一致的。和平，才是全人类共同的福祉。

二、培养国家主权意识

国家主权意识是对一个国家主权的反映。国家主权是指一个国家独立自主处理本国内外事务的最高权威和根本权利，包括国家对内最高管辖权、对外独立自主权以及防止外来侵犯和干涉的自我防卫权。其他国家无权进行任何形式的侵犯或干涉。培养国家主权意识，就是要培养把国家利益放在第一位，充分认识领土主权、政治主权、经济主权、文化主权、网络主权，自觉捍卫国家主权安全和完整。国家主权的不可分割性要求人们，自觉同分裂国家领土、阻碍国家发展、放弃网络主权行为作坚决斗争，确保国家领土的完整和统一。国家主权的不可放弃性要求人们坚持主权高于人权，确保人民当家作主；国家主权的不可让渡性要求人们充分认识在任何时候、任何条件下，国家主权都必须掌握在国家手中；国家主权的不容侵犯性要求人们既要充分认识国家主体地位的独立性，确保国家主权不受外来威胁、干涉甚至侵略，也要正确理解国家与国家之间交往的平等性，支持不同国家、民族、人民自主地选择适合本国国情和历史文化传统的社会制度、发展模式，其内政不受干涉和侵犯。正如毛泽东指出：“国家不应该分大小。我们反对大国有特别的权利，因为这样就把大国和小国放在不平等的地位。大国高一级，小国低一级，这是帝国主义的理论。”只有人们对国家主权基本理论形成科学认知，提高对涉及国家主权问题的敏锐性和判断力，自觉维护国家主权，主动捍卫国家主权，才能进一步增强维护国家主权的责任意识和使命意识，树立正确的国家主权观。如果人们国家主权意识淡薄、弱化甚至缺失，那么国家主权安全就难以得到有效维护，国家发展也难以得到保证。

三、培养向各种文化学习的意识

（一）要承认并维护文化的多样性

各民族文化间的差异是由各民族间经济、政治、历史、地理等多种因素构成的。这既有内容形式的差异，也有性质功能的区别，在具体实践中表现为语言文字、思想理论、文学艺术、民居建筑、风俗习惯等方面的差异。每一种文化的发展都具有自己鲜明的特色，但都有其存在的价值。但是这些不同的文化聚合在一起，才形成了异彩纷呈、千差万别的世界。文化多样性是全人类的宝贵财富，应当加以珍惜和保护，它使人类文明的发展有了更多的选择和可能。加强同其他国家在文化领域的交往增进相互了解，使文化多样性得到丰富和加强。文化之间的差异，正是各个文化所独有的价值，应当加以保护。在坚持求同存异的基础上，正确看待文化差异，保护文化多样性，对于其他文明不攻击、不同化。和而不同，方能美美与共。

（二）要认识到各个国家民族间的文化一律平等

文化交流应该是平等的，各国家和地区在文化上的交流合作，能够促进相互了解和共同发展，并有力地维护世界和平。但是部分西方国家借助国家实力和科学技术优势，在文化交流中占据主要地位，强行进行意识形态输出，不但造成了文化的单向流动，也严重威胁到了国际和平和其他国家的政治安全。

我们在认同、捍卫本民族文化的同时，也要尊重其他民族文化，增强不同文化之间的理解，使多元文化在平等基础上沟通和对话，只有在平等基础上，才能做到世界各国人民相互尊重、共同发展。

（三）抵制一切形式的文化霸权主义

文化交流应是双向的，独尊某一种文化去贬损另一种文化，或者对外灌输自己的文化而又拒绝其他文化的流入，又或者是通过语言搞话语霸权，再或者强行进行文化渗透和扩张，这些文化霸权主义行为在文化交流中都应该给予坚决反对。要抵制文化霸权，维护文化的多样性，首先要做到大力发展经济。强大的经济基础是文化稳定发展的强有力的后盾。其次要做到勇于文化创新，这样才能使民族文化具有旺盛的生命力。再次要努力发展文化产业，在创造社会财富的同时，形成足以和西方文化相抗衡的力量。最后要加快文化立法，保护本国民族文化和文化产业的发展。

（四）凝聚国家力量，积极发展中华各民族文化

中国是一个统一的多民族国家，各民族文化在华夏大地上竞相绽放，让中华文化的生命力更加朝气蓬勃。中华民族伟大复兴的中国梦离不开各民族儿女的共同努力，因此要增强和提升整个民族和国家的向心力，就要凝聚国家力量，发展各民族文化，增强民族文化认同，共同建设各民族共有精神家园。在进行国际文化交流和提升我国文化软实力的过程中，我们要努力讲好中国故事，积极展示富有中华民族特色和浓厚地域色彩的文化作品，寻求与世界文化的共鸣。

（五）培养和平发展理念对当代中国大学生的重要意义

当代中国大学生是祖国的未来，是中华民族的希望，培养大学生和平发展意识，对于构建大学生和平发展理念，投身中国和平发展的实践，肩负起

中华民族复兴的伟大历史责任，都具有重大意义。

1. 培养大学生的和平发展意识，有助于大学生形成正确的价值观念。大学阶段是人生发展的重要时期，是塑造人生观、世界观、价值观的关键阶段。和平发展意识的培养，有助于大学生正确看待世界格局变化和未来发展趋势，正确认识中国当前所面临的机遇和挑战，正确处理个人与国家的关系，正确理解自身所肩负的伟大使命，有利于大学生进一步坚定理想目标信念，培养艰苦奋斗的优良作风，铸就不屈不挠的拼搏精神，培养开阔的国际视野，涵养深沉的家国情怀。

2. 培养大学生和平发展意识，有助于培养大学生良好的心理素质，塑造和谐互助的人际关系。中国传统文化中所体现的优秀思想，在现代社会文化的发展过程中得以保留和传承。“和”的内涵覆盖了天下、国、家、人之间的关系，大到国与国之间的共处，小到人与人之间的沟通，无不体现着“和”的光芒。通过和平发展意识的培养，能够帮助大学生正确理解“和”在传统文化中的重要意义，能够帮助大学生继承谦和、仁爱、修己、正义的传统美德，能够帮助大学生培养与自己、与他人、与社会和谐相处的能力，能够帮助大学生运用“和”的思维与方法，正确处理矛盾问题，铸就健全的人格和积极的心态。

3. 培养大学生和平发展意识，有助于培养大学生的爱国主义精神。中国的历史发展告诉我们，中国现在取得的成就绝对不是一蹴而就的，它是一百多年来无数中国人抛头颅洒热血，艰苦奋斗拼搏而来的。新中国的成立，社会主义基本制度的确立，使中国人民告别了百年的屈辱历史，真正实现了人民当家作主；改革开放的实行和中国特色社会主义的建设，使中国人民实现了从站起来到富起来的伟大飞跃；中国特色社会主义进入新时代，使中国人民前所未有地接近实现中华民族伟大复兴目标。现在的中国，国家繁荣稳定，人民幸福安康，这是无数先辈倾尽一生为之奋斗的目标，因此我们更有理由去珍惜现在的和平生活。和平的生活来之不易，它需要强大的国家力量作为支撑，而国家的发展，则需要每一个人参与其中，为之努力拼搏。爱国主义正是推动中国发展的强大精神力量。培养大学生和平发展意识，有助于大学生运用唯物史观，全面深刻学习中国历史，弘扬“五四精神”，坚定爱国传统；有助于大学生在实践中坚持爱国、爱党、爱社会主义相统一，自觉维护国家利益和民族尊严；有助于引导大学生树立正确的国家观、民族观、历史观和文化观。经历过战争，才知道和平的珍贵，享受过和平，会更加明白爱国的重要性。只有国家强大，才能保护人民免于屈辱，只有国家强大，人民才会有尊严。

当今社会，科技进步日新月异，知识经济迅猛发展，世界格局正在悄然发生改变，国家之间综合国力的竞争日趋激烈，和平对于任何一个国家的发展都具有重要意义。对于中国这个世界上最大的发展中国家而言，和平发展显得尤为重要。中国曾经创造了数千年的辉煌历史，也经历了近代历史百年的屈辱，在对全球化发展战略格局深刻认识的基础上，在对人类共同命运认真思考之后，中国毅然选择和平发展的道路，坚决不走其他国家“国强必霸”的大国崛起老路，为世界各国和平发展、参与国际事务和处理国际关系提供了新的模经。几十年来的实践一再证明，中国选择走和平发展的道路没有走错，中国在和平发展道路上取得的成绩，为世界其他各国的和平发展提供了榜样。中国的发展就是和平的发展，中国的发展对世界和平的发展具有重要意义。在未来的发展过程中，中国将继续秉持和平发展、合作共赢的发展理念，在和平共处五项原则基础上，同世界各国坦诚合作、相互尊重、平等互利、共同发展。中国也将一如既往地坚定维护世界和地区和平，积极推动构建相互尊重、公平正义、合作共赢的新型国际关系，践行构建人类命运共同体的理念，推动世界和平发展。

第十章　上品若水

——中国古代士君子与新时代大学生文化品格培养

我国知识分子的品格，是由“士”这个阶层奠定的。“士志于道”，这是早在春秋时期，至圣先师孔子就为知识分子立下的志向与标准。两千多年来，岁易时移、年更代迭，可无论什么时期、何种境遇下，都有士人的杰出代表挺身而出，扛起道义的大旗，“诚心、正意、格物、致知、修身、齐家、治国、平天下”，传承君子之德、倡导君子之义、践行君子之品。

中国古代士君子的智慧不仅仅在于他们面对危机、困境或人生选择时的应变之法，更多体现在他们追求的人生信仰和支持他们选择的价值取向。忧国忧民、忠诚仁义、明辨是非、浩然正气、国家大义、自强不息、杀身成仁、舍生忘死，这些都是超脱于个人利益之上的一种精神升华，是士君子精神的集中表现，是他们社会责任感与使命感的价值体现。这种人生智慧、处世哲学、为政之道，在千百年兴亡成败、分合交替的历史画卷中经世不衰，对当代大学生的品格塑造，也具有重要的教育价值。

本章选取先秦时期至清代最具代表性的十位士人：孔子、晏子、屈原、司马迁、陶渊明、李白、杜甫、范仲淹、苏轼、林则徐，以“其人”“其品”为类目，将他们身上闪烁着人文与智慧光芒的事迹及品格分门梳析，以“我思我在”为引导，汲取具有普世价值的教育元素，探讨其在当代的沿革，帮助当代大学生了解我国古代人文精神、人格品行精华，进而培育新时期知识分子的时代精神。

第一节　至圣先师　弦歌不绝

——孔子思想品行与新时代大学生品格培养

孔子曾经被人描述相貌，最终的结论是“若丧家之狗”，而他听到这句评语，竟能欣然笑纳：“然哉！然哉！”一个得到他自身“官方认可”的印象——丧家狗，与我们认知的孔子大相径庭。

此段经历，被记载于司马迁的《史记·孔子世家》中。孔子周游列国，在郑国与弟子们走散了，就独自在城东门等着。弟子们很着急，到处打听老师行踪。有一个郑国人向子贡提供了线索：城东门有一个人，他的额头像尧，他的脖子像皋陶，他的肩膀像子产……尧是上古“五帝”之一，皋陶传说是舜时掌管刑法之官，子产是春秋时期郑国的贤臣，这些人都是高圣良臣，描述到这儿，还挺中听。然而他话锋一转，“然自要以下不及禹三寸。累累若丧家之狗”。然而自腰部以下，还不及大禹的三寸，颓废憔悴如一条丧家之犬。听了子贡的转述，孔子表示，把自己之形比作那些往圣先贤不太合适，但说自己像丧家狗，还真是贴切呢！

孔子的周游列国，是我国文化史上的一项具有代表意义的壮举，孔子的很多思想理论及沉思积淀，想必都是在这 14 年的光景中成就的。然而，这可远远不是一次关乎“诗和远方”的旅行。

（一）孔子其人

孔子究竟长什么样呢？我们可以参考 2015 年年底在海昏侯刘贺墓出土的“孔子画像”，这是迄今发现的最早的孔子形貌图。在年代久远、损毁严重的模糊图像中，依稀可以辨认出他身着长袍、拱手而立的形态。而在山东嘉祥武氏祠的汉代画像石《孔子见老子》中，他也是着宽衣、佩儒冠，拱手弯腰做拜谒状。这种姿势，古人叫“磬折”，好像奏乐的石磬。

孔子是个高个子，《史记·孔子世家》说：“孔子长九尺六寸，人皆谓之‘长人’而异之。”“九尺六寸”有多高？按西汉 1 尺 23.1 厘米计算，大概有 221.76 厘米，2 米 2 还多！够高。

孔子，名丘，字仲尼。“孔”是他的“氏”，他的这个“孔”，是以他祖辈孔父嘉的字为氏的。孔父嘉就是宋国的公孙嘉，公孙嘉字孔父，“孔父嘉”是名字连称。

上古时期，人们区分“姓”与“氏”，姓可以说是族号，氏是姓的分支。或以所受封之地（诸侯国名、采邑名）为氏，如郑捷（郑文公）、屈完；或以居住地名为氏，如北郭佐、南宫敬叔；或以官名为氏，如卜偃、司马牛；还有就是以祖先的字或谥号为氏，如季孙肥（鲁公子友之后，友字季）、庄辛（楚庄王之后）。到战国之后，人们逐渐以氏为姓，姓氏才开始合二为一。

孔父嘉是宋国的大司马，但后来为宋国实权派华父督迫害所杀，他的后代就“畏华氏之逼而奔鲁”（《孔子家语·本姓解》），自此，家道中落。所以他的祖上不是鲁国人，《左传》（昭公七年）中，鲁国人孟僖子说孔子为“圣人之后”，即指他的祖辈是宋国的贵族。宋国是西周建立时，分封安置商朝遗民的，所以他们是商王的后裔。

孔子祖辈尚算赫赫，父亲叔梁纥（叔梁是字，纥是名，名字连读）在鲁国也是名流——为鲁国陬邑（今山东省曲阜市）宰，陬邑的长官，以勇力闻名，行武之人。但不幸的是，在孔子大约三岁时，父亲叔梁纥就去世了。母亲颜氏抚养他，孤儿寡母，生活堪忧。《论语·子罕》中，孔子对子贡说："吾少也贱，故多能鄙事。"说的就是年少这段比较凄苦的岁月，由于家境贫寒，少年孔子做了很多苦差事，但也正因如此，使孔子日后为人、治学、为师都很有温度。

据北京大学中文系教授、学者李零梳理，孔子一生主要经历可以分为以下几个阶段：

1~33 岁，居鲁，是他自学和求学的阶段。孔子很小的时候就喜欢礼术，他玩游戏，都是"常设俎豆，设礼容"，就是表演行礼。17 岁时，母亲过世，是由他一手操办的，他将父母合葬，很孝顺。这期间，做过很多"鄙事"，如看仓库、喂牲口。30 岁左右开始小有名气，齐景公和晏子到鲁国访问，就曾专门慕名召见他，所谓"三十而立"。

34~35 岁，离开鲁国，半是游学，半是求职。曾经到过齐国，见到齐景公，但最终没被重用。

36~50 岁，回到鲁国，立说授课。研修诗书礼乐，并开始教育子弟。

51~54 岁，在鲁国经历了短暂且坎坷的为官生涯，出任中都宰、司空、大司寇。在夹谷会盟中崭露头角，然后又堕三督、诛少正卯。但最终还是失意于鲁定公。

55~68 岁，就是世人所共知的周游列国时期。这一"游"，就是 14 年，先后到过卫、匡、蒲、陈、曹、郑、蔡、楚等地，拜见过大小封君 70 余人。孔子周游列国，虽然历经艰辛狼狈，可他依然自信坚韧，温文持风。

69~73 岁，返回鲁国。晚年的孔子"乐正，雅颂各得其所"，进行了"诗"的编纂。还根据鲁国国史，改编成"春秋"。在此期间，儿子孔鲤，弟子颜回、子路先后离世，老人颇受打击。公元前 479 年，孔子卒。

（二）孔子其品

《朱子语类》曾记言："天不生仲尼，万古如长夜。"又言："自尧舜以下，若不生个孔子，后人去何处讨分晓？"孔子是我国古代最为杰出的思想家、教育家，几乎可以说"没有之一"。从他生活的春秋时期开始，两千多年间，备受从帝王将相到凡夫俗子的推崇，被称为"至圣""先师"，乃至"素王"——无冕之王。

（三）发愤忘食，乐以忘忧

在周游列国的第九个年头，孔子 62 岁的时候，有人问孔子的弟子子路，孔子是个怎样的人，子路不知如何作答。孔子听说了，告诉子路，你怎么不这样回答他：“其为人也，发愤忘食，乐以忘忧，不知老之将至云尔。”（《论语·述而》）每每读到夫子自道的这句话，我们都不由感叹，伟大的人正因其人生的充盈，内心充沛着广博的知识、丰富的经历，才使其无论在什么境遇下，都可收获不凡的快乐，不必庸人自扰。

曾经有一个流行语，说“神马都是浮云”，是当下人们缓释压力的一种调侃。与孔子而言，何谓浮云？“饭疏食，曲肱而枕之。不义富且贵，于我如浮云”。（《论语·述而》）可见，让孔子“乐”的根本法门，不是锦衣玉食、荣华富贵、功成名就，而是内心的“高贵”，是“义”，在贵贱、贫富与道义发生冲突之时，他坚定地选择道义。否则，“放于利而行，多怨”。（《论语·里仁》）承怨太多，怎么会快乐呢？

孔子所认为的道义是什么呢？

是仁。在《论语·颜渊》篇，樊迟曾问孔子什么是仁，孔子答曰：“爱人”。我们现在常说让世界充满爱，这个爱，就是“仁”的体现，是人类本性中存在的一种向善的本能。“仁”是一种美好、向上的道德。仲弓问仁，孔子答曰：“己所不欲，勿施于人”。这是儒家的“恕”道，是一种同理心，将心比心、推己及人、尊重他人、仁爱待人，遵从这条人与人交往非常重要的准则。然而，人在修为中，达到“仁”还要做到什么呢？《论语·阳货》记载，子张问仁于孔子，孔子曰：“能行五者于天下为仁矣。”“请问之。”曰：“恭、宽、信、敏、惠。”孔子提到，仁人要具备“恭、宽、信、敏、惠”五种道德品质，这是什么样的品质呢？即恭敬知敬畏、宽厚知体谅、守信知廉耻、灵敏知进退、慷慨知悯人。

不仅对人要“仁”要“爱”，对世间万物更要有深情厚谊。《论语·述而》记载，子钓而不纲，弋不射宿。“纲”就是提网的总绳，就是把一根大绳子拉在河两岸，中间有许多钩鱼的小钩子，与单钩独钓比起来，这种方法会使无论大小的鱼都上钩。“弋不射宿”，不能射杀那些晚上已经归巢的鸟儿。这两种做法孔子都认为不仁道。我们从中能感受到孔子的那颗良善之心。

试想，这样一个内心充满大爱、意端行稳、亲近自然的人，有何不乐？

（四）乐学善学，博闻强识

孔子生活的时代，学在官府，以孔子的身份地位，能够成长为大师，全靠他的勤勉于学。传说他曾经向郯国的当政者郯子学习远古时代官制、典籍、历史等文化知识；曾洛邑访学，“问礼”于当时的高级知识分子——周朝史官老子。不仅求知于贤达，他还善于在实践中学习。“入于太庙，每事问”。（《论语·八佾》）每次到太庙里，都问个不停。一位身份卑微的士人，不满足于自身阶层所能提供的有限的知识文化，而是勤学好问、求知若渴，学习当时那个时代最顶尖的理论、技艺，才有了日后形成自身学术的精进，成一家之言。

他还有一套行之有效的科学的学习方法。比如多闻多问。《三字经》里有这样一段话，“昔仲尼，师项橐；古圣贤，尚勤学”。说的是传说七岁孩童项橐“三难孔夫子”的故事。孔子周游列国时，在纪障城，几个当路玩耍的孩童，见有车过来纷纷躲避，只有项橐站在路中间不为所动。子路见状，停车呵斥其躲车时，项橐振振有词：“城池在此，车马安能通过?”孔子不由探身询问：“何处为城?”项橐不卑不亢：“筑于足下。”这孩童的非凡气度成功引起了孔子的注意，他便饶有兴致地下车观看，果然看到小孩子们用石子堆的“城”，便问：“这样的城有什么用呢?”“可以抵御车、马、军、兵啊。”项橐依然很认真。孔子于是也认真考究起来：“小儿戏言，如若车马一定要从这儿穿过，你又能如何?”小项橐理直气壮：“我的城固门关，你又怎么能通过呢?”孔子为七岁孩童的智慧与机智心悦诚服，遂命弟子绕“城”而过。虽然此为故事，但后人牵强附会孔子“师于项橐”的故事，恐是与其“三人行，则必有我师焉”的学习理念非常契合的缘故。

孔子还有先进的学习理念。“知之者不如好之者，好之者不如乐之者”（《论语·雍也》）——兴趣是最好的老师。他本人就是“乐学”的典范，晚年沉迷于研究“周易”，竟至“韦编三绝”。“知之为知之，不知为不知，是知也”（《论语·学而》）——面对知识要有颗敬畏之心，坦然面对自己的“无知”，虚心向学，是为真知。“学而不思则罔，思而不学则殆”（《论语·为政》）——把学习和思考结合，才能获得真知。“学而时习之，不亦说乎”（《论语·学而》）。“温故而知新，可以为师矣”（《论语·为政》）——学习是一个循序渐进、温故知新的过程，要不断将新知旧识融会贯通，才能掌握稳固。“行有余力，则以学文”（《论语·学而》）——在行为中有所体悟，才可以从事理论学术研究，实践出真知。

(五) 师者风范，礼恭乐服

《子路、曾皙、冉有、公西华侍坐》篇，描绘的是孔子和子路、曾皙、冉有、公西华这四个弟子畅谈理想的情景，这可以说是一节思想品德课。此篇选自《论语·先进》，这个课堂很“先进”，非常类似当下教育改革中倡导的“翻转课堂”。

这是多么完美的课堂啊！课堂上现场演奏着平缓的背景音乐，老师和蔼可亲、平易近人。“以吾一日长乎尔，毋吾以也。居则曰：‘不吾知也！’如或知尔，则何以哉?”我只不过比你们年长些罢了（不见得比你们懂得多），你们常说我不了解你们，好的，今天就请你们畅所欲言，谈谈自己的想法。不管学生是轻率急躁、谦虚谨慎，还是委婉曲致、高雅宁静，无论学生是要行伍之事、作礼乐教化，还是举祭祀之仪，老师都洗耳恭听，点评也切中肯綮。尤其是，夫子喟然叹曰："吾与点也。"老师充分肯定了曾皙看似庸碌无为的理想——"暮春者，春服既成，冠者五六人，童子六七人，浴乎沂，风乎舞雩，咏而归"。春天里那个百花香，我和朋友踏春忙，沂河沐浴一身爽，舞雩台吹风唱歌，喜洋洋。

这样的授课方式，应该在孔子的教育生涯中司空见惯。我们现在常称呼教育界为"杏坛"，就来自孔子的"杏坛设教"。他在自家院落的银杏树下，筑建了一个土坛，那就是他的讲台。每每和学生们边欣赏着音乐，边坐而论道，充满着自由而浪漫的气息。就是在这样充满诗意的氛围中，孔子的思想如春风化雨，滋润后辈。

孔子开坛授课，意义当然绝不仅仅在于诗情画意，而是具有划时代意义的。他改变了那个时代"学在官府"的状态，开创了私学教育，这是教育史上的革命创举。自孔子始，学习文化知识不再有那么高的门槛，可以说，只要你愿意接受他的思想学说，就可以跟他学习，不必被出身、资质甚至学费等问题困扰。

孔子被奉为"万世师表"，在于他在教学实践中倡导、坚持的堪称伟大的教育理念。

一是"有教无类"。"类"即门类、区别，就是说每个人都有受教育的机会，不因贵贱、贤愚而有所分别。所以在孔门三千弟子中，名门之后（如鲁国贵族南宫敬书）有之、贫贱子弟（如仲弓）亦有之；家累千金（如子贡）有之、一贫如洗（如闵子骞）亦有之；聪慧勤勉（如颜回、子贡）有之、愚笨懒惰（如子羔、宰予）亦有之。不分年龄、地域、民族，孔子皆"自行束脩以上，吾未尝无诲焉"，也就是只要是带着十条干肉的薄礼拜入孔门的人，自己从没有不给予教诲的。

二是因材施教。传说孔子弟子三千，七十二贤人，依据各自特长，分为四科——德行：颜渊，闵子骞，冉伯牛，仲弓。言语：宰我，子贡。政事：冉有，季路。文学：子游，子夏。（《论语·先进》）这就近乎我们现在大学的专业了，他很注意区分人在兴趣爱好、智力水平等方面的差异，认为中等智力以上的，可以和他探讨比较深奥的问题；中等智力以下的，就给他讲解一些简单的问题；而如果是"下愚"，那就教授他一些与其智力水准相符合的内容，否则就适得其反了。比如曾经子路、冉有都问过他同一个问题："闻斯行诸？"知道了一件合于义理的事，就立即付诸行动吗？他告诉子路："父母兄长都健在，怎么能不和他们商量就擅自行事呢？”却告诉冉有：“立即去做吧！”公西华很疑惑，怎么一模一样的问题，老师给的答案就不一样呢？孔子曰：“冉有性格保守，遇事常退缩，所以我鼓励他勇敢去做。而子路勇猛有余、思虑不足，所以我提醒他退让。”

三是德育、美育并重。孔子的主要授课内容，“子以四教：文、行、忠、信”。(《论语·述而》)“文”代表着基本的课程，孔子指的就是儒家所推崇的六经：《诗》《书》《礼》《易》《乐》《春秋》。而后三字——行、忠、信，就全关乎对人品德的培育。“行”乃立德，“忠”是立功，“信”指立言。在他的教育法则中，德育要比智育更重要，他要求人要修养自身的品格、提升个人素质，勇担社会责任，做一名端正君子。此外，还非常重视诗书的美育功能。他告诉自己的儿子孔鲤“不学《诗》，无以言”。说年轻人为什么不学“诗”呢？“小子何莫学夫诗，诗可以兴、可以观、可以群、可以怨”。通过学诗，可以兴发文字的魅力；可以观察万物盛衰及人世得失；可以习得与人为善的道理，也可以懂得怎样去讽谏上级。在教导学生要多学“诗”中“迩之事父、远之事君”的道理的同时，也重视自然知识的教育，还要学习“草木鸟兽之名”。通过自然来净化心灵、保持纯洁，使内心丰裕而富有美感。

孔子还具有非凡的师者风范，注重礼乐教化。孔子内心的笃定最典型的事件是“困于陈蔡、弦歌不绝”。他率领众弟子周游列国时，在陈国和蔡国之间曾经历最为凶险的遭遇。当他在陈国不受重用，动身前往楚国的途中，因为害怕孔子被楚国重用威胁自身，陈国和蔡国派兵将他和弟子围困。断粮几天，虽然饥肠辘辘、几近昏厥，孔子依然坚持每天弹琴奏瑟，并鼓励学生：“君子固穷，小人穷斯滥矣。”君子可以坚守穷困而不动摇，只有小人遇到困境才胡作非为。面对饥饿保持风节，又能在一蔬一饭中不忘育人，这是师者应有之风。

孔子很重视音乐的教化作用，他在困于陈蔡时，能“弦歌不绝”，在于他对音乐的挚爱。在齐国时，闻《韶》乐，“三月不知肉味”，沉醉于音乐的快乐久久不能自拔，是超越了人欲的精神“坐忘”。在听到鲁国乐师的音乐时，能发表专业的评论：“始作，翕如也；从之，纯如也，皦如也，绎如也。”他把乐曲起承转合中音律的变换描述得惟妙惟肖，具备超凡的音乐鉴赏水平。在日常的教育中，孔子的课堂每每总有弦乐相伴，音乐成为他重要的教学内容及辅助教学的手段。

（六）我思我在

2019 年 9 月 24 日，在纪念孔子诞辰 2565 周年国际学术研讨会上，习近平总书记指出：“孔子创立的儒家学说以及在此基础上发展起来的儒家思想，对中华文明产生了深刻影响，是中国传统文化的重要组成部分。儒家思想同中华民族形成和发展过程中所产生的其他思想文化一道，记载了中华民族自古以来在建设家园的奋斗中开展的精神活动、进行的理性思维、创造的文化成果，反映了中华民族的精神追求，是中华民族生生不息、发展壮大的重要滋养。”习总书记给予孔子所开创的儒家思想高度评价，这些思想在新的时期依然历久弥新、焕发生机。

司马迁在《史记·孔子世家》中这样评价孔子：“《诗》有之：‘高山仰止，景行行止。’虽不能至，然心乡（向）往之。”这几乎代表我们每个人对孔子思想、人品高度的景仰之情。

作为教育家。回顾一生，孔子自述：“默而识之，学而不厌，诲人不倦，何有于我哉？”“学”与“诲”是他一生最为看重的事业。他本人是“知识改变命运”的印证者，而他又执着于教育的力量。我们在整个求学阶段孜孜以求，在很多时刻都能和孔子的某些思想情投意合，感受到充满着智慧和幸福的教育光芒。学习可以使我们扩宽生命的广度，于有限的生命时光中，依靠知识的力量造福社会和苍生。

孔子对万物生灵的仁爱，后来经弟子生发广扬。《礼记·月令》言：“孟春之月……禁止伐木。毋覆巢，毋杀孩虫、胎、夭、飞鸟，毋麛、毋卵。”“季夏之月……树木方盛，乃命虞人入山行木，毋有斩伐。”春天，幼虫幼鸟纷出，就要保护这些幼小的生灵。夏天，树木生长的旺季，要派人上山防护，防止有人乱砍滥伐。当代大学生要承袭儒家这种科学的自然观，对万物保有悯爱之心，遵循自然法则，维护生态平衡，将可持续发展的生态环保理念一以贯之。

第二节　谦谦君子　温润如晏

——晏子思想品行与新时代大学生品格培养

以纪传体写史著称的司马迁可谓阅人无数，从五帝先君到秦皇汉祖，从帝王公侯到圣贤侠客，一路褒贬，甚至无数英雄名流在他笔下都不配拥有姓名。但有一位人物，却曾令“太史公曰”：“假令晏子而在，余为之执鞭，所忻慕焉。”意思就是，假使晏子尚健在，我宁愿做他的车夫，为他挥鞭驾车，也是我心之所向、乐意为之的啊！这位让司马迁愿意鞍前马后的晏子，何许人也？什么魔力？

（一）晏子其人

晏子，名婴，字仲平，春秋末期人，是齐国著名的政治家、外交家、思想家。春秋末期是一个动荡的时代，一个令人不安的时代，齐国也面临严重的内忧外患，旧的一切似乎都要改变模样，而新的时代究竟谁主沉浮？沧海横流方显英雄本色，晏子就是于这种局势中为齐王室之相，登上了历史舞台。

晏子的事迹，流传甚广的便是曾经被选入小学语文课本的“晏子使楚”——身为齐国大夫的晏子出使楚国，却被屡屡刁难。

先是未进国门，就被来了个下马威——“楚人以晏子短，为小门于大门之侧而延晏子”。让身材矮小的晏子从小门进入国境，这是对齐国的蔑视，严重违反了当时的外交礼节。晏子坚持了一个外交官的严正立场，选择“不入”，并回击：“使狗国者从狗门入。今臣使楚，不当从此门入。”语意很明显：我出使“狗国”才需入狗洞，楚国这不是对号入座吗？最终成功让“傧者更道”，晏子从大门堂正进楚。

接着又被楚王以身高劣势来挑衅，讥笑晏子个子矮小、不堪使命：“齐无人耶？使子为使。”晏子则机巧地回答，齐国人才多的是，多到什么程度呢？“张袂成阴，挥汗成雨，比肩继踵而在”，但是“贤者使使贤王，不肖者使使不肖王，婴最不肖故直使楚矣”。齐国确实是贤人辈出，好马配好鞍，最贤达的人当然只是为最贤达的君主准备的，只剩下我最为“不肖”，于是就被遣来贵国了。

刁难再来一波，楚人声称抓到一个齐人在楚国为盗贼，当着晏子的面，攻讦“齐人善盗”。晏子同样从容不迫地应对：我国之人在本国守律本分、安生乐业，在楚国竟被逼得改变本性，做了盗贼。“所以然者何？水土异也”。这是何故呢？结论只能有一个，那就是你们楚国的社会风气比较适合滋养盗贼吧。这番机智的应对诞生了著名的哲学思想——橘生淮南则为橘，生于淮北则为枳。

故事的最终，恃强凌弱的楚王只好自嘲：“圣人非所与熙也，寡人反取病焉。”真是搬起石头砸了自己的脚。而晏子也用几番应对充分展示了一位政治家、思想家“以其人之道还治其人之身”的论辩技巧，以及作为外交官面对强国不卑不亢、勇于斗争的气度。

晏子的事迹在《左传》《晏子春秋》《史记》等史作中多有记载，这些史料向我们展示了一个忠君爱国、刚正不阿，又勤俭自律、富有同情心的政治家，也可以看到一个善于从事物中总结规律、提出许多哲学命题的思想家。纵观晏子生平事迹，其为人谋臣，可为尽忠知事，其为思想大师，可谓承前启后，其为政客，又做到了悲天悯人，堪称先秦士人的典范。

（二）晏子其品

1. 晏子之思。

“和”与“同”是中国古代哲学思想史上两个非常典型的概念，晏子则是我国先贤中较早对这两个概念的差异进行系统论述的思想家。据《左传·昭公二十年》记载，面对齐景公提出“和”与“同”之问，晏子曾机巧地以世人非常熟悉的味道与音乐比拟，提出：“和如羹焉，水、火、醯、醢、盐、梅，以烹鱼肉。”“和”的状态正如厨师做羹汤，要中和各种材料的味道，不及就要加料，太过则需淡味。这样才能适合人的口味，令人心情舒坦。他又举“和声”为例，声音也与味道一样，需由“一气、二体、三类、四物、五声、六律、七音、八风、九歌”互相和鸣，如此才为佳音，才能使君子平心静气，润泽德性。味与音皆是如此，那么“君臣亦然”，也应该是在充分综合不同意见之后的“和”，而不是一味无原则地求“同”。

晏子之前，西周末期，史伯与郑桓公讨论周王室为何必然衰落的话题，提出了“和实生物、同则不继”之论断。晏子在此基础上，又进一步地展开阐述，提出“和”不仅是同质同类事物之间的协和，甚至于“清浊、大小、短长、缓急、哀乐、刚柔、快慢、高低、进出、疏密”此类相反相悖的事物之间也同样可以相调，这是对史伯“和生”论说的再发展，具有朴素辩证唯物主义的色彩。

晏子还应引起我们关注的是他的“民生”理念。在安邦定国、辅佐君侯之上，他更看重民情、民心。《晏子春秋》曰：“卑而不失尊，曲而不失正者，以民为本也。苟持民矣，安有遗道！苟遗民矣，安有正行焉！”即便身处卑微也不能丧失尊严，即便身世坎坷也不要失去正道，要以人民为根本。如果得到民心，就不会误入歧途，但是如果丧失民心，也就不会有正确的行为啊！景公好游，《晏子春秋》载，其在寒涂等地游玩搜民刮物，横征暴敛，给人民带来了极大的负担。不仅如此，看到百姓缺衣少食，乃至到处是死尸，他竟置若罔闻。晏子便对他进行了严厉且深刻的批评，并列举齐国先君齐桓公出游时的情景：“睹饥者与之食，睹疾者与之财，使令不劳力，藉敛不费民。”一番诤言令景公知错，于是他安抚百姓，且“三月不出游”，人民得以休养生息。还有一次，齐地阴雨连绵十七日，民众因灾困顿，“百姓老弱，冻寒不得短褐，饥饿不得糟糠，敝撤无走”，景公却全然不顾治下灾情，依然每天声色犬马、欢饮达旦。面对景公此等作为，晏子愤而以辞职相迫，终使得景公幡然醒悟，并对晏子委以重任，全力赈灾。

晏子常常为民众的疾苦深怀忧虑，屡屡敦促国君施行仁政，向我们展现了他难能可贵的民本思想及深厚的重民、爱民情怀。

2. 晏子之勇。

晏子去世的时候，景公曾痛哭流涕："昔日先生随我同游阜山，曾一日之内三次指责我的过错。现在昔人已逝，我再犯错，要靠谁来指正呢？"甚至晏子去世 17 年后他还慨叹：世间没了晏子，就再也听不到别人对我的直言了！

一日三谏君，是晏子为人臣之勇。

一谏：生命不在长短，而在仁德。景公阜山游乐，北望城池，发出了君王常有的喟叹："我要是能如这江山一般万古长青多好！"晏子答到："天帝认为人死了是好事：仁德者死而安息，恶人死而停止了作恶。再说如果古人不死，那您就做不成君主了，可能还戴着草帽、穿着布衣、拿着农具在田地里劳作呢，哪还有时间去想到怕死呢？"

二谏：君臣求和而不求同。不久，他们看到山下有一辆六马车奔驰而来。景公问："这是谁呢？"晏子答到肯定是梁丘据。景公问："你怎么知道呢？"晏子说："这么热的天气，驱马急驰，马不死既伤，除了他谁会这么干呢？"景公说："他与我很和谐呀！"晏子便直言"和"与"同"可不是同一律，不是臣对君的一味顺从、阿谀逢迎，进而劝他近贤远佞。

三谏：国家安宁不在天降祥瑞，而在君德高尚。天黑之时，西方天空竟然出现了彗星，时人认为其为不祥之征。景公便诚惶诚恐，忙让史官伯常骞祭祀禳灾。晏子却镇定自若："彗星出现，只不过是老天给你的预警罢了，如果国君能敬圣贤、高德行，彗星自去，又何必劳师动众做法事祛除呢？反之，你不俭不宽任佞远贤，只好淫乐而不行仁政，那恐怕比彗星更大更恶的星也会出现。"

在《左传》24 处和晏子有关的记录中，他规谏、劝说齐侯的事件多达 10 处。《左传·襄公二十五年》记载，由于齐国内乱，齐庄公遭崔杼谋弑，当所有人都畏于崔杼的"大棒"，尤其是国内形势不甚明朗而选择不出声的时候，只有晏子无惧于崔杼之威势，大张旗鼓地依礼为庄公吊唁哀丧，"门启而入，枕尸股而哭。兴，三踊而出"。哪怕数次被刀架在脖子上也毫无惧色。

晏子的勇，是一种以家国责任为重、以大义礼法为重，而以自身荣辱为轻的勇。

3. 晏子之俭。

晏子虽位高权重，但一生节俭奉节。《史记·管晏列传》中载晏子"即相齐，食不重肉，妾不衣帛"，意为他贵为一国之相，一餐却很少吃肉，家人穿着也是粗服，很简朴。《太史公自序》亦赞叹"晏子俭矣"。西汉刘向所校《晏子》一书，也提到他"居相国之位，受万钟之禄"，却"衣苴布之衣""驾蔽车疲马"。

最典型的就是他拆华屋的故事。齐景公因晏子居所简陋，而欲更其宅，晏子趁机向景公进言现在“踊贵屦贱”，劝止刑罚，显示了他洞悉民意、体察下情；而当景公真的为晏子扩建宅院后，晏子却以“违卜不祥”不肯接纳，后来坚持把屋子拆回了原来的模样，还让因为景公为自己“翻新豪宅”受到滋扰的邻居重新返回居住。

他不仅自身俭素自律，还以此反复劝谏君王，以期形成社会风气。

春秋时国君普遍追求奢侈享乐，齐景公有过之而无不及。所以，晏子便时时劝谏景公要节制私欲、薄身厚民。如，景公素喜饮酒，数次因酒醉而贻误耽搁朝中事务，晏子便以历代贤君为例，力谏他严于律己，节制饮酒，将饮酒止于“通气合好”的程度，力戒纵酒过度，否则“妨事”“妨功”，会被人民埋怨。景公在衣着上讲究排场、喜爱奢华。晏婴认为这种做派不仅破坏社会行为规范，更是给人民作了不好的示范，规劝他脱去华服美衣，以身作则，改良社会风尚。

再如，齐景公对自己的居住环境要求也高，喜建伟栋华屋，为此给老百姓繁增徭役赋税。晏婴就说：“其不为增巢者，以避风也；其不为窟穴者，以避湿也。宫室之美过避润湿，用力甚多，用财甚费，与民为仇。”意思就是建造房子，追求避风遮雨防潮的功能就好，过分追求筑造精美、装潢烦琐，徒增浪费、劳民伤财，是与民为敌的做法。

晏子在例行节约、俭朴为民方面，能做到躬身自行，也尽到了规谏君王的职责，可谓先秦的廉政先锋、自律典范。

4. 晏子之礼。

礼，在晏子这里，是气度，守礼更是为政之道。司马迁曾通过晏子车夫的一段经历，来称赞晏子的淑礼之范。有天，车夫刚一到家，就遭到了妻子劈头盖脸的指责，原来她白天在门缝里看到为晏子驾车的丈夫“意气扬扬、其自得也”，而名显于天下诸侯的齐国之相，也就是车夫的主人、不过七尺之躯的晏子却神态恭卑和睦、谦恭有礼。人的格调，高下自现。经此一事，这位车夫处处留心学习晏子，也渐有了君子风度。

晏子欲维护国家的政通人和与国君的安富恤穷，常常在言谈行事中表现出对为政守礼、任政尚贤以及施政公正等方面的要求。《晏子春秋·卷一第二》有言：“禽兽以力为政，强者犯弱，而日易主，君将安立矣？凡人之所以贵于禽兽者，以有礼也。”这是晏子劝谏齐景公的话，源于齐景公有一次大宴宾客，兴致所然，竟让大家纵情畅饮，不要讲什么礼节。晏子马上劝谏：如果不讲礼节，那何异于禽兽，禽兽才以力量取胜，那就意味着勇猛凶悍的部下便可以弑君。正是有了礼仪法规，才有了有别于禽兽的人类社会秩序啊。

《左传·昭公二十六年》也载，晏子曾向景公大谈礼义、德政对维护统治的重要意义。“礼之可以为国也，久矣，与天地并”，指出礼义施行的目的，最终就是为了维护国家的政通人和、长治久安。

谦谦君子、温润如晏，他知礼、行礼、倡礼，并以此作为安邦定国的为治理念。

（三）我思我在

晏子为相辅君，铮然有精诚正气，为人独立谦恭、有礼有节。他一生以忠诚、正直、仁义、智慧、恭俭而服于天下：令圣人赞服、令诸侯敬服、令君主亲服、令士大夫佩服、令奸臣叹服。其言其行，是当代青年人格塑造、行事观物之典范。

晏子之勇，在于他行端为正，心怀苍生、秉正不阿，为“义”之上的大勇。作为新时代青年，只有如晏子一般为人心正行直，才能自立于这个纷繁芜杂的世界，也才能找到“到中流击水”的底气和勇气。晏子的“和”思想对当代青年看待当时当世当事更具现实意义。我们生于、长于一个开放的世界，比历史上任何一个时期的先人们都能够感受、认知、体会、理解到世界文明是怎样地百花齐放。习近平总书记曾指出，“和平发展、合作共赢才是人间正道”。在这样的世界时代大潮中，我们不但应该尊重各种类型不同的文明，而且更应该主动担负起推动不同文明之间取长互鉴、求和修睦、相伴共生的使命。晏子的俭素自律、廉洁奉公等道德操守已内化为被大众接受的时代精神之一，也越来越成为人们普遍的价值规范，有助于当代青年在思想和文化层面培养健康、健全的人格。

第三节　滋兰树蕙　上下求索

——屈原思想品行与新时代大学生品格培养

湖北省宜昌市秭归县，每年6月份，这里都要举办屈原故里端午文化节。人们因对他的纪念与缅怀而聚集在一起，和其他文旅产业项目不同，这个文化节的名字让人油然而生一种神圣感。每逢端午节，中华文化浸润下的人们都将传统节日习俗和对他的恭敬交织在一起，办诗会、包粽子、挂艾草、割菖蒲、赛龙舟，形成后人景仰他的仪式。在他逝去的两千多年中，“路漫漫其修远兮，吾将上下而求索”“亦余心之所善兮，虽九死其犹未悔”的屈原精神，如奔腾不息的长江，绵延长流，滋兰树蕙。

（一）屈原其人

作为我国文学史上第一位留下姓名的诗人，他留给了我们很多文学作品去了解他——《离骚》《哀郢》《橘颂》《天问》……出生、名字以及平生坚定的志向、不平的哀怨与独醒的孤独，无所隐瞒，都昭昭于他的字里行间，耀然绵绵长河与巍巍青山。

“帝高阳之苗裔兮，朕皇考曰伯庸”。《离骚》开篇，我们就仿若能看到他昂首阔步走上历史的舞台，向所有人自信地报上家门：我的祖先是古帝高阳氏，我已去世的父亲字伯庸。

他是真正意义上的贵族，与楚王同为“芈”姓，是楚武王的远孙。因楚武王之子瑕的封在屈地，其后裔便以屈为姓。屈氏，名平，字原。按照《离骚》里面的自云，又名正则、字灵均。

在《离骚》里，他还告诉了我们他的生辰——“摄提贞于孟陬兮，惟庚寅吾以降”。据郭沫若《屈原研究》，“摄提”为寅年，“贞”意为正，“孟陬”意为寅月，“庚寅”即是寅日。郭沫若认为屈原生于公元前 340 年夏历正月初七，寅年寅月寅日，也就是楚宣王二十九年辛巳。

这是公元前 4 世纪，历史上的战国时期。当是时，东周王室虚存，而七雄豪横。齐、楚、燕、赵、韩、魏、秦，在历史的舞台上你方唱罢我登场，以“合纵”与“连横”之术相互制衡。屈原出生的南楚之地，彼时风头正劲。

“纷吾既有此内美兮，又重之以修能”——我有许多天赋的美德啊，且能不断加强自己的修养。屈氏是当时楚国的三大家族之一，与楚王同宗同族，而且世代公卿，职掌国之重权。生于这样的家族，屈原自幼嗜书，接受了良好的教育。

屈原主要生活在楚怀王和楚顷襄王时期。约公元前 320 年，成年后的屈原，顺理成章成了楚国的栋梁，初在鄂渚为县丞，一年之后，即升任楚怀王左徒。这时的屈原已在楚国政坛崭露头角。

他颇得楚怀王熊槐信任。《史记·屈原贾生列传》说他：“博闻强识，明于治乱，娴于辞令。入则与王图议国事，以出号令；出则接遇宾客，应对诸侯。”凭着广博的知识、超群的能力，内政外交皆颇有建树，还可以“入”与王议事，且“王甚任之”。20 多岁的年纪，已经成为楚王常常问策的亲信谋士。君臣同心，励精图治，想在战国纷争中把国家推向鼎盛、雄霸天下，他们开始酝酿轰轰烈烈的改革。

然而，木秀于林风必摧之。年轻有为但不谙世事的屈原其实危机四伏，“上官大夫与之同列，争宠而心害其能”。（《史记·屈原贾生列传》）他受到同朝为官的上官大夫的嫉妒。而改革则是会得罪人的，而且得罪的是一大批既得利益者。纵观封建社会的改革，几乎都伴随着流血牺牲。

作出牺牲的是屈原，因为磊落的人总是难以防备群小的构陷。一心殚精竭虑忙于改革的屈原，为保证政令稳妥的发布，拒绝了上官大夫查看、修改的要求，于是被诋毁。方法很拙劣：上官大人等人在楚怀王面前谗毁屈原，说他每次发布政令，就只夸耀自身功劳，告诉别人除了他这些事情谁都做不了。功高盖主，这一条无论何时都是致命的。于是，“王怒而疏屈平”。曾经最为倚重屈原的楚怀王很生气，屈原被疏远。

“信而见疑，忠而被谤”，自己正道直行、竭忠尽智，却因谗言而被怀疑，怎么能不心生怨闷呢？《离骚》就是在这种忧愁幽思的心情中创作的。辞中，屈原不无痛苦地对于怀王“荃不查余之中情兮，反信谗而齌怒”感到失望，但也更坚定地喊出：“亦余心之所善兮，虽九死其犹未悔。”

公元前313年，屈原第一次被流放，远离政治中心，回到自己的封地。他处江湖之远的这段时间，楚怀王中了秦国谋士张仪的计谋，与齐国反目，齐楚联盟共防强秦的局面被打破。楚怀王又极其冲动地发动了对秦的丹阳之战，楚国大败。

公元前299年，楚怀王被秦昭襄王使计骗至秦国，后被扣押，客死异国。楚顷襄王继位，被群小蒙蔽，继续疏远屈原，但彼时屈原的封地已被秦国所占，他只好四处奔波，开始了流亡的生活。公元前278年，楚国都城郢都被秦攻破，当时身在今湖南岳阳汨罗江的屈原蹈水殉国。

这就是一个士大夫壮烈而伟大的一生，风华正茂时怀揣建设祖国的一腔热忱，正直而有才能，但生逢乱世、未遇明君、囿于群小、报国无门，只得以死明志。

（二）屈原其品

1. 忧国忧民，奋不顾身。

宋代范仲淹在著名的《岳阳楼记》中对士人的爱国情感进行了精妙的表达：“不以物喜，不以己悲；居庙堂之高则忧其民；处江湖之远则忧其君。是进亦忧，退亦忧。然则何时而乐耶？其必曰‘先天下之忧而忧，后天下之乐而乐’乎！”这些文句可以说是对屈原爱国精神的全面表述。

进退亦忧，居庙堂则夙夜在公。他对楚国有强烈的宗国感情，以发展壮大它为分内之事，所以年少有为的屈原针对当时国家君子消道、小人道长的局面，以铁肩勇担道义，立志锐意革新。而他也是实干家，以开放的态度去接纳战国时期各国纷纷改革的局面，针对楚国内政外交的弊端，提出了一系列政治主张，对内强调举贤任能、修明法度，对外力主联齐抗秦，期待以

“美政”让楚国傲立群雄。

及至后来，张仪凭借三寸不烂之舌让楚国孤立无援、秦国使阴谋诡计意欲罔骗楚怀王时，虽然一再被疏远、排挤，屈原面对朝堂上的众口一词，也义无反顾地选择了孤军奋战甚至冒死进谏，力求以一己之力挽回楚国日益被动的局面，然而一切却如螳臂当车，局面已经不可挽回。

你我皆凡人，生在人世间。无论是帝王将相还是贩夫走卒，个人的情感、诉求、功名往往都会交织着，在重要时刻影响个人的选择。从屈原一生的选择来看，他对祖国命运的关心远远超过了对自己命运的关心，不以物喜，不以己悲，忧君忧民。这种高境界使他做到了能用坚定的信念、强大的意志摆脱尘世的困扰，不受物役、罔顾自身。

在《哀郢》中，明明诗人自己流离失所，“去故乡而就远兮，遵江夏以流亡”，远离故土而到远方啊，沿着江水、夏水流亡。但“出国门而轸怀”，痛念的是“皇天之不纯命兮，何百姓之震愆。民离散而相失兮，方仲春而东迁”。皇天没有厚待我的祖国和百姓啊，让人民流离失所。当自己被主流所背弃，离故土越来越远——“背夏浦而西思兮，哀故都之日远”，仍然“登大坟以远望兮，聊以舒吾忧心”。一步三顾地登上大堤去眺望家乡，似乎只有这样才能抒怀解郁。

为什么他的眼里常含泪水？因为他对这片土地爱得深沉！

2. 独立不迁，深固难徙。

在我国古代文学史上，有一篇被称为“咏物抒情诗”之祖的诗，就是屈原的《橘颂》，这首诗创作于屈原早年。

诗的开篇就说：“后皇嘉树，橘徕服兮。受命不迁，生南国兮。”他把自身情志意寓至这嘉美的橘树，表示从出生之时就禀受了不再迁徙的使命，永远生于南楚、长于南楚。众所周知，战国时期“养士”之风盛行，士人们也得以在这个时代游艺列国、大展拳脚，“楚才晋用”“朝秦暮楚”被传为佳话。但屈原说：“深固难徙，更壹志兮。”我一生都愿意扎根于这片沃土，专一不移。

诗言志，他如是言，也如是行。纵观屈原一生，他都没有背弃自己的祖国，乃至晚年流亡，国都陷落，他也表示“鸟飞反故乡兮，狐死必首丘”，要像鸟儿一样，无论飞多远，都会返回故乡，要像狐狸一般，即便死去也要把头朝向洞穴的方向。

这种坚贞不贰的选择，源于屈原一以贯之的政治品格。著名汉学家余英时先生在《士与中国文化》一书中提出，我国古代知识分子是以“道”自重的，以其人格优势确保“道”对“势”的尊位。而知识分子普遍通过自觉加强自身的修养，将“道”内化于自己的人格系统之中。

对于自身修养的纯洁，屈原是有着执拗坚持的。他在《渔父》中有这样一段独白：“吾闻之，新沐者必弹冠，新浴者必振衣；安能以身之察察，受物之汶汶者乎？宁赴湘流，葬于江鱼之腹中。安能以皓皓之白，而蒙世俗之尘埃乎？”他说，刚洗过头发、沐浴清新的人一定要弹掉帽子和衣服上的灰尘，保持这份整洁。那又怎能让这份纯白之躯、清粹之心，承受污浊的外物呢？我宁愿在这清澈的湘水中，葬身鱼腹，也不能让这份美玉一般的清白蒙受世俗尘埃的沾染。于是乎，他以死明清、以死涤浊。这些都体现出屈原人格独立、敢于斗争的精神品质，为中国士人矗立了一个可以仰视的人生坐标。

在《橘颂》篇中，他也通过“绿叶素荣”“曾枝剡棘”“精色内白”等一系列素淡的色彩来描摹橘树叶、枝、花、果的样貌。“纷缊宜修，姱而不丑”的橘树正是他对自身修养的要求。而在其他诗文中，诗人更是通过美好的诗歌意象，来展现对美好品行的坚守。“扈江离与辟芷兮，纫秋兰以为佩”“朝搴之木兰兮，夕揽洲之宿莽”“制芰荷以为衣兮，集芙蓉以为裳”（《离骚》），他让自己身边时时围绕这些美洁的风物，不允许人格受一丝丝玷污，从而能够做到“举世皆浊我独清、众人皆醉我独醒”。

正是由于屈原这种不懈修身的坚守，他一生的“独立不迁”“秉德无私”才有了源源不断的加持，自始至终没有出现任何偏移与变化。这一切也使他在“国无人莫我知”和“莫足与为美政”的残酷政治现实的压力下，最终“伏清白以死直”。

3. 骚雅于世，楚辞独秀。

人类的文明源于大河，在我们国家，黄河与长江滋润着绵绵不绝的中华文明。同黄河流域一样，长江流域很早就孕育着古老的文化。根据《史记·楚世家》，西周初，鬻熊曾“子事文王”，后来熊绎又被成王封于楚。东周乱离中，被传统中原诸国蔑称为“蛮荆”的楚国，越来越注意承袭周礼，加强与中原文化的交流，逐渐成为足以与整个中原相抗衡的力量。楚民族兴起后，成为这一地域文化的代表。而屈原不仅以身荐楚国，还成为楚国文化的代言人。

“楚辞”本义当是泛指楚地的歌辞，因其有别于北方地区“饥者歌其食，劳者歌其事”的“诗”的现实主义风格，而是“书楚语，作楚声，纪楚地，名楚物”（宋·黄伯思《东观余论》）。它滥觞于能歌善舞的楚地人民自古而来的歌谣，用楚地方言及特殊的曲调吟唱，辞中意象大多是楚地特有之风物，楚地盛行的巫文化又渗透于楚辞，使之具有浓厚的神话色彩。

楚辞又被称为“骚”或“骚体”，打上了深深的屈原烙印。在屈原之前，尽管《诗》《左传》和《战国策》已经在文学成就上达到很高的水平，尽管诸子思想、文采如星辰闪烁熠熠生辉，然而这一阶段的文学，还是与史、哲杂糅在一起身份不明，并且依赖于集体创作而缺少个体意识。屈原的出现，改变了这种状况，他带着楚地特有的气质，携着淑离不淫的清扬品格，高举愤然作色的抒情大旗，让文学真正在中国大地觉醒。

司马迁称赞屈原“其文约，其辞微，其志洁，其行廉……”由于屈原的志趣十分高洁，因而在他的著作描述的事物也往往透散着芬芳。王逸在《离骚》序中云：“善鸟香草以配忠贞，恶禽、臭物以比谗佞。灵修、美人以媲于君，宓妃、佚女以譬贤臣；虬龙、鸾凤以托君子，飘云、云霓以为小人。”意指，以《离骚》为代表的屈原作品善用美丽、纯洁、神圣之人之物代表明君贤臣，而以飘忽、阴翳、遮蔽之物代表邪佞肖小，所谓的“香草美人”的象征比喻系统。从香草美人的表达意象中，可以透视出屈原的精神洁癖以及高尚、圣洁的人格追求。

（三）我思我在

在21世纪的今天，我们景仰屈原，用一个节日隆重地纪念他，因为屈原精神不仅是我们中华民族的宝贵财富，也是通行于人类的恒久的价值选择。

屈原是我国有史以来第一位爱国主义诗人，他的爱国主义情感是与生俱来、深固难徙的。他对故乡、故土的山川江海、历史文化甚至一草一木都有着深厚的情感，所以他深深地热爱与依恋这片热土。正是这份对祖国毫无保留的认知与认同，让他能够在政治旋涡中坚持政治的光明正途。

一个人要向屈原那样，能永远保持对祖国的关心和爱护，究其根本，是对美善、正义和真理的永恒追求，具备坚定的理想信念。热爱祖国、忠诚祖国是当代大学生最根本的理想信念，也是我们题中应有之义、品格之基。我们要像屈原一样，把对祖国的热爱从朴素的情感上升为高尚的爱国主义情操，面对当前世界纷繁复杂的局势，坚定地站在祖国的立场上，维护祖国的利益。

当然，爱国不是赤手空拳、喊喊口号，正如屈原把毕生精力才华都奉献给楚国，“举贤而授能”“循绳墨而不颇”一般，我们还要有强国之志、强国之智、强国之技，要“上下求索”“好修为常”，在勤学苦练中，不断提升自身的精神境界、专业知识，才能在我国新时期治国理政的道路上，践行21世纪的美政理想，沿着中国特色社会主义道路踏步前行。

第四节　文史巨擘　自强典范

——司马迁思想品行与新时代大学生品格培养

“古者富贵而名摩灭，不可胜记，唯倜傥非常之人称焉。盖文王拘而演《周易》；仲尼厄而作《春秋》；屈原放逐，乃赋《离骚》；左丘失明，厥有《国语》；孙子膑脚，《兵法》修列；不韦迁蜀，世传《吕览》；韩非囚秦，《说难》《孤愤》；《诗》三百篇，大底圣贤发愤之所为作也。”这段对于身处逆境中的人来说励志至极的话，出自司马迁的《报任安书》，是他写给老朋友任安的一封信。

这段话告诉我们，在历史的洪流中，以富贵为意而身毁名逝的人数不胜数，只有那些卓异而不凡的人才能名垂千古。就如，周文王被拘禁而推演《周易》；孔子饱受困厄终作《春秋》；屈原几经疏远放逐乃书《离骚》；左丘明失明后著《国语》；孙膑被剜去膝骨，撰写了《兵法》；吕不韦被贬谪蜀地，《吕氏春秋》才得以流传于世；韩非被囚禁在秦国，写出了《说难》和《孤愤》；还有《诗》三百篇，大都是圣贤们在逆境中图强，于愤懑中抒写的。

司马迁把这些饱经风霜、身处逆境但发奋有为的人的事迹一一列举，写了真正有品节、有才华的人对人生价值的探索，点明了仁人志士生死观的内核。司马迁把他们视为自己的榜样，而他也活成了自己榜样的样子，和他们一起用生命与作品汇聚成磅礴的精神力量，成为后世人的榜样。

（一）司马迁其人

司马迁，字子长，西汉夏阳（今陕西韩城南）人，关于司马氏家世，司马迁相信是源自《国语》中楚国大夫观射父对楚昭王讲的一个故事。在这个故事中，颛顼为了鉴天地、别人神，命令南正（官名）重专门掌管天上的事情，火正（官名）黎专门掌管地上的事情，使天上与人间、神仙与世人，各安其业，互不侵犯，即所谓“绝地天通”。在周宣王时代，重黎的后人程伯休父作了司马这个官，从此就成了司马氏。

或许是对自己家族这种源远流长的历史、经天纬地的责任和信念，使司马迁一直坚信自身担负着“究天人之际”的神圣使命。

司马迁子承父业，其父司马谈曾任西汉武帝时期的太史令。据司马迁说，其父“学天官于唐都”，向西汉时期著名的星象专家唐都学习天文星象。“受《易》于杨何”，向著名的《易》学专家杨何学习易经。“习道论于黄子”，向精习黄老之术的黄生学习黄老一派的思想理论。司马谈在汉武帝建元年间，终学有所成，任史官，即太史令，通称太史公。他有一篇著名的文章《论六家要旨》，第一次将春秋战国以来的重要学术思想进行了系统的分析，充分显示了他的史学修养及科学思想。尤其值得注意的是，在这篇文章中，他以批判的态度观瞻了先秦典型的思想流派，这无疑对司马迁后来为先秦诸子作传给予启发。

司马谈不是一个庸碌的官员，他有着宏伟志愿，想充分利用“百年之间，天下遗文古事靡不毕集于太史公”（《史记·太史公自序》）的便利条件，著述书史、建功立业。但公元前 110 年（元封元年），在汉武帝隆重东巡，在泰山举行祭祀天地的“封禅”大典之时，司马谈长辞于世，将毕生未竟之理想郑重托付给自己的儿子。

是的，他的托付之辞很郑重：“自周公卒五百岁而有孔子。孔子卒后至于今五百岁，有能昭明世、正《易传》，继《春秋》、本《诗》《书》《礼》《乐》之际?”（《史记·太史公自序》）他对儿子说，周公死后 500 年，世有孔子，堪以重任。孔子逝去，而今也将有 500 年，当世有谁能继承圣明时代的事业，修正《易传》、续写《春秋》、修书经典呢？这位情深义重的父亲以先圣孔子的事业来激励儿子，司马迁心领神会，也万死莫辞。

父子两司马，谁也没有料到，司马迁为完成这份事业经历了比“万死”还痛苦的磨难。

司马迁于公元前 145 年（汉景帝中元五年），他的诞生地为“龙门”，这是一座始见于《尚书·禹贡》的名山，一个由于其地势横断黄河而被人们驰骋幻想的一个地方。幼年的司马迁“耕牧于河山之阳”，在这里度过了愉快且充实的童年。

司马迁幼学扎实，“十岁则诵古文”，更难能可贵的是，或许由于父亲担任大汉王朝太史令一职的便利因素，据《汉书》记载，他曾在京都长安受学于当时博士、大儒的孔安国、董仲舒等人，这为他打下了丰厚的学术基础。

不仅读万卷书，司马迁还曾行万里路。20 岁左右有一段壮游的经历，在此期间，他遍访名川大山，与土地和人民亲近。入仕后，身为郎中的他得以随从汉武帝周游河洛，观省民风。之后，他被委以重任，奉旨西征，穿越巴蜀远赴今云南省曲靖一带。父亲亡故后，他接过遗命，扈从汉武帝东巡封禅，行程万八千里，观览长城内外。约在 35 岁之前，他已经游历中原、西北、东南以及西南的广阔疆域，理论的积累与实地的调研均已储备充足。

公元前 108 年（元封三年），司马迁任太史令，在完成了太初改历之后，公元前 104 年，即太初元年，他认为以此为纪元，父亲和自己心中的那颗种子应该萌芽了，于是他郑重其事地开始了著史的工作，是年，他42岁。

7年后，这颗种子便遭受了暴风骤雨的袭击。当时，汉王朝已经百年，在这百年中，一直在与不断滋扰边疆的匈奴作斗争。公元前99年，由于复杂的军事和政治形势，孤军深入的率军将领李陵兵败投降，汉武帝震怒，朝堂上一时间都在斥责李陵。而当汉武帝询问司马迁对此事的看法时，司马迁却认为李陵一贯有“国士之风”，此番作为定有他图，并竭力赞扬李陵功劳，希望汉武帝不要对其深责。

这一举动无疑逆了龙鳞，武帝大怒，以“诬罔主上”的罪名将司马迁投入监狱。按照武帝时代的法律，获死罪的人，依据两种旧例可以免死：拿钱或者“腐刑”。接下来的事情世人皆知了，官小家贫的司马迁选择了忍辱苟活，为了那棵小苗。

在《报任安书》中，他自述了所受“溲溺缧绁”之辱而不能“推贤进士”的苦衷，或许正是由于这种不凡的经历，使他在著述历史、描录人物时，有了有别于以往史家的价值取舍与抒怀评判，也使《史记》深深地打上了司马迁的烙印。《报任安书》似乎是司马迁的绝笔，在这封信中，他说：“仆窃不逊，近自托于无能之辞，网罗天下放失旧闻，略考其行事，综其终始，稽其成败兴坏之理，上计轩辕，下至于兹，为十表，本纪十二，书八章，世家三十，列传七十，凡百三十篇。亦欲以究天人之际，通古今之变，成一家之言。”从中可以看出，这本从轩辕氏到汉朝的史书已经完成。

从此以后，司马迁事迹无可考据，斯人何时没，世人不得确知，然书“藏之名山，传之其人”，与人一道，流芳千古。

（二）司马迁其品

1. 勇担道义，崇尚礼义。

梁启超先生在《中国历史研究法》中曾说：“中国于各种学问中，惟史学为最发达；史学在世界各国中，惟中国为最发达。”无疑，我国有重视著史的传统，历朝历代都把记录前代与当世的实事作为大事、大任，早在殷商时代的朝廷，就有了记载史事、掌管典籍的史官，自此之后，就有无数史学家前仆后继，以此为任。

于司马谈、司马迁两父子而言，对先秦时期史学前鉴进行系统总结、对当朝实事进行忠实记录，是传统文化发展赋予他们的历史使命。司马谈以崇高的修史理想抱负、任太史令的经历作为以及“所欲论著”的临终嘱托，对儿子产生了巨大的影响。司马迁坚持子承父业，以铮铮铁肩担当历史与现实高度统一的伟大道义，以强烈的历史使命感和高度的社会责任感，克服仕途沉浮、生理缺陷、世俗偏见所带来的艰难险阻，终生传承弘扬史家传统，著出《史记》洋洋大观，终显其作为史圣应有的崇高致世信仰。

司马迁勇敢地担当的“道义”，是要传承继《春秋》之后“述往事，思来者”的传统，通过考究历史的发展演进规律，表达出自己独到的历史见解和政治见解，察过纠往、警示当代，为封建王朝的统治提出天下国家、礼义一统的国家学说，为大汉王朝的长治久安探求良策，并启鉴后人，福泽后世。

礼义一统，是司马迁精神的精髓。“礼”即国家的法治纲纪，“义”即国家的核心价值。一法治、一德治，这是司马迁的治世理想，他继承并发展了董仲舒的儒家思想，期望以礼义一统，使社会运行有序，政治、经济、文化进步发展。在《史记》中，他对那些为国家立下汗马功劳的功臣如李广将军，对有志于时代的士人如苏秦，对品节高尚才华横溢的人如屈原、贾谊，不吝褒扬。而对那些蝇营狗苟、残酷暴虐的士官则无不贬责。体现了通过有仁德的君王以及遵守礼义、忠诚能干的大臣和将领，使礼义得到广泛深入的施行的思想。

司马迁的礼义一统思想，还表现为民族一统思想，他勇于打破“种别域殊”的民族偏见，把民族区域纳入统一的封建帝国版图之内来叙述，视各民族皆为天子臣民。《匈奴列传》《南越列传》《西南夷列传》等少数民族的类传，是我国最早的几部民族通史。中华民族皆炎黄子孙，这一观念就奠基于《史记》。

继绝学、理现世，这是一个封建社会的士君子，一个以心中之思、手中之笔为武器的史学家、文学家、思想家，为君主、国家贡献所有的力量，也是最为伟大的力量。

2. 妙手著文，严谨治史。

司马迁作史，把《春秋》作为标杆，志向“究天人之际，通古今之变，成一家之言”，成就了历史和文学完美结合的范例。

从公元前 108 年，正式担任太史令之职后，司马迁开始搜集、查阅、整理史料，做准备工作。到公元前 93 年全部完成，这部史书的写作历经 16 年。在这 16 年间，他主持完成了太初改历工作，又因“李陵之祸”惨遭牢狱与腐刑之灾。到晚年不断地加工、修补与完善，直至著述完毕杳无所踪。他的一生都和著史事业密不可分。

这份事业就是被鲁迅先生评价为“史家之绝唱、无韵之离骚”的“太史公书”，也就是在汉末开始人们习惯称呼的《史记》。鲁迅先生的这句话充分概括了《史记》在史学和文学界的地位。

《史记》首开“纪传体”史书先河，全书共一百三十卷，凡五十二万六千五百字，内有十表、八书、十二本纪、三十世家、七十列传，记载了上起中国上古传说中的黄帝时代（约公元前3000年）下至汉武帝元狩元年（公元前122年）共三千多年的历史。它包罗万象，而又融会贯通，脉络清晰，“王迹所兴，原始察终，见盛观衰，论考之行。”（《太史公自序》）以独特的历史和政治见解，记录了上古时期举凡政治、经济、军事、文化等各个方面的发展状况。树立了我国史书的写作典范，“百代而下，史官不能易其法，学者不能舍其书，六经之后，惟有此作。”（郑樵《通志·总叙》）

同时代的史学家班固评价《史记》：“其文直，其事核，不虚美，不隐善。”他把这种既不虚夸又不隐晦的做法，谓之“实录”。司马迁用极其审慎的态度与方法，对待自己的这份事业。在《史记》的创作中，他掌握了丰富的基础资料。理论层面的资料当然得益于父子两代人均任太史令的职务，可以遍览“金匮石室”之书，也即官方藏书，“六经异传”和“百家杂语”，内容相当庞杂。

此外，他的“实录”精神，还体现在他对材料的探究与取舍上。在《史记·伯夷列传》的绪论中，司马迁言：“夫学者载籍极博，犹考信于六艺。诗书虽缺，然虞夏之文可知也。”“考信”是他写史的原则，即以考证而取信。考证的标准一则是“六艺”（儒家“六经”），即当时最为系统可靠的古史资料，如此间没有记载则不记录。比如，他就因为在权威经典中没有许由的记载，而没有为其立传。

更难能可贵的是，得益于司马迁壮游、扈从及奉使巡游的机会，他掌握了大量的“活资料”。在《太史公自序》中，他说自己“南游江淮，上会稽，探禹穴，浮于沅湘，北涉汶泗，讲业齐鲁之都，观孔子之遗风。乡射邹峄，厄困蕃薛彭城，过梁楚以归”。无论是在江淮还是在汶泗，在沅湘还是在梁楚，可以看出来他都亲自走访了历史人物曾经生活或战斗过的地方，通过实地考察和亲自见闻，掌握了最为珍贵与生动的原始资料，这些资料是不可替代的、是一个史学家的“独一份”，也让这个史学家的作品更具文学性。

司马迁更相信“眼见为实”，“考信”于自己“田野调查”得来的活资料。虽然囿于当时的科学水平及能掌握的材料，司马迁著史有一定的历史局限性，但这种实录、实证的精神以及《史记》的相对科学性，无疑是超越那个时代的。

3. 心底坚毅，生命有光。

“恒克己而复礼，惧志行而无闻”。这句话源自司马迁的《悲士不遇赋》。在这篇我们现在唯一可看到的赋中（据《汉书·艺文志》司马迁共有赋八篇，现均散佚），他向世人彰显了自己执着于复礼之理想而一以贯之，忧惧志向之不成而奋发有为的信念。

他自信“有形有能”，想在有生之前将其彰陈，他继承父亲遗志，“悉论先人所次旧闻”，欲以通古今之变，所以他甫任太史令就责无旁贷地开始典籍的整理与阅读工作，殚精竭虑、勤勉不已。然而“草创未就，适会此祸”，在这份事业仅处于草创阶段还未完成的时候，48 岁的他因坚守良善、公正直言获罪。

对于一个学识丰厚的人而言，他的自尊心也是更高的，何况司马迁自信才质高美，在自己生活的时代冒天下之大不韪，乃至被不明就里的人疏远诋毁，我们可以想见他当时的痛苦。他自言：“仆虽怯懦，欲苟活，亦颇识去就之分矣，何至自沉溺缧绁之辱哉!”面对刑责，自己也有怯懦，或许于他而言，死刑是要比腐刑更好的解脱。然而，他终“恨私心有所不尽，鄙陋没世而文采不表于后也”，在对这份事业的执念的支撑下，他可以“就极刑而无愠色”“虽万被戮，岂有悔哉”！面对奇耻大辱而面不改色，哪怕为千夫所指，也不言悔。

李陵之祸后的日子，对司马迁来说，就如同“幽于粪土之中”。虽然后来又官至中书令，盘桓于武帝周围，但身残处秽的他已彻底对官途死心。只是著史进取有为之心未灭愈强，更加发愤，终成《史记》大作。司马迁之所以能忍奇耻大辱，是因为他心坚志定，坚守立功、立德、立言的崇高理想追求，“原始察终，见盛观衰”，此生了了，希望在笔下的前代与将来。

正是由于他曾经经历过非一般的人生，所以在写史中，树立了更为人文和宏伟的历史观。《史记》颠覆了以往记史的“精英主义”，专记那些“以术取宰相、卿大夫”的传统，司马迁把更多的视角放在了社会底层人物。他为豫让、聂政、荆轲等立《刺客列传》，歌颂他们的忠勇、侠气与无畏。为朱家、剧孟、郭解等立《游侠列传》，称颂他们“救人于厄，振人不赡”的忠义。为身份低下的卜医司马季主作《日者列传》，通过司马季主与宋忠、贾谊的对话，讥讽官场，而歌咏司马季主的贤德和风采。不以俗世功名为取舍，而以“怀独行君子之德，义不苟合当世”的品性为标准，倡导正确的历史观，对社会整体价值观的重塑具有十分重要的意义。

他的遭遇、坚持与奋发，对我国文化的发展而言是一笔宝贵的财富。

（三）我思我在

“人固有一死，或重于泰山，或轻于鸿毛。”这句话是司马迁对生死的看法，从他的生死观，我们可以观瞻人生真正的价值。在我们生活的时代，有很多英雄为了人类的福祉而负重前行，很多“最美逆行者”像司马迁一样，迎着困难逆流而上，这些忠勇之人是我们恒久的榜样，作为新时代大学生，应为“生之伟大”树立实现百年来中国人民梦寐以求的国家富强、人民幸福的崇高理想，学习司马迁坚持理想信念不动摇的坚毅品质。

作为一位史学家，司马迁治学之道亦是楷模。唐朝史学家刘知几在《史通》中认为，史学家应具备“史才”“史学”“史识”，清代史学家章学诚认为，还要加上“史德”，就是要求史学家追求历史真实的正直品德。司马迁在著书立说的过程中，累积了大量的理论和实地考查资料，在人物褒贬和史实记载中贯彻“实录”精神，实事求是、忠于历史、不作伪史学。无论是史家的学、才、识，还是“史德”，他都是楷模。当代大学生身处现代世界文明交流融合与冲突的洪流中，在一个充满机遇与创新的社会，我们在学习中一定要坚守这种态度，治学严谨认真、精益求精、尊品重德。

司马迁一生经历了从平顺到曲折的过程，年轻时意气风发，中年却惨遭酷刑，自小培育的高贵品性被彻底摧残，也留下了“悲夫！士生之不辰，愧顾影而独存”生不逢时、顾影自怜的悲切慨叹。然而，司马迁并没有被现实彻底击溃，而是靠强大的信念实现了对现实的超越。我们在纷繁复杂人生中、在追求梦想、实现价值的过程中，肯定会遇到各种不尽如人意的境遇，希冀当代大学生可以领悟他对待挫折的这种坚韧，在逐梦求索的人生路上不惧挫折、风雨兼程。

第五节　桃花源地　澄明之境

——陶渊明思想品行与新时代大学生品格培养

“忽逢桃花林，夹岸数百步，中无杂树，芳草鲜美，落英缤纷。”这是一位东晋士人为我们规划的一个与世隔绝、自得其乐的理想之地。这里，“土地平旷，屋舍俨然，有良田美池桑竹之属。阡陌交通，鸡犬相闻。其中往来种作，男女衣着，悉如外人。黄发垂髫，并怡然自乐。”（《桃花源记》）千百年来，桃花源成了中国人向往的精神家园。

这位名士就是陶渊明。北宋苏轼认为他在诗史上的地位“曹、刘、鲍、谢、李、杜诸人皆莫及”，清王国维先生曾说：“屈子之后，文学上之雄者，渊明其尤也。”一直到现代朱光潜也认为：“渊明在中国诗人中的地位是很崇高的。可以和他比拟的，前只有屈原，后只有杜甫。”

他不囿世俗、不愿折腰追求精神的超脱与人格的完整，他躬耕田畴、悠然丘山，营造了高远脱俗、玄澹致远诗歌意境，他是大神们心目中的大神，名之赫赫、诗之昭昭。然而，这位“大神”却自道：“先生不知何许人也，亦不详其姓字。”（《五柳先生传》）和历来兢兢追寻名垂青史的士人相比，他只求“纵浪大化中，不喜亦不惧”（《形影神・神释》）。

（一）陶渊明其人

陶渊明生于公元365年（晋哀帝兴宁三年），这个年份，从历史上看，处于东晋王朝的中叶。其时东晋建立（公元317年）已有48年，而距其灭亡（公元420年）还有55年。东晋王朝由西晋末年于北方战乱中渡江逃亡的司马氏建立，在以王、谢两家为首的世家大族把持下偏安南域。这期间虽然没有朝代的更迭，但在朝堂之上、政局之中依然暗潮汹涌，各方势力你方唱罢我登场。可以说，陶渊明身逢乱世。

在这个世道中出生、成长的陶渊明“少而苦贫”（《与子俨等疏》）。陶渊明的曾祖是东晋名将陶侃，祖父或许也做过郡守之类的官职，但是到了陶渊明这代，只能靠着祖辈遗传下来的微薄田产地业勉强度日。他在《自祭文》中说：“自余为人，逢运之贫。箪瓢屡罄，絺绤冬陈。”从自己童年时期，就遭逢贫苦的生活，常常没有吃的喝的，凛冬还穿着葛布单衣，足见其家境并不裕如。

物质的贫乏却没有阻挡陶渊明的少年壮逸，与凄苦的生活实录相比，我们在他的诗文中可见年少的陶渊明有着壮志豪情。在《杂诗》中，他说：“忆我少年时，无乐自欢豫。猛志逸四海，骞翮思远翥。”在另一篇《拟古》诗中，他说自己“少时壮且厉，抚剑独行游。谁言行游近，张掖至幽州”。在“自欢豫”的时代，也曾壮怀激烈，憧憬远走高飞，甚至到西北边疆抚剑独游，策马壮行。在“壮且厉”的少时，他洋溢着奋发有为的热情与期待。

陶渊明的家乡在浔阳郡柴桑县，即现在的江西省九江市西南，这里临近长江、鄱阳湖和庐山，有峻美的山川、丰沃的田园。在成长过程中，他于美景中浸润了对自然的亲近之情。而他所生活的时代，由于战乱频仍、朝代更迭，人们逐渐向内省视，把更多文化的视角投射到了自然美感中。魏晋时期，以崇尚老庄的思潮玄学盛行，老庄之道中崇尚自然的哲思和精美的寓言，影响了士人更多地在广阔天地间游目骋怀。记载东汉末至东晋时期名人逸事的《世说新语》中就有许多赞美山水胜景的名言隽语。

在如此的成长环境中，陶渊明自小就陶冶了对大自然的喜爱。《归园田居》中说自己“少无适俗韵，性本爱丘山”。《与子俨等疏》中说自己“少学琴书，偶爱闲静。开卷有得，便欣然忘食。见树木交荫，时鸟变声，亦复欣然有喜。尝言五六月中，北窗下卧，遇凉风暂至，自谓是羲皇上人”。在比较贫苦的日子里，有鸟语花香、诗书琴卷带来的脱俗之趣。

自29岁至42岁，13年间，是陶渊明断续出仕为官的时期，迫于经济的压力和人们对他的期待与推许，他先后担任州祭酒、桓玄幕僚、彭泽令等，但于他而言，这段生活无疑是在“樊笼”里。“自古叹行役，我今始知之”，自古以来都说公差之苦，现在开始体会到了。每每慨叹这份苦楚，他就“静念园林好，人间良可辞”（《庚子岁五月中从都还阻风于规林》其一），所以多次出仕又多次请辞。终于，于彭泽令任上时解绶去职，彻底回归田园。

（二）陶渊明其品

1. 任真自得，固守穷节。

陶渊明在北宋有一位“迷弟”——苏东坡，他说：“陶渊明欲仕则仕，不以求之为嫌；欲隐则隐，不以去之为高；饥则叩门而乞食，饱则鸡黍而延客。古今贤者，贵其真也。”在他心目中，这个人非常磊落，想做官就做官，不避讳别人对他追求功名的议论。想归隐就归隐，也不认为归隐有多清高。完全生活在自己的价值观和对人生取舍判定原则中，丝毫不顾忌世人评判。饿而无食的状态下可以去敲别人家的门乞讨，家有余粮就会非常大方地准备“大餐”宴请宾客，对于自己的窘境不遮掩，而富贵显达了又会慷慨地与人共享。

在苏东坡看来，这是一种最宝贵的“真”的状态，是古今贤者都应该膜拜的一种人生态度。梁启超先生也曾经说过：“唐以前的诗人，真能把他的个性整个端出来和我们相接触的，只有阮步兵和陶彭泽两个人，而陶尤为甘脆鲜明。”

逍遥游——从庄子幻化此境开始，古今多少文人雅士心向往之，想摆脱人世间种种名利羁绊。然而真能摆脱樊笼达到逍遥游的自然状态、身可以至的又能有几人？陶渊明早期也处于仕与隐两种社会角色无法做选择、身不得已的状态。自彭泽令后，他坚定了归隐的决心，在《归去来兮辞》中，他深度剖析了自己的所想所感，“田园将芜胡不归？”田园都被荒废了，为什么还不归去？“既自以心为形役，奚惆怅而独悲？”何必让心被外界奴役，自己终日惆怅独自悲伤呢？“悟已往之不谏，知来者之可追。实迷途其未远，觉今是而昨非。”过去的日子已然荒废，然而今后的日子还可以去追寻。了悟的他，于是迫不及待、脚步轻盈地奔向了自己的真我——“舟遥遥以轻飏，风飘飘而吹衣。问征夫以前路，恨晨光之熹微。”我们也能感受到他这种解脱的喜悦。

归隐后，他与夫人翟氏一起过起了“躬耕自资”的田园生活，“夫耕于前，妻锄于后”。然而，田园牧歌固然可期，村居生活更多的是清苦，“田家岂不苦，弗获辞此难”（《庚戌岁九月中于西田获早稻》），常常要“晨兴理荒秽，带月荷锄归”，一天到晚忙在田间地头，依然“草盛豆苗稀”。（《归园田居·其三》）甚至有时候吃不饱饭，要去“乞食”：“饥来驱我去，不知竟何之。行行至斯里，叩门拙言辞。”这段诗句的提名即《乞食》，从中我们可以看出一个为饥饿所迫外出乞食却不知去向何处、如何开口的可怜人。

古人名垂千古的诗句有很多，而白描自己亲自参加劳动而收获了无、为饥饿所迫而叩门乞食的诗句却弥足珍贵。从中我们可以看出一个坦率与真纯，完全不以世俗为意的陶渊明，一个宁可固守贫穷、也要追求真情的陶渊明。

2. 情钟田园，诗意人生。

陶渊明生活的时代，风靡着后世人概括的“魏晋风度”。《世说新语》里有“雪夜访戴”的故事，是对这种风度的终极诠释。王猷之在一个大雪之夜，在雪景中感受到了人间的寂寥，就非常怀念自己的好朋友戴安道，于是登舟造访，行舟一晚方到，然而到了戴家门前却不见而返，人们对他这么兴师动众却无功而返表示不理解，只有王猷之说：“吾本乘兴而行，兴尽而返，何必见戴？”我本来就是随性而来尽兴而归，至于有无见戴，有影响吗？其自我之清醒、境界之超脱、言辞之高妙，展现了一代魏晋名士精神风范。

陶渊明用他的生活以及生活幻化出的艺术，为后人呈现了别样的诗意人生，为魏晋风度奏出了一韵更为别致的清响。

这种诗意是安享孤独的。“野外罕人事，穷巷寡轮鞅。白日掩荆扉，虚室绝尘想”。生活在田野之间、穷巷之中，没有人事消息、车马来往，在掩着的门之内，在空空的屋室中，“绝尘想”，只有能静静和孤独相处的人才能体悟出这种安宁。“时复墟曲人，披草共来往。相见无杂言，但道桑麻长”。诗人交往相谈的均为“白丁”，不聊丝竹、诗书，和“披草”的人聊的只是桑麻生长。1600 多年后，另一位诗人也向他学习，有模有样，他说：“从明天起，做一个幸福的人。喂马、劈柴、周游世界。从明天起，关心粮食和蔬菜。”这种日子，踏实而安稳。

这种诗意是澄明清澈的。朱光潜在《诗论》中曾评价：“渊明则如秋潭月影，澈底澄莹，具有古典艺术的和谐静穆。”陶渊明流传至今的 125 首诗篇，从内容上可以分属饮酒、咏怀、田园三大主题，最为人们所喜爱的就是其田园诗。“山涤余蔼，宇暖微霄。有风自南，翼彼新苗”。春风自南而来，护翼破土而出的苗芽，春日中的大山与屋宇清秀爽朗。“洋洋平泽，乃漱乃濯。邈邈遐景，载欣载瞩”。春水盈河，正适宜洗漱，这阔邈的风景啊，让人游目骋怀。诗文是心境的投射，只有清澈无尘的心境与简约无碍的眼睛才能观察感悟到这等“迈迈时运，穆穆良朝”。无论是春游、耕作还是静思、饮酒，我们都可以在他笔下，感受到诗人对自然的细腻观瞻与对人生的清朗洞明。

3. 洒落潇然，尽性至命。

在陈寅恪先生心目中，陶渊明不仅“文学品节居古今之第一流”，而且“实为吾国中古时代之大思想家”。和以学说而自成思想理论体系的思想家不同，陶渊明用他对生命、世物的感受体验，对人生、精神的深微体悟来呈现一种洒落的生命境界，从而自成一种让后人心仿手效的思想之源。诚如戴建业教授所言，陶渊明不是“诗人哲学家”，而是“哲学家诗人”。

魏晋时期，时局动荡，很多文人都过着朝不保夕的生活，想独善其身几乎是不可能的，甚至有很多文人由于政治立场与当权者相左而失去性命，士人如激流中的蓬草，无法扎根，且随时可能被洪水淹没。在这种生存境遇中，几乎所有文人士族都面对着人与社会、人与自然的冲突。魏晋易代时期的嵇康说：“矜尚不存乎心，故能越名教而任自然。”（嵇康《释私论》）即要跨越当朝当时以“正名”思想为主要内容的礼教，“非汤武而薄周孔”（嵇康《与山巨源绝交书》）。然而，寻自然而疏社会的结果，是“广陵散绝”——他丧生在与当权者司马氏的决裂中。

在这种环境中生存的陶渊明，在仕与隐的挣扎中，也是有此冲突的。然而，他最终实现了协调，身体力行地诠释了冲突的解决之道。陶渊明躬耕田园，绝非简单避世独善的躲逃，而是以精神真正的寄托来消解冲突，以人格的独立来重构人生，以合和的文化理想来抗衡、谐和自然。他把自己投入真实的农耕劳动中，这其中，既有“晨兴理荒秽，戴月荷锄归”的劳累与“贫居依稼穑，戮力东林隈”的艰辛，又有“常恐霜霰至，零落同草莽”对季节无常的担忧，而“道狭草木长，夕露沾我衣”“山涧清且浅，可以濯吾足”，也是一个劳动者的独享天然、无与伦比的安然与悠闲。他最终在真实的生活中，体悟出“四体诚乃疲，庶无异患干”“但愿常如此，躬耕非所叹”的心灵安顿，总结出“衣食当须纪，力耕不吾欺”的人生至理。这是高超于那个时代大多数荒诞虚空、放纵妄言的高门士族的，他以耕隐结合的姿态呈现了乐达、自立、勤体的文化人格。

他的饮酒与田园，绝不是麻醉自我与贪恋风景，“凤鸟虽不至，礼乐暂得新”（《饮酒其二十》），虽不能承平盛世，但仍能在简朴平乐中找到清新的道义，以这种态势来处理名教与自然的关系，抒达个性与趣味，洒落潇然、尽性至命，这又何尝不是一种士君子的大节。

（三）我思我在

“生活不止眼前的苟且，还有诗和远方”，是我们这个时代的流行语。我们生活在经济高速发展的盛世，每天都紧追时代的脚步奋力前行，而这紧迫的节奏也会让我们无暇自顾去梳理精神的荒芜。“采菊东篱下，悠然见南山”，也是我们在书山文海、程式数据之外，抬头想寻得的一方净土。“诗意地栖居在大地上”，几乎是所有人的共同向往。陶渊明用其与自然浑然天成的诗文，告诉我们，诗意不在远，“结庐在人境，而无车马喧。问君何能尔，心远地自偏”。在繁杂的人境中也是可以寻得一份安静的诗意的，到达之途是心的笃定。

在《陶渊明的哲学思考》中，当代著名古典文学专家袁行霈先生提到：“陶渊明不同于其他诗人，因为他思考着关于宇宙、人生的大问题，而且得出了具有哲学高度的结论。他的思考在当时支持他不与腐朽的上层社会同流合污，躬耕于庐山之下，干干净净地度过了一生。在今天，当物欲几乎要统治人的精神使人成为它的奴隶时，曾经支持过陶渊明的那种智慧和力量也许能给当代人一点帮助，使人站立起来。”

当代大学生在社会急剧发展的今天，同样面临着自我价值的审定这个命题。当我们在现代的生活中遇到精神上的芜杂与慌乱时，在思想的冲突中无法找到通达的道路时，就去阅读和亲近陶渊明吧，去寻找通往心灵桃花源的有光的山之小口，沐浴他的智慧光芒，从而扎根自己立足之沃土，用精神的充沛努力开垦属于自己的丰富且开拓的世界。

第六节　诗中之仙　高妙华章

——李白思想品行与新时代大学生品格培养

如果问一个中国人最熟悉的诗人是谁，恐怕十之八九的人会脱口而出：李白。

这个名字就像自己家中的一分子一样熟悉。儿时，“铁杵磨成针”的故事激励小朋友学习要持之以恒；戏文中，“太白醉酒”的唱段让观众如痴如醉；在民间，御手调羹、贵妃研墨、力士脱靴的传说，使人们愿意相信这样一位伟大的诗人值得如此尊贵。而他诗中的月光、手中的醇酒、笔下的胜景，更是中华民族共同的文化符号。

（一）李白其人

李白，字太白。名字来自他母亲的一个梦境，李白的族叔李阳冰在《唐李翰林草堂集序》中有记：“复指李树而生伯阳，经姜之夕，长庚入梦，故生而名白，以太白字之。世称太白之精，得之矣。”李白出生时，其母曾梦见太白金星，所以他的名字来自天上的星辰。或许是此缘故，李白的周身，总是离不开一个字——仙。李白初登京都长安的舞台，在长安紫极宫见到了当时的文坛前辈贺知章，看到李白想象瑰丽、纵横恣肆的《蜀道难》，贺知章赞叹他并非人间凡类：“子，谪仙人也！”自此，“谪仙人”的名号就流传开来，比如杜甫就曾作诗《寄李十二白二十韵》：“昔年有狂客，号尔谪仙人。笔落

惊风雨，诗成泣鬼神。”李白也很得意自己的这个称呼：“青莲居士谪仙人，酒肆藏名三十春。”（《答湖州迦叶司马问白是何人》）

当然，我们最为熟悉的称号，还是“诗仙”。既然能成为诗中之仙人，气度肯定非凡。

我们这么熟知的李白长什么样呢？他的头号“粉丝”魏颢最有发言权。在那个交通不发达的年代，魏颢曾经不辞三千里之远“追星”，和李白有过长期的接触也深得其信赖。在他写的《李翰林集序》中，李白“眸子炯然，哆如饿虎，或时束带，风流蕴藉”。他的眼睛炯炯有神，张口就如同饥饿的老虎一般，很有威严。他的装束常是博带飘飘，风度斐然。李白最喜欢的衣服是紫色的袍子，有诗为证，“解我紫绮裘，且换金陵酒”（《金陵江上遇蓬池隐者》）“草裹乌纱巾，倒披紫绮裘”（《玩月金陵城西孙楚酒楼达曙，歌吹日晚，乘醉》）。在他酣饮、尽兴之时，总爱穿着这件紫色的袍子。

他最喜欢的运动或许是击剑，据《新唐书》记载，李白“喜纵横术，击剑，好任侠，轻财重施”，与他同为“饮中八仙”的崔宗之诗中记录他“袖有匕首剑”。他的少年时期是“十五好剑术，遍干诸侯”（《与韩荆州书》），而人到中年人生失意，却仍想一剑冲天：“安得倚天剑，跨海斩长鲸。”（《临江天节士歌》）

他最喜欢的娱乐活动当然是饮酒。“天子呼来不上船，自称臣是酒中仙”，杜甫在《饮中八仙歌》中为我们塑造了一位爱酒到极致的“酒仙”的形象。他爱酒到什么程度呢？“百年三万六千日，一日须倾三百杯”（《襄阳歌》）。“两人对酌山花开，一杯一杯复一杯”（《山中与幽人对酌》）。欢聚时，他“五花马，千金裘，呼儿将出换美酒”（《将进酒》），与朋友借酒浇愁、不醉不归；孤单时，他“举杯邀明月，对影成三人”（《月下独酌》），与明月做伴、对酌倾谈。狂饮时，他有“兰陵美酒郁金香，玉碗盛来琥珀光”（《客中行》）的奢华，也有“抽刀断水水更流，举杯消愁愁更愁”（《宣州谢朓楼饯别校书叔云》）的落寞。

让李白颇具仙气的还有他的出身，就像神仙一般神秘。这位名满天下的大诗人，生前无人为其立传，本尊又不太提及家世，所以，于我们而言，他的出生地至今仍是谜团。他的族叔李阳冰和“粉丝”魏颢分别在《唐李翰林草堂集序》和《李翰林集序》中说他生于四川。李阳冰在李白去世前受其所托整理李白遗作，他和魏颢都是与李白同时期又比较熟谙的人。而李白在《赠张相镐二首》其二中自云：“本家陇西人，先为汉边将，功略盖天地，名飞青云上。”又说自己是陇西人。学术界现在比较认可的是，李白出生于唐代安西都护府所管辖的碎叶城，主要采信于中唐文人范传正，他受李白的儿子伯禽所托，根据伯禽的亲笔记录整理修整了李白的墓碑，在他撰写的碑文《唐左拾遗翰林学士李公新墓碑并序》中言："公名白，字太白，其先陇西成纪人。约而计之，凉武昭王九代孙也。隋末多难，一房被窜于碎叶，流离散落，隐易姓名。"作为儿子，伯禽编造父亲出生地的可能性不大，所以这个说法还是比较可信的。

出生地虽然是个谜，但成长在蜀地是毋庸置疑的。蜀地人杰地灵，蜀道之难的天时之利使其少受战乱滋扰，文脉深厚使其滋养文风，美妙的巴山蜀水更是激发创作灵感。在这里，他度过了自己青少年时光。在这里他曾经寻仙访道："犬吠水声中，桃花带雨浓。树深时见鹿，溪午不闻钟。野竹分青霭，飞泉挂碧峰。无人知所去，愁倚两三松。"（《访戴天山道士不遇》），也曾经听蜀地僧人弹琴："蜀僧抱绿绮，西下峨眉峰。为我一挥手，如听万壑松。客心洗流水，馀响入霜钟。不觉碧山暮，秋云暗几重。"（《听蜀僧浚弹琴》）在诗人锦心绣口中，早年时光惬意得连桃花、深林、野竹、青松、暮钟、秋云都自带光亮。李白一生写过 30 多首怀念西蜀家乡的诗，最炽热的怀念或许就是《宣城见杜鹃花》了："蜀国曾闻子规鸟，宣城还见杜鹃花，一叫一回肠一断，三春三月忆三巴。"

约在 25 岁之时，李白挥别了峨眉的山月，"夜发清溪向三峡，思君不见下渝州"（《峨眉山月歌》），开始了和那个时代很多的年轻人一样的漫游时光。27 岁时成家，定居安陆，后又到了山西、山东，随后南下江苏、安徽、浙江，不断寻求出仕之道，42 岁之时，在安徽南陵，终于接到了唐明皇的三次邀请而得意赴京，在《南陵别儿童入京》中，他难掩此番兴奋："仰天大笑出门去，我辈岂是蓬蒿人。"

然而对京都充满建功立业渴望的李白，却只是"离居在咸阳，三见秦草绿"（《以诗代书答元丹丘》），在长安作为翰林侍诏做了三年左右的"帮闲"工作，却终究"区区精卫鸟，衔木空哀吟"，自己有心像填海的精卫鸟那样报国，却没有大施拳脚的机会，只好远离政治中心，开始了人生第二次漫游。

李白 55 岁，家国乱离，安史之乱爆发。安禄山在公元 755 年起兵，第二年 6 月长安被攻破。彼时在庐山隐居的李白，怀揣一腔报国热忱，"誓欲斩鲸鲵，澄清洛阳水"，应唐明皇第 16 子永王李璘之请，毅然加入平叛的队伍。然而，在战争掺杂着皇室内讧的混乱中，永王李璘部队被当时已经即位的唐肃宗李亨定为"叛军"，曾写出《永王东巡歌》的李白也成了"政治犯"，被判流放夜郎（今贵州遵义一带）。流放途中，行至巫山三峡，适逢朝廷大赦天下，李白得以幸免，但不久即病逝于安徽当涂，时年 62 岁。

（二）李白其品

1. “诗仙”常怀经世济民的“用世”志意。

在很多人心目中，李白一直是“浪漫主义”的代表，那种“不敢高声语，恐惊天上人”的情志与胸怀是常人难以企及的。但其实，李白在追求自己心目中的“白月光”时，一直都对尘世人民的苦难念念于怀，从未放下。

李白的这种“用世”的志意在他的一首游仙诗中表现得淋漓尽致。《古风（其十九）》中，诗人用神圣而充满向往的笔调，给我们呈现了他所要追求的仙界，那里有玉女明星，她“素手把芙蓉”“霓裳曳广带”，邀请诗人一起“飘拂升天行”，去追寻自身思想的自由与身心的解放，他们踏着通往仙界的虚步，甚至都远远地见到了著名的仙人卫叔卿，一切都是那么高蹈和令人神往。然而，就当我们以为一向以洒落著称的诗人真的要放下尘缘、追随仙人的时候，我们看到了诗人的俯视。

俯视这个动作似乎与李白不沾边，俯视不是杜甫的标准动作吗？似乎只有杜甫才会低下身子、眉头紧锁、悲悯众生。而李白一直是仰观天庭、昂首阔步的啊！

前面的仙境有多迷人，后面的俯视就有多难得。当深受道家影响的诗人，如梦似幻地即将到达自己一直追寻的境界之时，他低头看到了什么？“俯视洛阳川，茫茫走胡兵。流血涂野草，豺狼尽冠缨”，是胡兵的反叛，是国家的灾难，是黎民的血泪。诗句到此戛然而止，诗人虽然在诗中没有给我们确切的选择，却用自身在“安史之乱”中的作为给了读者他的答案。

《古风（其十九）》中，他看到了安史之乱给昔日繁华的“洛阳川”带来的满目疮痍，所以他“誓欲斩鲸鲵，澄清洛阳水”（《赠张相镐》之二）。彼时的他已被朝廷疏远，正在漫游，然而他依然密切关注着政局的动荡，怀揣那种拯救时代危难、匡扶社稷的责任感。他说：“余亦草间人，颇怀拯物情。”（《读诸葛武侯传书怀赠长安崔少府叔封昆季》）我轻如草芥、人微言轻，但为危世出力的情志是坚定的。在《送裴十八图南归嵩山》之二中，他说要向“谢公”看齐：“谢公终一起，相与济苍生。”要像东晋宰相谢安一样，指挥一场如淝水之战一般的战争，以少胜多、稳保江山。谢安本来隐居东山，在乱世中也算求得一份安稳。可是国家危难之际需要他出山时，他不辜负世人“安石不出，如苍生何”的期待而“东山再起”。和自己仰慕的谢安一样，李白的求仕不是为了一己的功名利禄，而是对天下苍生的职责所在。他始终相信，只要有人能用他，他就可以平息胡兵的叛乱，恢复天下的太平。怀着这样的渴望，他毅然接受了永王李璘的邀请。

后来政局的动荡，让李白意识到，自己怀抱一腔报国热血却误入了歧途。

李白缺乏一位政治家应有的冷静眼光，然而，在追随永王做幕府，以为是英勇平叛的过程中，李白情绪是十分积极和高昂的。在《永王东巡歌·其二》中，他说："三川北虏乱如麻，四海南奔似永嘉。但用东山谢安石，为君谈笑静胡沙。""三川"即被指洛水、伊水和黄河围绕的洛阳，"北虏"指安禄山的叛军，当时洛阳已被叛军占领。"永嘉"是西晋怀帝的年号，当时北方大乱，中原士人纷纷逃往南方。"胡沙"代表战场上的战斗。李白还是以东晋谢安自比，他志愿为永王运筹帷幄，在谈笑间让敌军灰飞烟灭，使战乱得以平息。即便在他经历流放之耻的人生暮年，他依然不改其志，在61岁的时候（去世前一年），听闻大将李光弼追击安史叛军的残余势力，他不顾年迈，还要请缨，期待可以为国家建功出力。

李白的一生坎坷曲折、大张大合，在他最为艰难困苦的时候也一直在拿"用世"的前人相比来勉励自己。当他被赐金放还、四顾茫然之际，会"闲来垂钓碧溪上，忽复乘舟梦日边"，想到隐逸多年终辅佐周文王成就大业的姜子牙。他也曾自比南阳躬耕的诸葛孔明，期待有一天会做出经天纬地的大事业，"佐君王、安社稷"。李白用自己特有的天才的狂想，表达着心怀天下、扶危济困的志向。

2. "游侠"不羁的做派中挥洒着报国的理想。

李白有一个"侠客梦"，在那首著名的《侠客行》中，他不屑于扬雄一辈子在书阁里研究《太玄经》而无所作为，他颂扬燕赵之地的侠士，头系武缨、腰佩弯刀，"银鞍照白马，飒沓如流星"。银鞍白马轻骑，如流星一般飒爽。"事了拂衣去，深藏身与名"。武功盖世的侠客完成使命后，往往会拂袖而去，不慕功劳和美名。这首诗中的形象，是李白心目中的侠客典范。

侠客精神在我国士人品格中占据重要地位。司马迁在《史记》中曾赞许道："今游侠，其行虽不轨于正义，然其言必信，其行必果，已诺必诚，不爱其躯，赴士之厄困，既已存亡死生矣，而不矜其能。羞伐其德。"在侠客身上所体现的"义、勇、信、济"的文化因子形成了我国独特的文化精神。

李白所生活的唐朝在历史上以重武力为名，世道崇尚英雄，侠客风行、侠风盛行，侠客的一些行为如怒向不平、仗义襄助、任侠使气、畅意人生，普遍存在于唐朝的社会中，更为生性不羁、做派豪爽、推崇自由的李白所看重。李白现存诗歌九百多首，涉及侠客题材的有近百首，将他对侠客精神的崇仰表现得淋漓尽致，而诗人自身也将此作为晋身报国、建功立业、实现理想的一种方式。

李白最具侠客精神的行为，莫过于青年的他"仗剑去国，辞亲远游"。他从小学习剑术，在《与韩荆州书》中他这样介绍自己："自幼好任侠，有四方之志，年十五而修剑术。”可以想见，在一个尚武的时代，一位少年习得这样一身好本领，肯定是怀着投身军营、立功边疆的宏图伟愿的。《侠客行》中通篇都是对游侠的叹羡倾慕之情，李白赞赏这类古代的侠客，表彰他们为国献身的精神，实际上传达了自己对于侠客事业的向往，对他们的颂扬也即诗人的自况，锄强扶弱的古代侠义之士是诗人心目中的理想形象。

《少年行》其三中，诗人说：“赤心用尽为知己，黄金不惜栽桃李。”他古道热肠，喜结朋友，从不以金钱为意。24 岁，初离蜀地开始漫游，开元十四年（公元 726 年），年轻的李白到了很多人的向往之地——“腰缠十万贯，骑鹤上扬州”。他在扬州逗留了大约半年，在这段时间里，他广济朋友，后来他回忆说：“曩昔东游维扬，不逾一年，散金三十余万，有落魄公子，悉皆济之，此则是白之轻财好施也。”不到一年的光景，就接济落魄公子“金三十余万”，“金”就是开元通宝，三十万金是多少钱呢？按当时的物价，可购米三十万石（唐一石约为 150 斤，三十万金可购米四千万斤），相当于唐代一个五品官员 3 年的俸禄！足见，在他的价值判断里，朋友情谊、接济旁人，有着比千金更重要的意义。所以，他也会“五花马、千金裘，呼儿将出换美酒，与尔同销万古愁”（《将进酒》），丝毫不吝惜自己的宝马锦衣，为了和朋友相聚的快乐，都拿出来换了美酒。

他与另一个人的渊源，也全赖这份侠义之心。这个人就是“再造王室，勋高一代”唐代名将郭子仪。开元二十三年（公元 735 年），李白北游并州（今山西太原），恰遇当时还是小兵的郭子仪触犯军规，依军律当以重处。他侠肝义胆出面斡旋相救，郭子仪得以幸免责罚。后郭子仪因在安史之乱中平叛有功，被晋封汾阳郡王，他也知恩图报，当李白因附永王李璘，面临生命之危时，“汾阳以功成官爵，请赎翰林，上许之，因免诛，其报也”（裴敬《翰林学士李公墓碑》），郭子仪也以自己身家作保，为当年的恩人求情，使李白得以免于性命之危。

他的仗剑去国、仗义疏财、扶危济困，借侠言志，储孕着一种正直高尚的品格情操与自尊自重的人格力量。在那个“宁为百夫长、胜作一书生”的时代中，是诗人对建功立业的渴望和实现理想抱负的实践、表达。

3. “谪仙”于大道中始终保持着独立、自由与无畏。

杜甫《春日忆李白》中云：“白也诗无敌，飘然思不群。”他夸赞李白的诗歌世上无双，最重要的是“不群”，他与世独立，卓尔飘然，此二字将李白借由诗文所体现出的最具人格魅力的部分概括得淋漓尽致，也是千百年来李白备受推崇的品质密码。

这位从蜀地走出来的少年，曾经在《代寿山答孟少府移文书》中自述：

“近者逸人李白，自峨眉而来，尔其天为荣，道为貌，不屈己，不干人，巢由以来，一人而已。”他说，我生性秀逸，形貌通天达地、卓然群雄，不愿委屈自己，也不屑乞求他人。他把自己与上古时期著名的隐士巢父、许由比肩，要求自己像他们那样坚持自我而不泯然众生。

于金陵作别家人到达长安，他迎来了人生的高光时刻——“幸陪鸾辇出鸿都，身骑飞龙天马驹。王公大人借颜色，金璋紫绶来相趋”（《驾去温泉后赠杨山人》），得以陪天子銮驾东入鸿都之门，身骑皇宫中的龙马，王公大人无不借我以颜色，金章紫绶之高官也来奔走趋附。一朝成名天下知，他在京都成为炙手可热的人物。于大多数人而言，落魄之时独善其身容易，飞黄腾达之际面对各种吹捧与诱惑还能自持警醒难上加难。但李白做到了，他不惧皇权：“天子呼来不上船，自称臣是酒中仙。”（杜甫《饮中八仙歌》）不畏浮云：“青云当自致，何必求知音。”（《冬夜醉宿龙门，觉起言志》）在权力的旋涡中，他做到了自矜与持己，保持着个人的尊严与高傲的气概，保存了人格的独立与精神的不羁。

然而，在文化思想较为一致集中的大一统时代，既要保持自身人格道德的独立性与自由度，又要为实现理想抱负参与到政治生活中去，很容易让一个文人陷入两难的选择，他必然面对难以冲破的伦理政治文化罗网。所以，短暂的长安供奉翰林生涯，围绕诗人的是质疑、诋毁和排挤，最终他被迫赐金放还，疏离于国家的权力中心，“大道如青天，我独不得出”（《行路难》）。其实，他并不痴迷于权力，同样是在《代寿山答孟少府移文书》中，他说自己对未来的设想是：“乃相与卷其丹书，匣其瑶瑟，申管晏之谈，谋帝王之术。奋其智能，愿为辅弼。使寰区大定，海县清一。事君之道成，荣亲之义毕。然后与陶朱、留侯，浮五湖，戏沧海，不足为难矣。即仆林下之隐容，岂不大哉！”在辅佐君王实现天下安定、海清河晏的宏图后，他把像范蠡、张良一样把功成身退作为人生至高理想，“待吾尽节报明主，然后相携卧白云”（《驾去温泉后赠杨山人》）。

所以，他于即将离开长安“停杯投箸不能食、拔剑四顾心茫然”之际，依然有着“长风破浪会有时，直挂云帆济沧海”的乐观与豁达，正是这理想的笃定、气度的不凡，使诗人精神不为一朝一夕、一得一失所囿，保持着独立、自由与无畏。

(三) 我思我在

自 2017 年始，中央电视台重磅推出的一档大型文博探索节目《国家宝藏》，旨在向新时代的年轻人推介我国古代熠熠生辉的文物宝藏，宣教民族优秀的传统文化。在 2018 年播出的第二季的开场，有一首诗震撼了全场，这首诗的名字是《如果没有李白》，随着特邀演员的深情朗诵，熟谙于网络社交的网民一时间刷满弹幕，满屏对李白存在意义肯定的弹幕让人泪目。正如这首朗诵诗所说：李白，这一位伟大的诗人，已经化成了一种基因，和每个华人的血脉一起流淌。哪怕是一个没有什么文化的中国人，哪怕他半点都不喜欢诗歌，也会开口遇到李白，落笔碰到李白，童年邂逅李白，人生时时、处处、事事都被打下李白的印记。

我们当代大学生，应当学习伟大诗人，在坚毅的理想之境盛开一朵自由精神之花。纵观李白在人生各个阶段的选择，细品诗人笔下烂漫的诗篇，我们不难发现，诗人心中永存、从未舍弃的是对于家国社稷的匡扶之志，在这一伟大理想的指引下，无论遇到何种境遇，诗人心境总是可以曲径通幽的，他对于前途来路总是自信的。我们在自己生活的时代，也要和千余年前的诗人相互应和，坚定自己建设伟大祖国的信念，唯其如此，在前行的道路上，才能因无畏而自在、因坚定而坚韧。

我们也要向李白一般唱出属于这个时代青春的颂歌。同样生逢盛世，诗人用自己的如椽巨笔书写着属于大唐的华彩乐章。我们肩负复兴民族荣光、谱写时代篇章的重任，更要充满自信、蓬勃朝气，投入“两个一百年”征程热火朝天的奋斗中，永远闪耀时代青春的光芒。

第七节　穷年忧黎　以诗为史

——杜甫思想品行与新时代大学生品格培养

在庆贺自己儿子生日时，有一位诗人说：“诗是吾家事，人传世上情。”在这首名为《宗武生日》的诗中，他勖勉幼子宗武，诗是咱们家族祖辈相续的事业，其对于家族的意义，远非世人理解的世间亲情。在他的家乡，如今的河南省巩义市，竖着一尊他的雕像，雕像中他身相微拱、眼观眉蹙、俯视苍生，似乎时时刻刻都在“忧黎元”，为人世艰辛忧愁。

诗与愁，似乎是大诗人杜甫一生交错的主题。四处求仕时，他遇到了“残羹与冷炙，到处潜悲辛”的冷遇之愁；命遇离乱时，他遭逢了“感时花溅泪，恨别鸟惊心”的黍离之愁；居无定所时，他承受“床头屋漏无干处，雨脚如麻未断绝”的生计之愁；生无安稳时，他还能用那颗细腻善良的心感知到邻家孤寡老妇“不为困穷宁有此？只缘恐惧转须亲”的孤苦之愁。

（一）杜甫其人

杜甫生长于公元 8 世纪，那个诗歌像明星一样璀璨的时代。他其实不是一开始就很“愁”的，而是拥有非常意气风发的青少年时期。

公元712年，杜甫出生于黄河南岸巩县的瑶湾村（今河南省巩义市南）。“忆年十五心尚孩，健如黄犊走复来。庭前八月梨枣熟，一日上树能千回”（《百忧集行》）。在杜甫50岁写的这段回忆录中，年少的他是如此轻盈活泼，15岁时还无忧无虑得像头小牛一般横冲直闯。瓜果成熟的季节，他也像其他调皮的孩子一样，在果树间上蹿下跳。这是多么精力充沛、体魄健全的少年啊！能有如此朝气蓬勃的青少年时期，很大程度上是由于他出身于官宦之族、诗书之家：十三世祖是杜预——曾在三国时立下赫赫战功的西晋大臣。杜预能武亦能文，他的《春秋左氏经传集解》三十卷是现存最早、最权威的《左传》注本。祖父是杜审言——唐高宗时期的进士，文采在唐初颇负盛名，与李峤、崔融、苏味道并称“文章四友”。父亲曾做过奉天县令，而母亲则出身于门第高贵的清河崔氏。

有如此的家学渊源与家族文化传统，少年时期的杜甫就展现了不一般的书写天赋。“七龄思即壮，开口咏凤凰。九龄书大字，有作成一囊”（《壮游》），和当时很多早慧的诗人一样，他说自己七岁就能以凤凰为题吟咏唱和，九岁就练习书法，书写的书法作品装了满满一袋子。青壮年时期的杜甫已经在文坛崭露头角，据他回忆说，当时的文坛名士李邕都想结识他，写出“葡萄美酒夜光杯，欲饮琵琶马上催”的诗人王翰也想和他做邻居。

彼时，唐王朝已经承平百年。由于政治上慎战重安、包容开明，经济上轻徭薄赋、与民休息，文化上锐意经史、倡导儒学，到了玄宗时期，经济达到了全盛，在杜甫的《忆昔》诗中记载了当时的繁盛——“忆昔开元全盛日，小邑犹藏万家室。稻米流脂粟米白，公私仓廪俱丰实。九州道路无豺虎，远行不劳吉日出。齐纨鲁缟车班班，男耕女桑不相失。”在开元盛世，粮食充足，不管是公仓还是私仓都储存满了品类齐全、质量优良的稻粟；交通便利，四通八达的道路通往九州；治安良好，人们出远门不用再因担心治安状况而占卜吉凶；经济发达，产自齐鲁之地的优质布匹被运往全国各地，人们过着男耕女桑的安定日子。

杜甫就是在这样的盛世中拉开了他青年时代的序幕。和那个时代的很多年轻人一样，他具有建功立业、策马壮游的雄心和自信心。从20岁开始，他南下吴越、北上齐赵，经历了长达10年的漫游生涯。家族条件富足、教育环境优良、文采已然出众，前方等待杜甫的应该是无比光明的未来，此时，他通体散发着昂扬向上、意兴勃发的气息。

隐忧似乎是从他第一次参加科举考试开始。公元735年（开元二十三年），为期4年的吴越之游后，他曾短暂地返回故乡巩县，参加了当年的进士考试，或许由于唐代的进士考试录取率过低，还不到百分之一，抑或许是此时的杜甫并没有为考试做好万全的准备，这次他落榜了。但一次失利并没有让这位年轻人丧失信心，他很快就开始了齐赵之游。“会当凌绝顶，一览众山小”（《望岳》），这句描写泰山的名篇，就是此次游历最丰硕的成果。

结束漫游，返回家乡，已是而立之年。他约于公元741年（开元二十九年），在洛阳东面的偃师县（今河南偃师）西北的陆浑庄，娶妻杨氏，组建家庭，安顿生活。同时，开始为安身立命而奔走于离家不远的“东都”洛阳，周旋于文坛的诗文唱和、与权贵的结交引荐之间，这种生活让他心思郁结。唯一可欣的是，在此期间，他与李白相会，诗坛的两曜，如“青天里太阳和月亮碰了头”（闻一多《唐诗杂论·杜甫》），他们遍游齐梁，度过了一段短暂且惬意的时光。

公元746年（天宝五年），杜甫来到了唐王朝的政治、文化中心，全世界最繁茂的大都会——长安。才华横溢的人总是对机会遍布的大都会充满向往，而城市有时却只会给人以冷冰冰的回应。第二年，他信心满满地参加了制科考试，然而这却是一场赤裸裸的“骗局”，考试的结果是口蜜腹剑的昏庸宰相李林甫宣称“野无遗贤”——所有应举者都落榜了。“致君时已晚，怀古意空存”（《赠比部萧郎中十兄》），想为国家出力却没有机会，空怀一腔报国热忱。而自此，杜甫的人生轨迹发生了重大改变，人生悲剧的帷幕也缓缓拉开。

“骑驴十三载，旅食京华春。朝扣富儿门，暮随肥马尘。残杯与冷炙，到处潜悲辛”（《奉赠韦左丞丈二十二韵》）。在诗人笔下，他旅食长安的这些年是悲苦艰辛的，早上去敲权贵的门，晚上追随他们车马劳顿，能得到的只是别人残羹剩饭的些许施舍。虽然有献帝“三大礼赋”的短暂辉煌，然而终究“青冥却垂翅，蹭蹬无纵鳞”（《奉赠韦左丞丈二十二韵》）。

公元755年，“安史之乱”爆发，这场绵延八年、导致生灵涂炭的战乱，彻底改变了唐王朝的历史。倾巢之下，不覆安卵，杜甫和其他黎民一样开始了颠沛流离的生活。在此期间，他安顿好妻儿，就去投奔已经即位的肃宗，赶往灵武途中于长安被俘，后又逃脱。杜甫于兵荒马乱中的这段经历，使他比同时期的文人都更近距离地接触到了战争的残酷，更多地、更深刻地体悟到了人民的疾苦，他以自己悲天悯人的情怀与饱含深情的笔触，像一位战地记者一样记录了这段历史。

杜甫也有短暂为官的经历，曾因自己于战乱中的千里投奔而感动肃宗，被官拜左拾遗，然而很快陷入派系斗争的政治旋涡，被疏远、遭贬谪，后来怀着深深的无奈与失望，远离政治中心，流离陇蜀，漂泊湖湘。在那里，他从一个一无所依的文士变成了成都草堂的野老、寄身山水的诗客，终老逝于南方阴冷的瘴气中。也好，那个 15 岁依然天真快乐的孩童，或许本就不属于给他带来无限烦恼的朝廷。他的眼中常含热泪，是因为对整个国家和黎民苍生深沉的爱，他的天地本就在那艰难跋涉的漫漫求索之途中。

（二）杜甫其品

1. 以如椽巨笔抒时代动荡的大诗篇。

中唐诗人元稹曾受杜甫孙子杜嗣业所托，为杜甫写墓志铭，在这篇铭文中，他说："诗人以来，未有如子美者。"千百年来，人们不断追问的一个问题：谁是中国诗歌史上最伟大的诗人？这篇铭文在某种程度上给了我们答案。

伟大的诗人绝不是风花雪月般地附庸风雅，杜甫一生秉承儒家之仁爱思想，把人道主义思想充沛在自己的如椽巨笔下。他反对统治者片面追求武功而使民不聊生。《兵车行》中，他一语中的地指出，"边庭流血成海水，武皇开边意未已"，正是武皇开拓边疆的执念，使边疆无数士兵血流成河，使"君不闻汉家山东二百州，千村万落生荆杞。纵有健妇把锄犁，禾生陇亩无东西"。朝廷全然不顾华山以东两百州的百千村落只余荒草，壮劳力都被赶去打仗，一些尚能劳动的妇女手拿锄犁耕种，辛劳种植却全无收成。他对于将士的悲惨境遇充满同情，"君不见，青海头，古来白骨无人收。新鬼烦冤旧鬼哭，天阴雨湿声啾啾！"如泣如诉，代表人民说出了反战的宣言。

伟大的诗人是时代的记录者。他从青年时代开始，就对国家和人民的命运给予了密切的关注，在生途的追寻和命运的颠沛中，他从未忘记把视角更多地投射在那个时代，国家时局的每一次动荡，都在诗中留下印记。在繁华的京都，他写下了《丽人行》，路遇炙手可热的杨国忠兄妹出游，他于"绣罗衣裳照暮春，蹙金孔雀银麒麟"的华美与排场中，记录了统治者荒淫腐朽、作威作福的丑态，"犀箸厌饫久未下，鸾刀缕切空纷纶"，面对琳琅满目的美食，他们捏着犀角筷子久久不动，让厨师们快刀细切空忙了一场。一针见血地指出皇族外戚的骄横，"炙手可热势绝伦，慎莫近前丞相嗔"，反映了安史之乱前夕的社会现实。

在安史之乱中，许多身居要职的官员纷纷接受伪职，官职低微的杜甫却是"最美逆行者"，不顾生命危险投奔朝廷。在沦陷的长安，他亲眼见证了"国破山河在，城春草木深"的惨况，发出了"感时花溅泪，恨别鸟惊心"的黍离之悲。

因上疏救房琯而触怒肃宗，被贬华州司功参军前往河南旧居探亲途中，他亲历了战争给人民带来的苦难，愤然而作《新安吏》《潼关吏》《石壕吏》以及《新婚别》《垂老别》《无家别》（世称"三吏""三别"）这两组名垂千古的诗篇。"夜久语声绝，如闻泣幽咽。天明登前途，独与老翁别"的凄惨让人潸然泪下。晚年身世如浮萍，寓居夔州的他在某个星夜听到不远处响起的作战角鼓声，“野哭千家闻战伐，夷歌数处起渔樵”（《阁夜》），以悲怆的语调记录了西川军阀混战、连年不息的战事，一个暮年感时伤旧，对时局依然关切的老者如在眼前。

杜甫因其对时代的忠实记录和整个国家形势的深刻反映，被清代文学批评家王嗣奭赞为“诗史”，他是一位具备强烈社会责任感的史家，更是一位关注国家命运、关心社稷民生的伟大诗人。

2. 以诗者仁心哀世事之多艰。

“民吾同胞，物吾与也”，所有人民都是我的同胞，一切生命均为我所珍爱。北宋张载在《西铭》中提出的这种价值理想与人生追求，为构建社会理想的蓝图提供了一个弘阔的境界。这种民本思想和人道主义，在杜甫身上得以充分的体现。他半生坎坷、仕途不顺、命运多舛，却能推己及人，“穷年忧黎元，叹息肠内热”，由自己的不幸推及天下人的不幸，把自身不幸放置在国家危难和人民的不幸中加以反映，以一颗博爱细腻的心忧虑一家一户、一兵一卒、一草一木。

天宝十四年，他从右卫率府兵曹参军任上前往奉先探视家小，然而“入门闻号咷，幼子饿已卒”，一进门就听见家人在号啕大哭，小儿子已被饿死。这对他来说是一个晴天霹雳，“所愧为人父，无食致夭折”，作为一个父亲，他深感愧对家人，心如刀割。然而在这首著名的《自京赴奉先咏怀五百字》中，诗人并没有仅书写家门之不幸，而是进一步想到，自己勉强有官职营生，而那些失去田产的农人和远戍边关的士兵一定承受更大的苦难。尤其是杜甫从长安一路行来，途经骊山，看到“君臣留欢娱，乐动殷胶葛”，皇帝和大臣们纵情娱乐，纵享富贵荣华。而“顾惟蝼蚁辈，但自求其穴”，贫贱如蝼蚁的老百姓却只求一个安稳的栖身之所。他以一次探亲行程中所咏所叹，将个人家庭之不幸与家国百姓之不幸联系起来，向这个不公平的世界大声喊出“朱门酒肉臭，路有冻死骨”的血泪控诉。

代宗大历二年，杜甫客居四川夔州时，他居住的草堂外有一棵枣树，“堂前扑枣任西邻，无食无儿一妇人”，邻居寡居妇人常来打枣吃，杜甫以一颗深情的心感受到这位妇人“不为困穷宁有此”，于是对她多有照拂，从不干涉与过问。后来杜甫一位吴姓亲戚在草堂借住，不明就里的吴郎为防止这位妇人再来“偷枣”，就在堂外竖起了篱笆。听闻此事的杜甫非常郑重而谨慎地给自己这位小辈亲戚写了一首诗《又呈吴郎》，替寡妇求情，说“已诉征求贫到骨，正思戎马泪盈巾”，正是“征求”——朝廷的穷兵黩武造成寡妇的穷困，指出了使人民陷入水深火热中的社会根源，自己为这件事耿耿于心以至于流泪。杜甫悲天悯人的情怀在这件扑枣小事、这个凄苦的妇人上熠熠生辉。

在《茅屋为秋风所破歌》中，他的这种人文情怀表达得更为淋漓尽致。诗中说“八月秋高风怒号，卷我屋上三重茅”，自身栖居的是来阵大风就能吹散屋顶茅草的陋室。“南村群童欺我老无力，忍能对面为盗贼”，面对欺负我无力公然抢走茅草的“盗贼”。在风号雨厉中“床头屋漏无干处，雨脚如麻未断绝”的孤危困顿中，他却由自己的“寒”，联想到了天下所有寒士，呼唤“安得广厦千万间，大庇天下寒士俱欢颜”的美好生活，甚而说“吾庐独破受冻死亦足”，舍己为人的精神闪耀着人性的光辉。

自己的小儿子被饿死，他想到了更多被饿死、战死的人；有棵枣树，他就想着周济旁人；自己茅屋已被风吹散，他还想要庇护寒士。杜甫以一颗仁慈之心、恻隐之心，用遒劲的笔力、悲悯的语力关怀世民，心系苍生。

3. 以弘毅品格持正道而笃行。

杜甫的青少年时期，置身的是开元盛世，社会富庶、国力强盛、经济发达、文化开放，海阔凭鱼跃，盛世给了他很大的激励，家族的传统和优裕的生活给予他对于前程的资源，自身的才华与学识更是他建功立业的信心之资。打开世界的门时，他在《奉赠韦左丞丈二十二韵》中立下宏愿：“自谓颇挺出，立登要路津。致君尧舜上，再使风俗淳。”希望在太平盛世，挺身而出，立志在帝国建设的关键岗位，受到帝君器重，大展拳脚，实现建设国家的政治抱负。

历史的洪流激荡着一个准备大展宏图的士人的命运，一场腰斩唐帝国历史的大内乱爆发，盛世不再、诗人颠沛。鲁迅先生曾在《呐喊》自序中说：“有谁从小康人家坠入困顿的么？我以为在这途路中，大概是可以看见世人的真面目。”杜甫经历了长达 10 年世事乱离、穷困潦倒和仕途的四处碰壁，身为杜陵布衣时依然没有放弃“窃比稷与契”（《自京赴奉先咏怀五百字》）的初心。

即使到了晚年，远离政治、穷困潦倒、艰难度日，他依然为自己无力报国而惭愧，通过对别人功绩的赞扬来明己之志：“死为星辰终不灭，致君尧舜焉肯朽？”（《可叹》）自己年少时致君尧舜的理想，如同星辰一般不会因阴霾浓雾而暗淡。大约在他离世前不久，他还念念不忘地把这种理想托付于朋友，勉励他们“早据要路思捐躯”（《暮秋枉裴道州手札，率尔遣兴寄递，近呈苏涣侍御》）。以鲁迅先生的论断，半生遭逢、一生坚守，杜甫的“真面目”，可谓一以贯之自我价值实现的正道，是超越于那个时代的理想之光。

（三）我思我在

我们这个时代，网络上曾流行一个关于杜甫的“梗”——杜甫很忙。语文教材上的杜甫画像在网友们的再创作下，化身于当下的各行各业的从业者，似乎在他1300多年的身后，依然在为“拯救世界”而忙碌。

在自己人生的征程中，杜甫把目光和笔触伸进了动荡起伏的历史脉络之中，开创了一个“以诗为史”的传统。一代有一代之责任，我们从启蒙到大学，依然学习、诵读、品鉴杜诗，其中贯穿诗中的伤时忧国的爱国情怀、关切民生的民本思想，让不同时期、不同文化背景下的我们为之情感共振。其言其行中这种对国事、天下事从不置身事外的淑世精神，激励了一代又一代后来者，这正是维系中华民族统一并促其绵绵不绝的强大精神力量，也将由我们将这种精神生生不息地传承下来。

在创作上，杜甫倡导“为人性僻耽佳句，语不惊人死不休”（《江上值水如海势聊短述》）的苦吟作风，我们生活在一个瞬息万变的世界，然而要想在自己专业中做出不凡的成绩，依然要学习杜甫对于艺术探索执着与坚定的态度。

第八节　进退亦忧　万世官表

——范仲淹思想品行与新时代大学生品格培养

“先天下之忧而忧，后天下之乐而乐”——写出这样经天纬地的文句的人，是北宋名臣范仲淹。《宋史》曾如此评价他：“每感激论天下事，奋不顾身，一时士大夫矫厉尚风节，自仲淹倡之。”元好问曾言：“（其）在布衣为名士，在州县为能吏，在边境为名将，在朝廷则又孔子所谓‘大臣’者，求之千百年间，盖不一二见。”清康熙五十四年（1715），他以“行道之儒”得以从祀孔庙。

他的一生经历丰富、政绩卓著，是布衣名士，亦为州县能吏，是直谏诤臣，亦为守边名将，堪称万世官吏师表。他“宁鸣而死，不默而生”，喜忧皆为天下、为道义，被贬谪、遭诋谤，都不曾放弃为人风骨、为官操守，他用自己一生的坚守执着活成了士君子的典范。

（一）范仲淹其人

范仲淹，字希文，出生于宋太宗瑞拱二年（公元989年）。

他出身布衣。

他还有另外一个名字——朱说。这个名字源于他比较曲折的身世，他也在这个名号下，为后人留下了少年发奋、困境求学的佳话。

他2岁丧父，朱姓来源于他的继父，他在继父训导下长大成人，一直到天禧元年（1017 年），才得以上书《奏请归宗复姓表》，改回本名。虽然是随母改嫁，继父却也大力支持他读书求学。少年范仲淹寒窗苦读、砥砺勤学、胸怀远志，或许是由于在继养家庭中的处境，或许是少年范仲淹的执拗，在他少年苦学阶段，曾经“划粥断齑”：在离家不远的长白山醴泉寺，范仲淹和一位刘姓友人曾在此间僧舍读书三载，两人每晚以粟米煮粥，待粥凉却凝固就一分为四，早晚各食其一。

后来他又千里迢迢到了北宋四大书院之一的南京（今河南商丘）应天书院求学，师从著名的教育家戚同文，受到了比较正统权威的教育，弱年求学若渴、安贫乐道，奠定了他平生致君尧舜、求仁求义的儒家思想根基，堪比“一箪食、一瓢饮，在陋巷”从不改其志的颜回。

他一生宦海沉浮。

宋真宗大中祥符八年（1015 年），27 岁的范仲淹以朱说之名进士及第，开始了 40 余年的仕途生涯。最初入仕 10 余年，一直在地方任职，确确实实践行着“处江湖之远则忧其君”，在泰州修河堰，丁忧时回到母校应天书院任教督学，用踏踏实实的工作维护着国家的基业。

天圣五年（1027 年），范仲淹上奏朝廷洋洋万言的《上执政书》，明朝堂得失、言政事利弊，并提出一系列治国改良宏论。终因政事政言、兴化教育的突出、被举荐进京任职秘阁校理。然而，三年后，他却因坚守儒家之礼仪，上疏抨击当时还在主政的章献太后而不为朝廷所容，自请外任。之后他的仕途就是如此，浮浮沉沉，多次应诏入京，曾权知开封，后被擢拔为参知政事，听令仁宗左右；也曾被政坛动荡波及多次外放，远离政治核心。《岳阳楼记》中“进亦忧，退亦忧”，正是他在多次进退中的由衷之言。

他“文武双全”。

我们认识范仲淹，更多地是通过他的千古名篇《岳阳楼记》，他身虽未至，却通过对岳阳楼风景的大气挥毫，于江海奔流、万千气象中，述古仁人之心，张忧国忧民之志。“不以物喜、不以己悲”的旷达胸襟，胸怀天下的忧乐观让人叹服。这篇是他散文的代表作，他在诗词创作方面也颇有建树，我们现在可见他的诗作 305 首，文品如人品，他的诗作文句肃肃如松下风。尤以《江上渔者》最为动人：“江上往来人，但爱鲈鱼美。君看一叶舟，出没风波里。”

仁宗宝元二年（1038 年），党项族建立的西夏政权首领李元昊称帝，并于两年后进逼边境延州，西北告急。为应对敌军的汹汹来势，范仲淹众望所归地与韩琦一起被任命为陕西经略安抚副使，负责延州防务，由多为政事政言的文臣转而成为防城守据的将臣。在边疆战事中，他“任甲胄于忠信，施干橹于礼义”（《铸剑戟位为农器赋》），修筑城寨、加强防护的同时巧设兵计、避敌锋芒，被赞誉“胸中有数百万甲兵”，最终促使宋夏重新恢复和平。重获安宁的当地老百姓纷纷设祠堂纪念这位守边之臣。

身为一位文人，戎马边疆的生涯中，他也借由文句描写戍边场景和行役羁旅之苦，抒发人生宏愿，丰富了自身文学创作的体裁与内容。最著名的当属一曲《渔家傲·秋思》——

塞下秋来风景异，衡阳雁去无留意。

四面边声连角起。千嶂里，长烟落日孤城闭。

浊酒一杯家万里，燕然未勒归无计。

羌管悠悠霜满地。人不寐，将军白发征夫泪。

（二）范仲淹其品

1. 为官——造福一方，勇于革新。

在我国江苏海安、如东、东丰、大台一带，濒临黄海，存有一条始建于北宋时期的堤坝遗址，世称“范公堤”，这条曾经将惊涛骇浪拒之门外的捍海堤坝，由范仲淹首倡承修并大力推进。

天禧五载（1021 年），范仲淹调任滨海的泰州。甫一到任，他就了解到唐朝时所修堤坝已年久失修，每当海潮铺岸，就会吞噬无数生命，退潮后也会使良田变盐碱地而造成人民无以为生。于是他义不容辞地上书江淮漕运使张纶力主修坝，得到精通水利的张纶的支持。然而这么巨大的工程，质疑与诋毁始终伴随，有人认为这并不是范仲淹的分内职责，并对他修坝能力表示怀疑，也有人认为修堰后的积潦难以清除，会有隐患。在修堰过程中还曾因风浪太大，不仅已修堤基被冲毁，100 多名百姓也被海潮吞没。

在张纶的力主下，范仲淹与同僚顶住压力，大力推进工程的进度。后来由于母亲去世，范仲淹回乡丁忧，他也时刻惦念着这项工程，常与张纶书信往来，用心良苦地向其陈说工程的重要性，表示如若工程有差池，他愿意一人得咎，承担所有责任，言辞恳切地请求张纶确保工程进度。在他们的共同努力下，一条雄伟的大堤犹如长龙盘踞海滨，守护农田与百姓。对于为民造福的官员，老百姓往往会用最朴实的方法纪念，当地人们为张纶等有功之人立了生祠，司马光的《涑水记闻》中说：“民至于今享其利，兴化之民往往以范为姓。”明代以后人们将这段堤坝称为范公堤，延续至今。

范仲淹还曾在任苏州知州时，以工代赈、兴修水利、疏通河渠，不仅治理了当时的水患，其治水方略更是为后人沿用，泽被千秋。在古代，由于物质和技术条件所限，水患常是一些地方最为头疼的事务，很多官员为保乌纱帽，唯恐避之不及。然而范仲淹所任之处，从不以个人仕途经济为意，正如南宋人们在重建范仲淹祠堂时的记文所言："观大节必于细事，观立朝必于平日。"在远离"庙堂"的公务活动里，范仲淹一心为民、无问西东，身为"些小州县吏"的他熠熠生辉。

身居"庙堂"的范仲淹，更是因义无反顾地在朝廷倡导一场很有进步意义的政治改革而彪炳史册。

北宋建立以来，由于片面的重文抑武等政策的影响，到了仁宗朝已形成严重的"三冗"问题，即冗兵、冗官、冗费，各类行政机构重床叠架，贫富分化日益严重，当政官员因循守旧、墨守成规，造成了"官塞于民，民困于下，夷狄骄盛，寇贼横炽"（《鉴于诏条部东十事》）的局面。

庆历三年（1043 年），范仲淹被调回朝中，任参知政事。当时朝中因循守旧的官员都被罢职，韩琦、富弼、欧阳修、蔡襄等锐意进取的同僚被任命到关键岗位。有着丰富的地方任职经历和实践经验的范仲淹以政治家的责任感与敏锐度，将自己的政治主张和改革良策集纳为《答手诏条陈十事疏》呈与仁宗，提出"明黜陟、抑侥幸、精贡举、择官长、均公田、厚农桑、修武备、减徭役、覃恩信、重命令"等 10 项改良之法，此疏以吏治整顿为主轴，大力限制冗官增长，清除腐败，提高行政效率，经济方面开源节流，以提高国家财政收入。自此，北宋历史上具有里程碑意义的以范仲淹为核心的"庆历新政"拉开序幕。

任何一项改革几乎都是举步维艰的，改革者一方面要应对拔疾祛病中的种种事务，更是要面对无休止的反对与质疑，甚至打压。在新政推行过程中，范仲淹以天下长久太平为己任，强力裁削滥佞，注重考核官吏，半年时间，官僚体系已是面目一新、革故鼎新、锐意进取的新吏风开始流行。当然，改革也就意味着权力与利益的重新分配翻盘，来自既得利益者的围剿从未停止，别有用心的人以"朋党"攻讦改革者们，最高统治者宋仁宗始用终弃。

虽然历时一年五个月的新政以改革派的全面溃败收场。但从历史的角度来看，这是顺应历史潮流切中肯綮的政治策略，一些措施为后来的王安石变法提供了模板，在新的历史时期大放异彩。而范仲淹在国家积弊日深的情况下，敢于不计个人荣辱，冲破旧势力的藩篱而锐意精进，其表现出来的于国于家于民的高度责任感，尤其难能可贵。

2. 为臣——正言直谏，奋不顾身。

范仲淹有一位忘年交——北宋著名诗人梅尧臣，梅尧臣在范仲淹因言被贬饶州时曾作一诗一赋赠与自己的好朋友，诗题为《啄木》，赋题为《灵乌赋》。诗赋均是以鸟儿作比，主题只有一个，劝说范仲淹不要做那只因要"啄尽蠹"而让自己"双翎堕落晖"的啄木鸟，最好"结尔舌兮钤尔喙，尔饮喙兮尔自遂”，做一只闭口不言、随波逐流的乌鸦。

对于朋友的好意劝说，范仲淹写了一篇同题的《灵乌赋》作为回答，他说：“宁鸣而死，不默而生”。

这就是范仲淹的为臣之义与人生信条，从政几十年，小到州县事物大到皇家仪礼、宰辅之失，他都敢于不畏强权、诤言守正。

初登政坛，范仲淹就曾以“愤书屏风”闻名。进士及第后，他的第一份工作是广德军司理参军，为掌管讼狱、审理案件的从九品官职。作为一名下属，他敢于“日抱具狱，与太守争是非”，以案卷为依据与上司据理力争，并把每次争论内容原原本本誊录在家里的一面屏风上，待到他离职，屏风已经被写上满满登登的字。

敢于和上司争论只是初露锋芒，之后他还敢于敦请太后还政，触及实际最高掌权者的切身利益。天圣七年，仁宗虽已成年，但帝国的军政大权还由刘太后一手把持。在是年冬至，刘太后为了彰显其威，要求仁宗率百官向她行跪拜贺寿之礼。此要求违背了儒家传统的皇室仪礼，当百官还停留在敢怒不敢言之时，当时只是皇家藏书楼管理员的范仲淹即上奏反对，认为天子“有南面之位，无北面之仪”，不合礼法，应立即停止。此举可吓坏了举荐他的晏殊，他匆忙相劝，然而，即便面对自己一直敬重的人，范仲淹也寸步不让，并直言晏殊明哲保身、不敢直谏有违臣子之义。

宋人都喜做笔记，在叶梦得的笔记《石林燕语》曾记载这样一件事：“范文正以献《百官图》讥切吕相，坐贬饶州。”这也是上述《灵乌赋》的产生背景。“吕相”即当时的宰相吕夷简，当时权知开封的范仲淹深知在其周围盘根错节的官僚群体，他们把持朝政、党同伐异，使得官僚机构充满了贪腐沆瀣之气。于是范仲淹就细加留心，摸清了这些人员的错综关系，绘制出《百官图》呈给皇帝，对宰相任人唯亲、公私不分的情况提出尖锐的批评。

无论官职大小，分内分外，范仲淹都做到了不平而鸣，虽然每次都让自己的前途受损——逆了太后旨意后被外放为河中府通判，指斥吕夷简后被贬为饶州知州，并被禁军抄家。然而正如他在《灵乌赋》里说的那样：“凤岂以讥而不灵，麟岂以伤而不仁？故割而可卷，孰为神兵；焚而可变，孰为英琼。”凤凰和麒麟都不会因为世人的嘲讽和中伤而不给人们带来祥瑞，那些一被切割就卷刃的刀剑无法成为神兵利器，那些一被焚烧就会熔化的石头也无法成为宝玉。无外乎明代大学者方孝孺尊范仲淹为“至人”，他的纯粹无瑕与铮铮傲骨让此评价实至名归。

3. 为教——教化一方，师于来哲。

景祐元年（1034 年），知州苏州的范仲淹在南园购买了一处地界欲建筑房舍安家顿户，一位风水先生断言，此处风水极好，谁若能在此卜筑安家，他日必定世代公卿，享不尽的富贵荣华。范仲淹听说后，当下就决定，不在此安自己的家了，而要改为学校。他说："在此安家只我一家显贵，如果兴办学舍，将来必定人才辈出。"范仲淹不仅建造南园学舍，还聘请当时的大儒胡瑗首当师席，一时间南园学宫彬彬之盛，影响遍及全国。

范仲淹除是一位杰出的政治家、文学家外，还是一位不凡的教育家。他颇有前瞻性地认为，教育是培育人才的根本，而人才是国朝根基。他一生"敦教育"，兴办学校、亲执教鞭，开宋代士风教化先河，发现、培养了一大批儒家大才、国之栋梁。

早在他任职广德之时，就针对当地文化闭塞落后的局面，在治所附近建立州学，邀请名师前来授课，很多士子学有所成，受益匪浅，有力地推动了地方的文教事业发展。泰州任职时，其母仙逝，范仲淹在应天府守孝，他怀着对母校的无限深情，执教应天书院。他以书院为家，事必躬亲，一方面严明教育纪律，以规范化的管理提升教学质量。另一方面改良教育方式，以儒家经典为主要内容，重视德育，提倡研讨、教学相长。对于一些寒门弟子，范仲淹还拿出自己的俸禄接济他们。在他的影响与教育下，书院子弟勤勉恭谨、严谨治学，多有以文学修养扬名场屋、立功朝堂者。

为了把教育作为国之根基固定下来，在庆历年间的改革中，他在《答手诏条陈十事疏》中提出要"精贡举"，把科举选拔与学校教育结合起来。这是非常具有进步意义的教育改革措施，只有将选拔人才的制度指针摆正，兴教育才有支撑、有出口。在此基础上，他提倡摒弃唐代以来重诗赋的选材传统，人才技能应注重培养策义，讲究用儒家精义来解决现实问题，这就使教育理论与治国实践紧密结合起来，为国家吸纳选拔的人才也趋于实证而不务虚。

同勤于政事一样，无论身居庙堂还是身处江湖，范仲淹心心念念教育事业，经他培养提携的人才很多成为有宋一代名儒、大师。朱熹在《三朝名臣言行录》曾记载："文正公门下多延贤士，如胡瑗、孙复、石介、李觏之徒，与公从游，昼夜肄业。""胡瑗、孙复、石介"世称"宋初三先生"，是公认的宋代理学的开创者，他们都因范仲淹推荐讲学而影响日隆，学术自成体系。以提出"为天地立心，为生民立命，为往圣继绝学，为万世开太平"而著称的宋代理学创始人之一的张载，正是因为年轻时受到范仲淹的点拨而专攻于《中庸》，最终在理学方面颇有建树，开山"关学"。

作为一个有着高度责任感的士人，范仲淹不仅积极入世、不畏强权、不寻己私地在政坛兢兢业业，更能高屋建瓴地大力发展基层教育、推选良才、改革教育制度，正如南宋朱熹所说："且如一个范文正公，自做秀才时便以天

下为己任，无一事不理会过。一旦仁宗大用之，便做出许多事业。”（《朱子语类》）

(三) 我思我在

我们现在都尊称范仲淹为“范文正公”，“文正”是他的谥号，谥号在唐代以后十分金贵，皇帝一般不会颁与人，能担得起这个谥号，是对这个人平生最尊贵的褒奖。范仲淹一生伟岸无私，他留给我们最宝贵的品德财富，就是我们在中学时期就背得非常流畅的《岳阳楼记》，我们不仅要让其提倡的“忧乐观”成为书中名句，更应成为我们价值抉择的至理箴言。

当代大学生中的很多佼佼者成为范仲淹新时代“忧乐观”的践行者。这其中有时代楷模——“80后”张玉滚，师范专业毕业后的他无视这个世界的喧嚣，依老本能地回到家乡——河南省南阳市镇平县高丘镇。甘当人梯，选择了“太阳底下最光荣的职业”，当然也是最清苦的职业，并且坚持了近20年。“春蚕到死丝方尽，蜡炬成灰泪始干”。20载的生活把他从一个年轻小伙逐渐磨炼成了山村学校全能型的教育管理者和教育工作者，他抛却个人喜忧，无私地为家乡的山村孩子指明与世界连通的前行道路。在国家“精准扶贫”的战略下，也有无数个像张玉滚一样的大学生怀着滚烫的心，扎根基层，冲在国家和人民最需要的扶贫一线。千年以前，范仲淹以一世求索汇聚而成的忧乐精神，在我们当代大学生的理想信念中，依然闪耀着夺目的光辉。

第九节　士林文宗　吟啸徐行

——苏轼思想品行与新时代大学生品格培养

苏轼是近代著名学者林语堂先生的偶像，先生说他在为东坡作传的时候并没有什么特别的理由，只是以此为乐而已。

在《苏东坡传》中，林语堂先生说自己的偶像是个“秉性难改的乐天派，是悲天悯人的道德家，是黎民百姓的好朋友，是散文作家，是新派画家，是伟大的书法家，是佛教徒，是士大夫，是皇帝的秘书，是饮酒成癖者，是心肠慈悲的法官，是政治上的坚持己见者，是月下的漫步者，是诗人，是生性诙谐爱开玩笑的人”。然而，这么多头衔名号，先生只觉意乏词穷、意犹未尽，最终他说，且不用这些来概括苏东坡了。其实，一提到苏东坡就会引起人们亲切敬佩的微笑，就足以。

是啊！作为北宋乃至其后千百年来的士林领袖、一代文豪、画典、书范，后人曾穷尽多少心力去品读、书写、领悟他，又有多少溢美之词都可以覆之华身。可不管怎么膜拜、解读，我们似乎都不得近身，他还在那里，不疾不徐。

他其实就是在人生的不同际遇中会和你不期然相遇，用他的所思所行所文，和你心底的壮志、相思、豁达、怅惘、失落、沉沦、挫败或者融通的情感相互应和的那个人，在鸟鸣星稀、停杯投箸的某个时刻，你可用他来说服自己，而顿觉万物息宁、诸事坦然。

（一）苏轼其人

《三字经》中说："苏老泉，二十七。始发奋，读书籍。"这位用来鼓励我们读书努力，从什么时候开始都不会晚的"苏老泉"是苏轼的父亲苏洵，加上他的弟弟苏辙，一门三父子，同列"唐宋八大家"。

蜀地似乎有一股魔力，能滋育出不一般的杰才，司马相如、杨雄、陈子昂、李白……苏轼身上深深印着"巴蜀"的烙印，"吾家蜀江上，江水绿如蓝"（《东湖》）。他的家乡在四川省眉山县，那里孕奇蓄秀、物华天宝，环境得天、人文独厚。"舟行无人岸自移，我卧读书牛不知"（《书晁说之考牧图后》），少年苏轼于此间游玩、放牧、读书，优哉游哉。

一个人的成长与成才，与家庭的教育密不可分。那位到了27岁终于发奋读书的父亲对孩子的教育颇为严厉，和当时很多诗礼之家一样，他日日紧逼儿子们的功课，以致成年后的苏轼还对自己年少时读书的场景念念不忘——"夜梦嬉戏童子如，父师检责惊走书。计功当毕《春秋》余，今乃粗及桓庄初。怛然悸悟心不舒，起坐有如挂钩鱼……"（《夜梦》）这是50年后，被贬谪到海南的苏轼的一个梦，梦到年少时在父亲严厉督促下学习《春秋》，那种对功课颇为忐忑、怕父亲责备的情景跃然纸上。在父亲的管教下，他读诸子百家、通史传，曾将120多卷的《汉书》手抄两遍。在父亲的鞭策和要求下，他"学通经史，属文日数千言"，早年的博闻强识，使他终生受用无穷。

苏轼的家学除有位非常励志的父亲之外，更为难得的是他还有位深明大义、言传身教的母亲程氏，她非常注重对孩子品格的培养。程氏经常给孩子们讲解历史兴衰人事成败的故事。某天，她教儿子读《汉书·范滂传》。范滂是东汉名士，文品高深、正直清高，在东汉的党锢之乱中由于坚守理想、秉持立场，付出了自己年仅33岁的年轻生命。临危受命时，他和母亲诀别，深为自己不能尽孝道而愧疚，范母回言："一个人的美德理想和寿命富贵，终不能两全，二者相冲突，我愿意你保全气节、实现理想。"

读至此，苏轼母子深为史书上的这一幕感慨，时年仅10岁的苏轼非常郑重地问母亲："如果我也要做范滂一样的人，作出如他一般的选择，您同意吗？"程氏回答："如果你可以做范滂，我怎么就不能做范滂的母亲呢？"苏轼日后为官作文，秉正不阿、造福一方又博大温厚，与自小接受到的母亲的这种教育密不可分。

“一位不朽的巨人，来自故土，来自家庭，更来自历史和时代”（王水照，崔铭《苏轼传》）。北宋是一个以文官政治著称的朝代，苏轼生长于仁宗朝，彼时，经过立朝后七十多年的发展，社会安定统一、经济发展迅速、文化生机勃勃。嘉祐元年（1056 年），21 岁的苏轼和父亲苏洵、弟弟苏辙走出蜀地，来到北宋都城汴京，参加科举，求取晋身之途。

在这里，他遇见了自己少年时期顶礼膜拜的“大神”——欧阳修。8 岁时，乡校的老师给苏轼等一干子弟讲解从京师流传而来的名篇《庆历圣德颂》，里面提到了当世的 11 位人杰，韩琦、范仲淹、富弼、欧阳修等人的名字，如雷贯耳。听完老师激情澎湃充满景仰的讲解，年少的苏轼也以这些时代伟人为师为范。

苏轼参加礼部的考试时，主考官正是时任礼部侍郎、翰林侍读学士的欧阳修。欧阳修厌弃当时流行的空虚矫揉的文风，提倡辞采纯朴、言之有物的诗文革新。当年的考题为《刑赏忠厚之至论》，苏轼以深广阔大的笔调，论述古代施仁术的人基于忠厚用以刑赏的范例，博古通今、引经据典，进一步阐述了儒家的仁政思想。这篇文章一时间惊艳全场，令所有考官叹服，如果不是因为一个小小的误会，铁定被取为第一。这个小小的误会，是主考官欧阳修造成的。欧阳修觉得能写出此类绝文，又深知自己对文章喜好的人，非自己的弟子曾巩莫属，为了避嫌，他阴差阳错地把苏轼的这篇文章圈定为了第二名。

虽然有些遗憾，但欧阳修对苏轼是称赞有加：“读轼书，不觉汗出，快哉！快哉！老夫当避此人，放出一头地也。可喜！可喜！”（欧阳修《与梅圣禹》）他认为这位年轻后生日后必定大有作为。后来苏轼和弟弟参加殿试，仁宗亲自策问后，欣喜不已地告诉皇后：“我今天为子孙后辈得了两个太平宰相!”嘉祐六年（1061 年），苏轼又在制科考试中以“贤良方正能直言极谏科”考入第三等（宋代制科考试惯例，一、二等为虚设）。如此的才华，在京师得到了无尚的荣光，一时间苏家风头无两，如金似锦的前景似乎近在咫尺。

一个人的发展总是离不开他的时代，苏轼初出茅庐的时候，北宋繁荣的背后隐藏着政治、经济、边防的危机，励精图治的神宗上位后任用王安石，两个理想主义者实施了大刀阔斧的变法。在“人治”的政坛，苏轼鉴于自身对变法的冷静思考和在基层工作时的所见，坚定地站在了变法的对立面。与当政不和，苏轼一直自求外放，先后在杭州、密州、徐州、湖州等地做地方长官，在这期间他政绩显赫、深得民心。

元丰二年（1079 年），暗潮汹涌的不和终于喷涌而出，苏轼还算平静的日子被打破，变法派在诗文上做文章，罗织罪名，苏轼被捕入狱，是为历史上著名的“乌台诗案”。经此一案，九死一生的苏轼到了人生的转折点、创作的转折点——黄州。在这里苏轼蜕变成了苏东坡，不曾被挫败屈服、没有为贫困打垮，前后写下了《赤壁赋》《念奴娇·赤壁怀古》《定风波·沙湖道中遇雨》等千古佳作。

晚年的苏轼曾经写过一首题画诗：“问汝平生功业，黄州惠州儋州。”当自己心如已灰之木、身如不系之舟时，他说，如果你问我平生有什么功绩的话，就在三个地方——黄州、惠州、儋州，这是苏轼被贬谪、流放的三个地方。在考场凭借出世之才名满天下的苏轼，也曾经在出任徐州、杭州、密州等地的时候为官一任、造福一方，然而，在由于王安石变法而波诡云谲的政坛，苏轼受于国于君有所建树的理想鼓舞，为自己所认定的真理进行倔强的坚持，被各种构陷，几经诋毁贬黜。黄州之后，虽被重新上位的反变法派起用，但终又在朝局的各种变动中，被贬谪到更为苦远的广东惠州、海南儋州。64 岁时逝于被大赦后北归途中。

有句对文人创作规律的概括是“国家不幸诗家幸，话到沧桑句便工”。苏轼生活的时代没有遭逢政权的颠覆或战争的侵扰，他却因朝政的变化而与祸患如影随形，这是他作为一个人的人生不幸，却从某种程度上使他成为一个幸运的、完整的文人。得意时誉满东京，失意时独面柏狱森森，在欢荣与悲哀交替叠行的人生中，他以超世的精神舒缓心灵的苦痛，寄繁华落寞于诗词书画，成为那个时代的文艺全才，更成为一个深受士人景仰的勇敢且达观的前行者，成为我们最可亲可敬可爱的对象。

（二）苏轼其品

1. 勇担责任、知行合一的实干精神。

陆游曾经不无自信地说：“宋兴，诸儒相望，有出汉唐之上者。”（陆游《陆放翁小品》）的确，北宋从建立之初太祖设立“重文抑武”政策开始，就出现了不同于以往任何朝代的文人政治。以往更多地认为是附庸风雅的文士通过更为科学、严谨的科举制度被广泛地充沛到统治阶层中，与皇帝一起“共治天下”。所以，他们基于自身丰厚的知识涵养、自小接受的儒家教育的影响，以更积极的态度和无畏的精神投入国家的建设。苏轼堪称其中的佼佼者，受到个人美政理想的鼓舞，再加上他个人的从政经历，他一生没有更多的机会斡旋于朝堂的口诛笔伐、尔虞我诈，长时间外任的经历使得他把满腔热心得以撒播在基层的建设实践中。

《梦溪笔谈》中曾经记录，宋神宗熙宁八年（1076 年）发生过一场大疫。

杭州是这场大疫的重灾区，苏轼时任杭州通判。他一方面请求朝廷延缓供米的时限，划拨钱米赈济百姓。另一方面积极开展生产自救，使灾疫后的生产秩序得到了及时恢复。十多年后的元祐四年（1089 年），苏轼又以龙图学士出知杭州，创办了我国历史上第一家公私集资合办的传染病医院——安乐坊。当时的杭州“饥疫并作”，苏轼为任一方、热心医事，筹措资金专门辟出“安乐坊”隔离救治染病民众，征募僧人与医生在挨坊医治，每天烧粥施舍给穷人，煎药让无钱请医的病人服用，救治病人不计其数。安乐坊可以说是我国历史上第一家公私合营的医院。

苏轼和杭州有着非常深厚的渊源，他曾经两任杭州的行政长官，留下许多惠民工程，成为这座城市的标志。在“水光潋滟晴方好，山色空蒙雨亦奇”的西湖畔，有一条堤坝，世称“苏公堤”“苏堤春晓”是引人入胜的“西湖十景”之一。元祐四年，苏轼知州杭州，彼时，西湖已经严重淤塞，使湖光山景颇显凋零落寞。同时，西湖是杭州农田灌溉、居民饮水的主要淡水资源，它的堵塞更是影响了农业生产和人们的生活。苏轼上任不到一年，便顺应民心、排除万难，下定决心治理西湖。

苏轼是实干家，他没有纸上谈兵，而是亲自走访水利专家、躬身调查西湖各处，科学制定治理方案。利用梅雨季节过后葑草浮动之时抓紧动工，开掘葑滩、疏浚湖底。面对堆积如山的淤泥，苏轼更是发挥了一位实干家的聪明才智，经过周密视察、探测，他想出了利用淤泥修建一座堤坝连接里湖和外湖的两全之策，如此淤泥得以清理、跨湖交通也得以解决。经过半年的整治，西湖面貌一新、重焕生机。在《南歌子 · 湖景》中，苏轼难掩心中喜悦：

古岸开青葑，新渠走碧流。
会看光满万家楼。
记取他年扶病入西州。
佳节连梅雨，馀生寄叶舟。
只将菱角与鸡头。
更有月明千顷一时留。

不仅在杭州，在远离政治中心的外任乃至贬黜的生涯中，都有他为任一方、所到一处的政绩与作为。

他曾在密州积极治蝗灾。熙宁七年（1074 年）苏轼知州密州，甫一赴命，就下手解决密州棘手的蝗灾。他以踏实的作为和勤政的努力亲赴田间地头、村落农舍，请教有经验的老农。他广泛发动民众以火烧土埋蝗虫幼虫的方法防患于未然，当听说天降甘霖、旱灾解除才能减轻蝗灾，就沐浴焚香、素食斋戒、虔诚礼拜。然而受当时技术条件所限，蝗灾无法根除，在他此间的诗文中随处可见的是他的忧心忡忡，“遗蝗入地应千尺，宿麦连云有几家”（《雪后书北台壁二首》之一）。自己任期将满时，依然不无愧疚：“平生五千卷，一字不救饥。”（《和孔郎中荆林马上见寄》）

他曾在徐州大力除水患。熙宁十年（1077 年）知州徐州，徐州地处黄河下游，每当黄河逞凶，就首当其冲遭受水灾。苏轼到任不久，曹村的黄河大堤就决口：“南城夜半千沤发，水穿城下作雷鸣。”（《九日黄楼作》）苏轼沉着果断，调集人力火速加固城墙。然而，只凭借民夫的力量远远不能满足防灾所需，他就马不停蹄地冒雨前往禁军营地求援。按照宋朝法纪，禁军是由黄帝直接统率的，地方长官无权调配。而当满身泥泞的苏轼站在禁军统领面前，禁军头领颇受感动：“太守尚且不辞辛劳，我们必当一往无前。”最终，在苏轼身先士卒、抢战一线和军民共同的努力下，徐州得以从这次黄河水患中幸免于难。水患过后，苏轼又立即投入加固防水工程的筹谋中。

他在自己流放之地儋州敦教化。绍圣四年（1097 年），暮年苏轼再次被朝堂诡变裹挟，一叶孤舟将他送到了南荒之地——海南岛儋州。苏轼时年已经 62 岁，到了当时被认为再也没有生还可能的蛮夷之地，然而，儋州迎来的并不是一个落魄的贬官，而是一个手执木铎的文化使者。苏轼在这里讲学、作诗，还亲自编写教材教授学生，不遗余力地用文化的力量改变当地的一些陋习，培养出了海南第一位举人、第一位进士，为这个斯文不振的闭塞之地带来了文明的火种。

2. 超然达观、悦美乐活的人生态度。

如果苏轼仅仅是一位多有建树、屡创丰功的政治家，那么他在我国文化历史上的地位或许不至于这么高，让苏轼更加深入人心的，是在他经历“乌台诗案”成为苏东坡之后。

“乌台诗案”可以说是发生在北宋时期的文字狱，元丰二年（1079 年），外任湖州的苏轼本以为可以在江南的湖光山景中躲避纠葛，然而树欲静而风不止，朝廷中人事纷争依然不断，从最初的事理之争变为了赤裸裸的官场倾轧。苏轼的文名与直言让他成为当权者的“眼中钉、肉中刺”，他们在苏轼呈奏朝廷的《湖州谢上表》中大做文章，何正臣、舒亶、李宜之、李定皆粉墨登场，以疾风骤雨、强力猛攻的态势加给苏轼一个又一个“欲加之罪”。终将苏轼逼入牢狱，经过两个多月的审判，苏轼后被贬黄州。在黄州，他开垦荒地，自建“东坡雪堂”，从此，东坡居士纵天横空、金声玉振。

“谁怕！一蓑烟雨任平生”。

苏轼被贬黄州时 45 岁，在以后的岁月中，他又于 59 岁时被贬到惠州，62 岁时被谪至儋州。中年之后，人生磨难深重、坎坷几何，不仅要面对仕道的沉落甚至还要面对衣食的无着，他的人生也在这些苦难中开出了淡然、幽香的花。

这朵花盛开在从黄州至沙湖途中的一场雨后。黄州东面一块山坡安顿之后，听说三十里外的沙湖有块相对肥沃的土地，苏轼便和友人一道前往相田。然而一场阵雨不期然而来，当同行之人因没有雨具而颇觉狼狈之时，苏轼却"独不觉"，就像人生的各种风云突变，都无法预知，我们能做的是什么呢？在这首《定风坡》中，苏轼给了所有人答案。

莫听穿林打叶声，何妨吟啸且徐行。

竹杖芒鞋轻胜马，谁怕？一蓑烟雨任平生。

料峭春风吹酒醒，微冷，山头斜照却相迎。

回首向来萧瑟处，归去，也无风雨也无晴。

他说，以坦荡无若的态度任其自然而然就好了。当肆虐的风雨扑面而来，穿林打叶，一切自有其定数，我们无力改变，却可以继续按照内心的节奏吟啸徐行。没有快马可以加持、没有雨具能够遮风挡雨，那就穿好芒鞋持稳竹仗吧！泰山崩于前也不足惧，以坦然泰然淡然应对平生的风风雨雨。当"已而遂晴"、风吹雨散、斜照相迎时，也无需欣喜若狂、乐而忘形。阴晴雨晦、进退得失，自然而然。

"人生如梦，一尊还酹江月"。

这朵花也盛开在赤壁的泛游。黄州西北长江之滨，有座红褐色的石崖，故称赤壁，苏轼常与友人到此游玩，在这里，他先后吟出了《念奴娇·赤壁怀古》和前后《赤壁赋》等千古名篇。

大江东去，浪淘尽，千古风流人物。

故垒西边，人道是，三国周郎赤壁。

乱石穿空，惊涛拍岸，卷起千堆雪。

江山如画，一时多少豪杰。

遥想公瑾当年，小乔初嫁了，雄姿英发。

羽扇纶巾，谈笑间，樯橹灰飞烟灭。

故国神游，多情应笑我，早生华发。

人生如梦，一尊还酹江月。

《念奴娇》是一首脍炙人口的咏史词，词人因赤壁之战遗迹而怀古幽情，以三国为背景，咏叹在这如画江山、历史中的做出丰功伟绩却终究灰飞烟灭的英雄人物，将自己政治理想的幻灭融合在历史的悲鸣中，发出强者的吟啸。前后赤壁赋或从游玩之乐、写到人生不满百之悲、再写到任意旷达追寻之欢，或以空灵奇幻的笔吻书写天地万物与人身化为一体的妙意。苏轼的旷世奇才、生花妙笔，都体现在于赤壁的游赏中，是他在人生处于困厄时，努力坚持人生理想和生活信念的艰苦思想斗争的寄语。

3. 上下求索、随心应手的创作热情。

苏轼无疑是一位文艺全才、文坛巨匠。他的诗自成一派，开创宋诗体制，世称“苏诗”；他的词首开“豪放”先声，使词这种文体摆脱“艳科”“小道”之藩篱，拓宽意境、获得新生；他的散文广伸博辩、随物赋形，位列唐宋八大家；他的赋，创造性地将骈、散融汇，将“变赋”推上文学史的舞台；他的书法，笔力虬劲、纵横恣肆，与黄庭坚、米芾、蔡襄并称“宋四家”；他的画，开“墨竹”创作之先风，游笔戏墨、气壮神足，“文人画”的画风清奇入场。《宋史·本传》赞其：“浑涵光芒，雄视百代。”

在他生活的时代，文人们以能和他齐名为荣，在他身后的千百年，后人们以向他看齐为幸，他似乎是夜空中那可望不可即的星辰。然而，苏轼自己曾说：“吏民莫作长官看，我是识字耕田夫。”（《赠王庆源诗》）自己不过就是农夫，耕耘在文字的田野。在我国璀璨的文化星空中，能够这样定位自己，或许就是他在各个领域都高能丰产且何类作品都能深入人心的原因吧。

他的诗遍布人民的情感与智慧的理趣。诗人苏轼有着悲天悯人的大情怀，无论在为一方长官还是自身被贬黜，再加上曾经有过很长时间自己动手方能丰衣足食的生活体验，他都和社会底层人民群众有着一水同源的情感连接，饱蘸深情、深刻真实地在诗句中去反映他们的生活。“况复连年苦饥馑，剥啮草木食泥土。今年雨雪颇应时，又极蝗虫生翅股”（《寄刘孝叔》），描摹了在蝗灾影响下，以草木泥土为食的农民惨状。“眼枯泪尽雨不尽，忍见黄穗卧青泥”（《吴中田妇叹》），表现了诗人在秋雨成灾中对农人的深切同情。他的诗中还有着对人性世事深入的思考。“人生到处知何似，应似飞鸿踏雪泥。泥上偶然留指爪，鸿飞那复计东西”（《和子由渑池怀旧》），这是一首寄语弟弟子由的诗，他们曾经一起路过借宿的寺庙，诗人再次经过，老和尚已逝，曾题字的破壁难见，空留藏骨灰的新塔，而此等经历与我们宦海沉浮一般，与那些注定要飞走的鸿雁相似，凡此过往、一切来途，只是偶然在雪泥上留下的爪痕罢了，我们当以顺然的态度应承所有。

他的词广携感情的波澜与世事的激荡。近代王国维先生曾言，一代有一代之文学，“词”即为有宋一代文学的鲜明代表。怀揣海晏河清政治理想的苏轼，使“豪放”这种风格得以寄托词来表达。有标志意义的就是这首《江城子·密州出猎》——

老夫聊发少年狂，左牵黄，右擎苍，锦帽貂裘，千骑卷平冈。为报倾城随太守，亲射虎，看孙郎。

酒酣胸胆尚开张。鬓微霜，又何妨！持节云中，何日遣冯唐？会挽雕弓如满月，西北望，射天狼。

在词中叙事、用典、言志，写出猎经历、怀历史英雄、书安邦定国，将政治热情和豪迈气概托付这首小词，也成就可与“婉约”并驾齐驱的“豪放”词风。

感情丰沛的苏轼还继承了婉约词的传统创作手法，进行“以诗为词”的艺术改造，使“婉约”又放异彩。且看《卜算子·黄州定慧院寓居作》——

缺月挂疏桐，漏断人初静。

谁见幽人独往来，缥缈孤鸿影。

惊起却回头，有恨无人省。

拣尽寒枝不肯栖，寂寞沙洲冷。

月、梧桐、幽人，这些都是“诗余”中常见之意象，词人并未拘泥于此类意象中的清冷孤凄，而是化用庄子与曹孟德的文辞典故，书写自身不愿苟合于世的道德自守和择良木而栖的政治品格。

（三）我思我在

2020年，我国文化界的一件盛事即为故宫600年大展，大展的首个重量级个人展览就是在文华殿展出的持续两个月的“千古风流人物——故宫博物院藏苏轼主题书画特展”，人们在此流连忘返，通过书画、题作与他相应和。

著名诗人余光中在接受媒体访谈时曾说，如果出门旅行，和李白、杜甫比起来，他更愿意与苏东坡同行，因为他可以成为我们的一位很好的朋友。北师大李山教授也曾有一番妙语：“跟苏轼一发生关系，猪肉，变成了东坡肉，变成了美味；西湖，变成了西子湖；三个标志，变成了三潭印月，所以大家为什么喜爱他？你不能不喜爱他，他就是这么可爱。”苏轼自己也曾经说过：“吾上可陪玉皇大帝，下可以陪卑田院乞儿，眼前见天下无一不好人。”穿越千年，他不止是文坛精英、精神偶像，更像是一位可亲可敬的朋友，可以与之交心畅谈。

这位朋友告诉我们要厚积薄发、达济天下。我们当代大学生都是经过高考淬炼的，相信都会歆羡苏轼在宋代科举中的高光时刻，然而这些都是与蒙学中的踏实苦读、成年后的勤学不辍分不开的，所谓天才从来都是在汗水中浸泡来的，苏轼也不例外。而习得这一身本领，赢得时代赋予我们的荣光与机会后，就要像他一样任一职稳一业，无论位置高低，都要勤政为民、奋发有为。

这位朋友告诉我们要乐观积极、热爱生活。曾经网络上流行过一篇阅读量近亿的公号文章——《人生缘何不快乐，只因未读苏东坡》，他的人生百味，也为我们在当下寻得了精神寄托、快乐秘法。因为即便在他的三个贬谪地、人生最低谷，他都是那么丰富与有趣啊。在黄州，他为我们留下了前后赤壁赋和大江东去的千年喟叹，他为猪肉作颂歌；在惠州，他“日啖荔枝三百颗，不辞长作岭南人”，让一种水果更加馥郁多味。而在儋州，他说“九死南荒吾不恨，兹游奇绝冠平生”。自始至终，他都没让自己屈从于时代，而是从那个时代里超越。

几乎每一个中国人，都会在不同的境遇里与苏轼相遇。他亦师亦友，我们学习他的工作哲学，可得“欣然”；学习他的处世哲学，可得“超脱”；学习他的做事哲学，可得“负责”。黄州之后的苏东坡，学习他的生命哲学，可得“清欢”；学习他的生活哲学，可得“趣味”；学习他的艺术哲学，可得“境界”。

第十节　苟利社稷　不惮祸福

——林则徐思想品行与新时代大学生品格培养

“苟利国家生死以，岂因祸福避趋之”，这是在封建时代的末梢，一位最为突出的士人在担负起时代赋予他的重任时，发出的铿锵有力的誓言。

林则徐，踩着康乾盛世的尾巴出生，成长于嘉庆朝，入仕于道光初年，咸丰首年辞世，整整经历了清朝的四个皇帝执政。他用一次让世界侧目的硝烟壮举，旗帜鲜明地表达了中国人民禁烟抗英的决心，开启了中国反抗西方殖民侵略的第一幕。他经世济用，能用开放的眼光开世界，力主学习西方先进技术，发展民族工商业。堪称中国近代一位伟大的民族英雄。

（一）林则徐其人

林则徐，字少穆，又字石麟，于1785年出生于福建侯官县一个没落的中产地主之家。“则徐”就是以南朝才子徐陵为榜样。徐陵被世人赞誉为“天上石麒麟”“当世颜回”。林则徐的名与字寄托了父亲的美好希冀，他希望儿子能像徐陵一般，文采出众、出入相阁、刚正清廉，被后世颂扬为楷模。

林则徐在回忆母亲的文章《先考行状》中写：“每际天寒夜永，破屋三椽，朔风怒号，一灯在壁，长幼以次列坐，诵读于斯，女红于斯，肤粟手皲恒至漏尽。”可以看出，虽然家境贫苦，读书条件很差，但父母给他营造了一个很好的读书学习的环境。父亲林宾日没有以往封建家长的独断教法，而是循序渐进、悉心培育，让天资聪颖的林则徐自小就对读书有着很大的兴趣。而母亲陈氏出生书香门第，注重平日的言传身教，为儿子日后良好的品行打下了基础。

林则徐没有辜负父母重望，14 岁就参科举、中秀才，少年得志。之后他又在闽地赫赫有名的鳌峰书院寒窗苦读了 7 年，诵儒家经典，习“经世济用”之学。后又参加乡试，中举人。20 岁赴京会试失利后，在福建巡抚张师诚处做幕宾。作为清朝一个对外贸易的窗口，厦门经济得到兴盛的同时，也更多地受到了西方腐化积习的侵袭，年轻的林则徐看到了鸦片之毒在福建沿海逐渐泛滥引发的诸多社会问题，初涉人世，他对鸦片就秉持着深恶痛绝、一定严禁的鲜明态度。

嘉庆十六年（1811 年），第三次参加会试的林则徐终于皇榜题名、考中进士，入翰林院庶常馆，成为朝廷的候备人才，开始了近 10 年的京城文官生活。这 10 年中他潜修治世之学，也和志同道合之人交流，广开为政思路，为以后在地方任职为官打下了坚实的基础。嘉庆二十五年（1820 年）起，林则徐先后在浙江、江苏、湖北、河南、山东等地任职按察使、布政使、河道总督，民政、漕运、水利、盐政等事务皆曾主管，由于勤于政务、显于政绩、清于政德，后升任江苏巡抚、湖广总督，成为封疆大吏、一品大员。

道光十八年（1838 年），危机中的历史选择了他，勇敢图存的中华精神选择了他，天降大任于斯人。当时，由于长期清廷治理无策、明紧实松，鸦片流毒已遍染全国，从沿海城市到内陆地区甚至穷乡僻壤，从上层富贵之家到贫苦无着的农民，整个国家深受其害。当时全国 4 亿人口，几乎每百人中就有一人吸食鸦片。因在任内疾烟如仇、禁烟坚决，林则徐受命为钦差大臣，被派到广州禁烟。身负禁烟使命的他双管齐下，严厉打击广州毒贩烟馆的同时，严管海关，斩断外商供烟渠道，以雷霆万钧之势收缴隐藏在各处的鸦片，整饬广州横行泛滥的烟患。

道光十九年四月二十二日（1839 年 6 月 1 日），林则徐将收缴到的全部鸦片近 2 万箱，237 万余斤，在虎门海滩上当众销毁。“浓烟上涌，渣滓下沉，臭秽熏腾，不可向迩”。广州虎门镇的一场硝烟运动震惊世界，展示了中国人民杜绝鸦片烟毒的决心和敢于抵御列强入侵的气概。

利益的损失使得英国殖民者气急败坏，虎门销烟第二年，1840 年 6 月，英舰悍然封我珠江口岸，鸦片战争爆发，这场非正义的侵略战争开启了中华民族近代的屈辱史。朝廷里的主和派对敌无能，就颠倒黑白污蔑林则徐治烟之功。9 月林则徐被贬镇海，第二年 7 月被“从重发往伊犁效力赎罪”。曾经的“功臣”俨然成了“罪臣”，在一而再的贬谪中，林则徐以诗言志：苟利国家生死以，岂因祸福避趋之。谪居正是君恩厚，养拙刚于戍卒宜。

发配新疆，在苦寒之地，林则徐经历了 3 年的孤清艰苦的岁月。“腊雪频添鬓影皤，春醪暂借病颜酡。三年漂泊居无定，百岁光阴去已多”（《伊江除夕书怀四首·其一》）。然而，一位时刻为国为民谋划的士人，是不会因外界的困苦而轻言消沉的，在新疆他依然尽己所能查勘地亩、兴修水利，造福一方。后被起用先后为任陕西巡抚、云贵总督，道光二十九年，逝于驰赴广西平息天地会起事途中，终年66岁。

（二）林则徐其品

1. 爱国大义，民族脊梁。

“进退一身关庙社，英灵千古镇湖山”，这是林则徐为南宋抗金名臣李纲的祠堂题写的楹联，他身体力行践行着这句话。

林则徐生活的时代，西方资本主义列强纷纷染指中国，特别是英美等国通过偷贩鸦片，荼毒我国民、残害我经济、吸吮我财富，而林则徐所服务的清廷闭关锁国、闭目塞听，早已日薄西山，无帝国气象。内忧外患中，他如一盏火把，将爱国的深情点燃在灾难深重的大地上。

正是由于那股强烈的爱国之情，在清廷从上到下的大部分当政者都掩耳盗铃之际，他敏锐且深刻地看到了鸦片泛滥给国家和人民带来的严重祸害，所任之处都积极作为，严厉禁烟。早在任湖广总督时他就曾上书道光帝“禁烟六策”，一针见血地指出：“若犹泄泄视之，是使数十年后，中原几无可以御敌之兵，且无可以冲饷之银。”在“弛禁派”混淆视听之时，“中外柄臣有忌沮”的情况下，他依然能力排众议坚持禁烟主张。及至被任命为禁烟的钦差，去拜别老师，他不无动情地说：“死生，命也，成败，天也；苟利社稷，不敢竭股肱以为门墙辱！”林则徐知道自己往前走是万丈深渊，但他也做好了为拯救国家于烟毒而牺牲的准备。

到广东后，他雷厉风行，一时间让猖獗的中外烟贩闻风丧胆，然而与盘根错节、根深蒂固的强大利益攫取者作斗争是艰难的，他遇到的阻力重重、困难重重，但林则徐誓言铿锵：“若鸦片一日不绝，本大臣一日不回，誓与此事相始终，断无中止之理！”他正义凛然，以雷霆万钧之势封锁英美等国烟贩的居住地，终于使烟贩们屈服。从林则徐到达广州，到烟贩缴出库存全部鸦片，总共18天。在全世界的注目下，林则徐代表这个东方巨国，在虎门将缴获的鸦片全部销毁，历时23天。这一壮举气吞山河，维护了国家主权和民族尊严，向全世界表明了中国人民禁毒的勇气和决心。

林则徐自小就接受“民为邦本、本固邦宁”的思想，喜欢研习“经世致用”的学问，所以，他也把自己的爱国深情撒播到了所任各处。任江苏按察使时，他深入灾区、安抚灾民，他开仓平粜、放赈济民，他筹款疏浚、兴办水利，大江南北、江淮河海，到处留下他治水的功绩。两任陕西，他都能设身了解民间疾苦，赈济旱灾、祈祷风调，镇压“刀客”，整顿吏治、妥处地方事宜，守护一方治安，维护一方安宁。

纵观他为政为官40年，无论是在地方任职还是受命皇族，无论是民生疾苦还是国之大业，他都只肩担道，勇挑大梁，不负国家不负民。

2. 纤尘不染，正己清心。

“海纳百川，有容乃大；壁立千仞，无欲则刚”，这句经常被官员用来提醒自身保持清廉的句子，是林则徐在广州禁烟期间，题写在越华书院上的一副对联。这是他向世人宣扬的自己的为官之道、为政之德。清廷没落，除自绝于日新月异的世界巨变之外，还在于内部的蠹虫丛生，乾隆后期开始，清朝吏治的腐败日甚一日，卖官鬻爵、为官贪腐之风甚嚣尘上。而林则徐做到了“出淤泥而不染、濯清涟而不妖”，无愧于百姓赠之“林青天”的称号。

初涉官场，他就对事上接下、迎来送往的官场痼疾深恶痛绝，曾写诗讽刺各种官场丑态：“呜呼利禄徒，字氓何少恩。所习乃脂韦，所志在饱温。色厉实内荏，骄昼而祈昏。”（《答陈恭甫前辈》）1830年，林则徐受任湖北布政使，始入湖北境内，他就立即发了一道“传牌”给沿途各地官员，要求“所雇船只，系照民价，自行发给，不许沿途支付水脚，亦无须添篙帮牵”，防止官员讲排场巴结自己而加重船民负担。“伙食一切，亦已自行买备，沿途无须送至下程酒食等物”，防止官员借置办饭食之名而行贪腐巴望之实。可见，林则徐对官场那些“潜规则”是深谙的，所以他防患于未然，从小事着手不给贪腐以任何滋生土壤。到任后，他为防止“关防诈伪”颁布了七条规定，其中一条专门申明自己绝不会向码头推荐任何人参与贸易，“如有伪投名贴书函者，该商立即送拿。倘敢将用印官封改移影射，尤必照例严办，以示惩儆”。如果有人以他的名义参与贸易活动，那必是假冒的，要即刻法办，那些文书公章必为伪造，必须按照规定严办。林则徐对牵涉经济利益的各种腐败手段可谓洞若观火，在文书中义正词严、务无巨细地挑明腐败动作的“底裤”，大白于天下。当然，林则徐并不只是在湖广任内做做样子，无论是他在江苏治理水利、还是在广州禁烟与各种商人斡旋，他都明令禁止，让一切腐败手段无所遁形，林则徐下发的这些传牌、文书堪称我国古代廉政史上的明鉴。

林则徐因禁烟被放新疆后，曾因食用俭朴、一心为公，感动时任伊犁将军的布彦泰，他秘陈道光，给予这位“罪臣”以大胆而公正的评价：“其赋性聪明而不浮，学问渊博而不泥，诚实明爽，历练老成，洵能施诸行事，非徒托空言以炫目者比，久经圣明洞鉴。”林则徐一生为官，除新疆3年之外，几乎都是手握大权，然而，在他晚年，竟因经济无力买不起北京的房子而返回老家福州居住。

公生明、廉生威，林则徐在各地能做出一番业绩，他的清正廉洁、刚正不阿是底气、是保障，他的为官之德，在我国廉政史上盛开一朵“青莲”之花。

3. 与时俱进，革故鼎新。

在封建王朝的穷途末路，整个大清王朝对于“外面的世界”的认知都处于蒙昧迷糊的状态，在“众人皆昧”中，林则徐能够意识到，一味地和西方列强的坚船利炮硬碰硬只能是以卵击石，要真正地挺直腰杆和他们作斗争，要“师敌之长技以制敌”。林则徐不仅是大力禁烟、抵抗列强的民族英雄，也是那个时代的进取派、改革家，是近代“开眼看世界”第一人。作为一位传统文化浸染下成长起来的文士，一位大清的封疆大吏，他有勇气和魄力去了解世界、学习西方。

在“睁眼看世界”的过程中，林则徐较早就表现出了敏感度，在任两湖总督时，他就有意识地收集海外的一些资料，在他的幕僚中也有一些通晓英语的翻译人才。到了广州禁烟后，他更认识到了知“夷情”的重要性，他授命自己网罗的翻译团队，开始组织编译港澳及南洋报刊中与中国相关的内容，并分类集数、成编汇集为《澳门新闻纸》，以便更系统地“知己知彼”，可以说是我们近代史上最早的“参考消息”。他还慧眼识珠，发现了 1836 年英国人慕锐所著的《（世界）地理大全》一书颇有借鉴参考意义，于是组织人员翻译，并亲笔加工润色，编辑整理成《四洲志》。这本书开天辟地，成为我国第一部比较系统地介绍世界地理的书籍，洋洋大观地介绍了 5 大洲 30 多个国家的地理和历史概况，成为魏源《海国图志》的蓝本。此外，他还组织人员收集和整理西方人员关于大炮等武器制造方面的应用科技图书，以期学习国外先进的军事技术，改进清廷的武器，提高清军的作战能力。

林则徐这种不囿于时、革故鼎新的作为，被后来受他所托而著写《海国图志》的魏源概括为“师夷长技以制夷”，这句话广为天下人知，开中国开眼看世界之风气。虽然由于皇廷的鼠目寸光，而让林则徐“师夷长技”的各种努力杯水车薪、无济于事，但他开启的这个方向，对时俊和后来者都产生了深远的影响，开辟了中国人走向世界，学习和研究西方的长处以重振中华的道路，也是中国近代用血与泪证明的正确的道路。

（三）我思我在

虎门销烟已成为打击毒品的历史事件，1987 年在维也纳联合国召开的麻醉品滥用和非法贩运问题部长级会议，将 6 月 26 日定为“国际禁毒日”，这个日期是虎门销烟结束的第二天，在当今的世界上，禁毒已成为全人类的共识，全世界人民和林则徐站在同一条战线上，向毒品说不！

1999 年，国际小天体命名委员会将一颗小行星命名为“林则徐星”，这颗星辉映大地、星耀金宸。林则徐谱写了人类历史正义的新一页，他的爱国主义精神，那种“苟利社稷，生死以之”的作为，应为我们在新时期以继承、以发扬。当代大学生生长在伟大的新中国，中华民族在中国共产党的领导下，经过 70 余年的艰苦奋斗，已取得举世瞩目的成绩。

这是一个伟大的时代，我们一起走在民族复兴的康庄大道上，每当我们路遇困难，踟蹰不前时，就要遥想林则徐，他在那个风雨飘摇的时代，依然用自己的大无畏，用自己的民心、勤政、清廉、开明来医治彼时病入膏肓的土地，念及此，我们脚下的前行之路就会更铿锵、更坚定。

主要参考文献

［1］张南生．新时期大学生品格与品格塑造研究［M］．长沙：湖南人民出版社，2019，8：174-183.

［2］隋书［M］．北京：中华书局，1973.

［3］范晔．后汉书［M］．李贤，注．北京：中华书局，1965.

［4］韩愈．昌黎先生文集［M］．上海：上海古籍出版社，2013.

［5］［摩洛哥］伊本·白图泰［M］．马金鹏，译．北京：华文出版社，2015.

［6］马克思．《马克思政治经济学批判》序言、导言［M］．北京：中国人民解放军战士出版社，1971.

［7］钱穆．国史大纲［M］．北京：商务印书馆，2013.

［8］皇甫谧等，帝王世纪 世本 逸周书 古本竹书纪年［M］．陸吉，注译．山东：齐鲁书社，2010.

［9］韩非．韩非子［M］．高华平，王齐洲，张三夕，译注．北京：中华书局，2015.

［10］孟轲．孟子［M］．方勇，译注．北京：中华书局，2017.

［11］常璩．华阳国志［M］．济南：齐鲁书社，2010.

［12］山海经［M］．方韬，译注．北京：中华书局，2011.

［13］诗经［M］．王秀梅，译注．北京：中华书局，2015.

［14］朱高正．易传通解［M］．上海：华东师范大学出版社，2015.

［15］左传［M］．郭丹，程小青，李彬源，译注．北京：中华书局，2016.

［16］陶渊明．陶渊明集［M］．郭平，译．上海：上海文艺出版社，2019.

［17］李商隐．李义山诗集［M］．扬州：广陵书社，2011.

［18］钱德苍．解人颐［M］．长沙：岳麓书社，2005.

［19］孟轲．管子［M］．李山，轩新丽，译注．北京：中华书局，2019.

［20］尚书［M］．王世舜，王翠叶，译注．北京：中华书局，2012.

[21] 周易 [M]. 郭彧，译注. 北京：中华书局，2006.

[22] 庄周. 庄子 [M]. 方勇，译注. 北京：中华书局，2015.

[23] 论语·大学·中庸 [M]. 陈晓芬，徐儒宗，译注. 北京：中华书局，2015.

[24] 荀况. 荀子 [M]. 方勇，李波，译注. 北京：中华书局，2015.

[25] 现代汉语词典（第7版）[M]. 北京：中华书局，2016.

[26] 许慎. 说文解字 [M]. 汤可敬，译注. 北京：中华书局，2018.

[27] 司马迁. 史记 [M]. 赵生群，编. 北京：中华书局，2014.

[28] 脱脱，阿鲁图等. 宋史 [M]. 北京：中华书局，1985.

[29] [美] 亨廷顿. 文明的冲突与世界秩序的重建 [M]. 周琪，译. 北京：新华出版社，2010.

[30] 明实录 [M]. 上海：上海书店出版社，2015.

[31] 老子道德经注 [M]. 楼宇烈，校. 王弼，注. 北京：中华书局，2011.

[32] Seidman, Karl F. Economic Development Finance [M]. Thousand Oaks: Sage Publications, 2005.

[33] Florus. Epitome of Roman History [M]. Harvard University Press, 1988.

[34] 李昉. 太平御览 [M]. 北京：中华书局，2011.

[35] 张廷玉等. 明史 [M]. 北京：中华书局，1974.

[36] Tylor, E. B. Primitive culture: researches into the development of mythology, philosophy, religion, art, and custom [M]. New York: Gordon Press. 1974.

[37] 袁宏. 后汉纪 [M]. 吉林：吉林出版集团，2005.

[38] 李大龙. 唐朝和边疆民族使者往来研究 [M]. 哈尔滨：黑龙江教育出版社，2013.

[39] Glyn Edmund Daniel. The first civilizations: The archaeology of their origins [M]. Book Club Associates, 1975.

[40] 左丘明. 国语 [M]. 陈桐生，译注. 北京：中华书局，2013.

[41] Marco Polo. Travels of Marco Polo [M]. New American Library: Signet Classics, 2004.

[42] 司马法 [M]. 陈曦，陈铮铮译. 北京：中华书局，2017.

[43] 李延寿. 南史 [M]. 北京：中华书局，2016.

[44] 谢赫，姚最. 古画品录 续画品录 [M]. 王伯敏，注译. 北京：

人民美术出版社，2016.

［45］全唐文［M］．董诰，阮元，徐松等，编．上海：上海古籍出版社，2018.

［46］［美］约瑟夫・熊彼特（Joseph A・Schumpeter）．经济发展理论［M］．何畏，易家详等，译．北京：商务印书馆，2020.

［47］［英］麦迪森（Angus Maddison）．世界经济千年史［M］．伍晓鹰，许宪春等，译．北京：北京大学出版社，2003.

［48］朱立元．美学大辞典［M］．上海：上海辞书出版社，2014.

［49］余英时．士与中国文化［M］．上海：上海人民出版社，2013.

［50］杨伯峻．《论语》译注［M］．北京：中华书局，2006.

［51］李零．丧家狗——我读《论语》［M］．太原：山西人民出版社，2007.

［52］马汉麟，栗强．中国古代文化常识：插图典藏本［M］．北京：新世界出版社，2007.

［53］高专诚．凡人孔子［M］．郑州：海燕出版社，2014.

［54］刘冬颖．孔子是怎样炼成的：《论语》的人生课堂［M］．郑州：海燕出版社，2015.

［55］吴则虞．晏子春秋集释［M］．增订本．北京：国家图书馆出版社，2011.

［56］高占祥，周殿富．晏子论君子操守［M］．北京：北京时代华文书局，2016.

［57］季镇淮．司马迁［M］．上海：上海人民出版社，1979.

［58］朱光潜：诗论［M］．北京：三联书店，1984.

［59］陈寅恪：金明馆丛稿初编［M］．上海：上海古籍出版社，1980.

［60］冷成金：中国文学的历史与审美［M］．北京：中国人民大学出版社，2012.

［61］李白．李太白全集［M］．北京：中华书局，1977.

［62］欧阳修．新唐书・文艺中・李白传［M］．上海：上海古籍出版社，1986.

［63］李长之．李白传［M］．天津：百花文艺出版社，2010.

［64］莫砺锋，武国权．杜甫［M］．南京：南京大学出版社，2009.

［65］马克思，恩格斯．马克思恩格斯文集（1-10卷）［M］．北京：人民出版社，2009.

［66］习近平．决胜全面建成小康社会夺取新时代中国特色社会主义伟大

胜利——在中国共产党第十九次全国代表大会上的报告［M］. 北京：人民出版社，2017.

［67］习近平关于社会主义政治建设论述摘编［M］. 北京：中央文献出版社，2017：135.

［68］习近平. 习近平谈治国理政（第一卷）［M］. 北京：外文出版社，2018.

［69］习近平. 习近平谈治国理政（第二卷）［M］. 北京：外文出版社，2017.

［70］中共中央宣传部. 习近平新时代中国特色社会主义思想三十讲［M］. 北京：学习出版社，2018.

［71］中共中央宣传部. 习近平总书记系列重要讲话读本（2016 年版）［M］. 北京：学习出版社，人民出版社，2016.

［72］吴忠民. 社会公正论［M］. 济南：山东人民出版社，2004.

［73］何怀宏. 公平的正义——解读罗尔斯《正义论》［M］. 济南：山东人民出版社，2002.

［74］新时代爱国主义教育实施纲要［M］. 北京：人民出版社，2019.

［75］董向前，万海霞. 社会主义核心价值观视域下的爱国主义教育研究［M］. 长春：东北师范大学出版社，2018：166.

［76］程立显. 伦理学与社会公正［M］. 北京：北京大学出版社，2002.

［77］郭秋娟. 从社会学视角解读当代大学生社会责任的建构［J］. 郑州师范教育，2018，7（05）：10-15.

［78］郭秋娟. 社会转型下农村留守少年犯罪之社会学研究［J］. 犯罪研究，2017（02）：35-42.

［79］郭秋娟. 大学生社会主义核心价值观培育探析［J］. 中共郑州市委党校学报，2020（03）：105-108.

［80］郭秋娟. 信任视角下的城市社区警务建设研究［J］. 中共郑州市委党校学报，2018（04）：64-68.

［81］郭秋娟. 风险社会下的警民信任关系初探——以社会互动为视角［J］. 公安学刊（浙江警察学院学报），2019（02）：61-67.

［82］郭秋娟. “中国梦”与大学生“中国精神”的培养［J］. 湖北函授大学学报，2018，31（20）：66-68.

［83］郭秋娟. 风险社会下警察新型角色之社会学探析［J］. 辽宁警察学院学报，2020，22（03）：10-16.

［84］郭秋娟. 新时期新型警民关系初探——以社会心理学为视角［J］.

辽宁警察学院学报，2019，21（05）：16-20.

［85］郭秋娟．自媒体语境下的警察形象再塑［J］．中共郑州市委党校学报，2019（01）：55-58.

［86］郭秋娟．“中国梦”背景下的大学生社会主义核心价值观培养研究［J］．牡丹江教育学院学报，2018（11）：39-41.

［87］郭秋娟．大学生校园暴力行为诱因之社会心理学探析［J］．中共郑州市委党校学报，2019（05）：76-79.

［88］郭秋娟．对农村留守少年犯罪的社会学思考［J］．牡丹江教育学院学报，2019（02）：73-75.

［89］郭秋娟．社会转型下农村留守少年犯罪之社会学研究［J］．犯罪研究，2017（02）：35-42.

［90］郭秋娟．个人极端暴力事件探析——以社会公共冲突管理为视角［J］．河北公安警察职业学院学报，2018，18（03）：28-30.

［91］郭秋娟．社会学视阈下大学生道德社会化的困境与实现途径［J］．湖北开放职业学院学报，2019，32（19）：99-100.

［92］郭秋娟．农村留守儿童家庭社会化功能弱化与人际交往障碍［J］．牡丹江教育学院学报，2017（06）：58-60.

［93］郭秋娟．亲子关系与家庭教养方式的社会学研究［J］．牡丹江教育学院学报，2017（04）：30-31.

［94］王冬青．论郑和下西洋与明成祖的威慑外交战略［J］．江苏社会科学，2005.

［95］原帅，何洁，贺飞．世界主要国家近十年科技研发投入产出对比分析［J］．科技导报，2020，38（19）.

［96］丁德科，马雅琴，梁建邦．论司马迁精神［J］．渭南师范学院学报．2016（1）：5-18.

［97］骆郁廷. 新时代爱国主义教育的“破”与“立”［J］. 思想理论教育导刊，2020（2）：55-59.

［98］李琼. 新形势下大学生爱国主义教育的有效路径［J］. 思想理论教育导刊，2017（4）：143-147.

［99］余莉. 新时代加强青年爱国主义教育的四个着力点［J］. 思想理论教育导刊，2020（4）：95-99.

［100］刘建军“. 爱国”与“爱国主义”概念辨析——兼谈深化爱国主义研究的路径与要求［J］. 思想理论教育，2016，（09）：49-53.

［101］张耀灿. 推进思想政治教育学科创新发展的若干思考［J］. 思想

理论教育，2017（07）：62-65.

［102］钱广荣．论以公正为社会主义核心价值观的基本理念［J］．学校党建与思想教育，2018（01）：10-15.

［103］马俊峰．马克思主义公正观的基本向度及方法论原则［J］．中国社会科学，2010（06）：44-57+221.

［104］何家弘．司法公正论［J］．中国法学，1999（02）：11-19.

［105］余玉花，刘梦慈，杨礼．大学生公正观状况调查与思考［J］．思想教育研究，2012（12）：58-62.

［106］董祥宾．当代大学生人生观基本状况调查分析［J］．思想理论教育，2018（02）.

［107］张羽等．家庭社会经济地位与父母教养方式对儿童青少年公正世界信念的影响［J］．心理发展与教育，2017，33（05）：513-523.

［108］吴康妮．当代我国大学生社会责任感培养现状与应对策略［J］．国家教育行政学院学报，2017（2）.

［109］习近平．在庆祝改革开放40周年大会上的讲话［N］．人民日报，2018-12-19（02）.

［110］习近平．在学校思想政治理论课教师座谈会上的讲话［N］．人民日报，2019-03-19（1）.

［111］中共中央国务院印发《关于加强和改进新形势下高校思想政治工作的意见》［N］．人民日报，2017-02-28（01）.

［112］刘建军．中国梦是当代中国爱国主义的鲜明主题［N］．人民日报，2016-05-10（07）.

［113］辛向阳．弘扬爱国主义精神必须坚持爱国主义和社会主义相统一［N］．光明日报，2016-03-23（13）.

［114］周成慧．汉墓中出土进口玻璃和本土玻璃的比较研究［D］．南京：南京大学，2017.

［115］尹娇迪．新时代大学生社会责任精神培养对策研究［D］．长沙：湖南师范大学，2019.

［116］习近平．决胜全面建成小康社会夺取新时代中国特色社会主义伟大胜利——在中国共产党第十九次全国代表大会上的报告［R］．北京：人民出版社，2017.